젠킨스 마스터

이 책은 Packt Publishing과 에이콘출판㈜가 정식 계약하여 번역한 책이므로
이 책의 일부나 전체 내용을 무단으로 복사, 복제, 전재하는 것은 저작권법에 저촉됩니다.

젠킨스 마스터

기초부터 빌드 파이프라인 구축까지
효율적인 자동 배포 환경 만들기

조나단 맥앨리스터 지음
이정표 옮김

내게 필요한 별은 오로지 당신뿐 아니라는 것을 알아주오.
별을 꿈꾸고, 찾아가도록 영감을 주는 내 아내 스테파니와
내 존재의 의미와 목적을 가르쳐준
나의 소중한 아이들 아드리안과 브라이스, 케이든, 데빈에게

| 추천사 |

애자일 실천법은 전 세계 많은 회사에서 영향력을 발휘하고 있지만, 배포 팀과 조직 내 다른 팀들 간의 문화적, 기술적 차이로 인한 갈등이 없는 것은 아니다.

이런 갈등은 새로운 아이디어를 거부하는 자연스러운 본능에서 비롯되기도 하지만, 애자일 실천법이 더 빠르고 더 나은 품질로 비즈니스 가치를 제공한다는 주장에 대한 불신이 주요한 원인으로 작용한다.

이 책은 프로젝트 관리 그 자체에 전적으로 집중하지는 않는다. 하지만 지속적 빌드, 통합, 인도, 배포 솔루션의 활용 사례를 통해 제품을 성공적으로 개발할 수 있는 기반을 제공한다.

지속적 실천법을 따르면 소프트웨어를 제대로 컴파일하고 테스트할 수 있으므로 (개발자의 컴퓨터에서만이 아니라) 항상 배포 가능한 상태가 된다. 지속적 통합을 통해 코드 및 비즈니스에서 설정한 기대치에 맞게 각 하위 시스템이 제대로 동작하는지 알 수 있다.

지속적 인도를 통해 이전 단계에서 생성된 아티팩트의 재사용 및 관련자들에게 제품을 시연할 수 있도록 상위 환경으로 배포하는 것을 보장한다. 반면 지속적 배포는 아티팩트를 개발 환경에 전달해 빠르게 기능 검증을 할 수 있다.

인도^{delivery} 파이프라인을 만드는 일은 제품 설계자가 원하는 속도로 회사의 가치를 구현하는 데 있어 핵심 요소다. 이 방식은 전에는 없던 다양한 기술 덕분에 가능해졌다. 즉, 제품을 개발해서 배포한 후 신속히 테스트하고 평가한 후, 혹시라도 시장 상황을 잘못 파악한 것이 있다면 개발 또는 사업을 방향을 바꾸는 방식인 빠른 실패 역량보다 더 나은 방식은 없기 때문이다.

이런 방식의 소프트웨어 개발은 자동화 없이는 불가능하다. 자동화를 이용한 소프트웨어 개발 방식은 개발자가 안전하게 코드를 수정하고 리팩토링할 수 있게 하고, 제품의 기능 증가에 따른 회귀 테스트 케이스의 증가에 대응하며, 아마도 가장 중요한 것이라 할 수 있다고 생각되는 서버 프로비저닝과 구성의 작성과 실행, 애플리케이션의 배포를 가능케 한다.

제품이 좋든 나쁘든 제품의 성공 여부는 빠른 피드백에 달렸다. 이 책은 젠킨스와 다양한 플러그인을 사용해 설계자, 개발자, 테스터, 제품 관련자, 그리고 넓게는 고객으로부터 빠르게 피드백을 받는 실용적인 방법을 자세히 설명한다.

따라서 제품의 구상 단계에서 수익을 낼 때까지 걸리는 시간을 단축해 사업의 성공을 돕고, 표준 소프트웨어 개발 주기의 한 부분으로써 배포 절차를 간결하게 만들고자 한다면, 파이프라인 아키텍처와 자동화를 완전히 숙달해 자기 것으로 삼아야만 한다.

전체적으로 이 책은 젠킨스를 활용한 배포 파이프라인에 대해 알려주며, 데브옵스로 개발 방식을 바꿀 수 있게 도와줌으로써, 제품 개발 방식을 획기적으로 향상시켜 줄 것이다.

이따마르 하신

쏘트웍스 사의 멘토이자 프로젝트 리드

| 지은이 소개 |

조나단 맥앨리스터 Jonathan McAllister

어려서부터 소프트웨어를 개발했고, 자동화를 실천하고 있다. 소프트웨어 개발과 테스트, 배포 분야에서 10년 동안 전문가로서 경력을 쌓았다. 특히 다양한 기술 스택을 사용하는 최신 기술 조직에서 아키텍처 설계, 소프트웨어 빌드, 테스트, 인도 솔루션 구축 등의 업무를 수행했다. 최근에는 빌드 파이프라인, 지속적 통합, 지속적 인도, 마이크로서비스 아키텍처, 프로세스 수립에 집중하고 있으며, 마이크로소프트나 머크, 로지텍 등 업계 최고의 기업들을 대상으로 고확장성 자동화 솔루션을 구축했다.

지속적 실천법을 통해 수익을 높이는 전략을 개발하고, 표준화를 통한 릴리스 간소화가 가능하게 하는 확장형 빌드, 업데이트, 테스트 파이프라인을 설계하는 일에 관심이 있다.

성공적인 기업가이자 작가이며, 비즈니스 컨설턴트로서 기술과 문화가 각기 다른 조직에서 효율적인 인도 파이프라인을 구축하고 관리한 경험이 있다.

5장, '고급 테스트 자동화'의 젠킨스와 MSTest 통합 부분을 작성해준 리디Riddhi에게 특별히 감사한다.

| 기술 감수자 소개 |

토마스 다오^{Thomas Dao}

20년 이상 IT 업계에서 일했다. 전문 분야는 유닉스 관리, 빌드/릴리스, 자바/안드로이드 개발 등이다.

타카푸미 이케다^{Takafumi Ikeda}

깃허브^{GitHub}의 영업 담당 엔지니어다. 깃허브에 합류하기 전에는 많은 프로젝트에서 스크럼 마스터와 개발 작업을 수행했다. 데브옵스에 관한 책을 저술한 경험도 있는데, 2014년 일본에서 수상도 했고, 중국어와 한국어로 번역돼 아시아 시장에 출판됐다. 일본뿐만 아니라 아시아 여러 나라에서 개최된 기술 컨퍼런스에서 연사로 발표하기도 했다.

스테판 레이퍼스^{Stefan Lapers}

20여 년간 IT 지원 엔지니어로 경력을 쌓은 후, 리눅스/유닉스 시스템 엔지니어 및 소프트웨어 개발자로 일했다. 지난 수년간 MTV나 TMF 같은 고객들을 대상으로 애플리케이션 배포 및 유지보수 업무를 수행했다. 가족과 함께 여가 시간을 보내는 것과 원격 조정 헬리콥터를 만들고, 비행하는 것이 취미다.

리디 샤르마 Riddhi M. Sharma

피지션스 인터렉티브Physicians Interactive의 선임 소프트웨어 엔지니어이며 테크놀러지광이다. 클라우드와 애자일(지속적 통합/인도), 소프트웨어 개발 등 다양한 분야에서 경험을 쌓았다. 디지털 마케팅 전략 연구 및 그로스 해킹에 중점을 두고 있으며, 세일즈포스의 타겟 마케팅 플랫폼 전문가다. 제품을 분석하고 기술 행사에서 커뮤니티에 연결하고, 새로운 기술에 대해 이야기하기를 좋아한다.

젠킨스 커뮤니티에 공헌해주신 조나단 맥알리스터님께 감사를 전한다. 또한 노력과 결과물이 책으로 나올 수 있도록 수고해 주신 팩트출판사에도 감사한다.

도널드 심슨 Donald Simpson

정보기술 컨설턴트로 영국 스코틀랜드에 살고 있다. 전문 분야는 기업이 소프트웨어 개발의 비용을 절감하고, 품질을 향상시키는 데 자동화를 활용할 수 있도록 돕는 일이다. 다양한 회사와 애자일 프로젝트를 진행했으며, 지속적 통합 솔루션을 설계하고 구현했다. www.donaldsimpson.co.uk를 통해 연락할 수 있다.

이정표(jungpyo@openidealab.org)

PC용 소프트웨어부터 모바일 브라우저 및 클라우드 서비스 개발에 이르기까지 20년 동안 다양한 개발 프로젝트에 참여했으며, 현재 KT에서 SW 품질 평가 업무를 맡고 있다. 오픈 라이선스를 활용한 IT 기술 및 콘텐츠 확산에 관심이 많으며, 오픈아이디어랩에 프로젝트를 통해 의미 있고 재미있는 시도를 이어나갈 수 있는 방법을 고민하고 있다.

옮긴 책으로는 『워드프레스 플러그인과 테마 만들기』(에이콘, 2012), 『Hudson3 설치와 운용』(에이콘, 2014)이 있고, 『크리에이티브 커먼즈 권리표현언어(ccREL)』(2009)와 『참여와 소통의 정부 2.0』(아이앤유, 2011), 『난독화, 디지털 프라이버시 생존 전략』(에이콘, 2017)의 공역자로 참여했다.

오랫동안 소프트웨어 개발 분야에 있다가 몇 년 전부터는 소프트웨어 평가 업무를 맡게
됐다. 사업 부서에서 요청한 서비스를 구현하기에 적합한 개발사를 발굴해, 필요 시 회사
를 직접 방문하고 인터뷰 및 조사를 통해 기술 역량을 파악하는 업무를 통해 다양한 프로
젝트, 다양한 소프트웨어 개발사와 개발자를 접할 수 있었고, 인터뷰를 통해 국내 스타트
업부터 중견 개발사에 이르기까지 각 기업이 추구하는 개발 방법론과 개발 환경을 직접
확인할 수 있었다.

소프트웨어 개발 기업의 역량을 파악하기 위해 다양한 평가 도구를 사용하지만, 그 중 가
장 중요한 것이 애플리케이션 수명 관리ALM, Application Lifecycle Management 환경이다. ALM은
비즈니스의 요구 사항 관리와 소프트웨어 개발 과정을 융합하고 이를 자동화된 툴을 이
용해 관리하는 것으로 요구 사항 관리, 설계, 코딩, 테스트, 이슈 관리, 릴리스 등을 모두
포함한다.

그러므로 하루가 다르게 진보하는 기술의 변화 속에서 소프트웨어 개발사가 다양한 고객
의 요구를 만족시키면서도 지속성을 유지하려면 적은 인원으로도 효율적으로 빠르게 운
영돼야 하며 ALM 환경이 얼마나 효율적으로 운영되는지를 통해서 기업의 역량을 간접적
으로 파악할 수가 있다.

국내에서도 많은 기업이 배포 자동화, 품질 검증 활동 자동화 등을 비즈니스 역량과 통합
해 대응하는 추세다. 특히 대표적인 자동화 솔루션인 젠킨스를 활용하는 기업이 많다. 하
지만 여전히 많은 개발사가 젠킨스의 무궁무진한 기능은 거의 활용하지 못한 채 기초 기
능만 사용하는 것을 지난 몇 년간의 업무를 통해 알게 됐다.

이 책은 독자가 젠킨스를 활용해 지속적 통합과 인도, 배포할 수 있는 역량에 필요한 많은
정보를 제공한다. 또한 마스터/슬레이브를 활용한 젠킨스 확장, 고급 테스트 자동화 기법,

빌드 파이프라인, 플러그인 개발 기법 등 블로그나 인터넷에 자세히 설명돼 있지 않는 내용도 다루고 있어서, 독자가 속한 조직에서 젠킨스 자동화 솔루션을 구축하고 관리하는 데 심화된 지식을 필요로 하는 경우 큰 도움이 될 것이라 생각한다.

아쉬운 점은 젠킨스가 아직 완벽한 한글화가 되지 않아, 영문 그대로 쓰는 경우가 많다는 것이다. 아마 이는 개발사의 규모와 상관없이 젠킨스를 운영 관리하는 사람이 소수이기 때문이기도 할 것이다. 이런 이유로 이 책에서는 영문 버전 젠킨스를 기본으로 하고, 필요시 우리말로 부연 설명을 하는 방식으로 독자에게 편의를 제공하고자 했다.

또한 이 책을 번역하는 중에 젠킨스 메이저 버전이 업그레이드(2.7)됐다. 업그레이드 버전을 검토해본 결과 버그 수정, 기능 변경, 사용자 인터페이스 등이 일부 변경됐으나 이 책에서 설명하는 주요 기능에는 큰 변화가 없었다. 하지만 위치가 변경되거나 접근 경로가 달라진 메뉴로 인한 업그레이드 버전 사용자들의 혼란을 예방하고자 젠킨스 공식 사이트에서 제공하는 업그레이드 가이드(https://jenkins.io/doc/upgrade-guide/)를 번역해 부록으로 추가했다.

번역서를 한 권 내다보면 얼마나 많은 노력이 들어가는지 새삼 알게 된다. 늘 전폭적인 지원을 해주는 가족에게 고맙다는 말을 하고 싶다. 그리고 에이콘출판사와 직원분들께도 감사의 말을 전한다. 이 책의 시작과 마무리는 모두 그 분들 덕택이다.

이정표

| 차례 |

4장   젠킨스에서 뷰와 작업 관리   137

| 들어가며 |

젠킨스Jenkins는 널리 호평받는 빌드 자동화 협업 솔루션이다. 이 솔루션은 전 세계 수백 명의 오픈소스 개발자와 품질 엔지니어, 데브옵스 담당자들의 노력의 집합체다. 끊임없이 업데이트하고 개선하며 사용자를 지원하는 열렬하고 활발한 오픈소스 커뮤니티는 젠킨스를 혁신적이고 독창적이게 하는 원동력이다. 젠킨스가 지속적 통합, 지속적 인도 실천 도구 분야에서 최고가 될 수 있었던 것은 오픈소스 개발자들의 노력 덕분이다.

젠킨스 플랫폼은 전통적으로 분리된 개발 팀들을 연결하고, 협업 팀으로 바꾸기 위해 개발 방법과 테스트 환경, 비즈니스 요구 사항들을 잇는 다리 역할을 한다. 지난 수년간 젠킨스는 대중성과 명성을 얻었으며, 사실상 업계 표준 도구로 자리잡았다. 젠킨스의 확장성과 협업 역량은 채택률을 기하급수적으로 높였으며, 전 세계에 100,000건이 넘게 설치돼 사용된다.

나는 젠킨스가 허드슨Hudson이라는 이름으로 불리던 2008년부터 공식적으로 이 솔루션을 사용하기 시작했다. 자바 개발 커뮤니티 외부의 개발자들이 허드슨을 널리 사용하기 시작한 것이 바로 이쯤이다. 내가 일했던 소프트웨어 구성 관리 팀은 다양한 기술 스택에서 표준화된 아키텍처 및 인도 서비스 솔루션을 구현하고자 했는데, 이것이 다양한 기술 스택과 규모를 아우를 수 있는 빌드 및 인도 표준을 정립하려는 노력의 시작이었다.

이런 경험을 통해 지속적 통합, 지속적 인도, 빌드 파이프라인, 테스트 자동화 등 젠킨스의 기능을 확실히 이해할 수 있게 되어, 2012년쯤에는 다양한 규모와 범위의 기술 스택을 아우르는 솔루션을 구현했다. 그리고 마침내 이 책을 쓰면서 이 모든 경험을 정리할 수 있게 되어 무척 기쁘다.

▌ 이 책의 구성

이 책은 다양한 기술을 사용하는 수많은 조직에서의 연구 개발과 엔지니어링 자동화 경험을 융합한 결과다. 지속적 통합, 지속적 인도, 지속적 배포의 실질적인 구현 지침을 제공하려고 한다. 이 책은 다양한 규모와 기술적 배경을 가진 조직이 빌드 파이프라인을 설계 및 구현, 전파하는 데 필요한 도구를 제공하는 것을 목표로 한다.

1장, '젠킨스 설치와 구성' 크기나 규모에 상관없이 젠킨스 인스턴스를 관리하는 방법을 설명한다. 하지만 젠킨스는 매우 다양하고 거의 모든 플랫폼을 지원하기 때문에 쉬운 일은 아니다. 초기 설정과 백업 전략, 구성 기술, 모범 사례, 서비스를 수평적으로 확장하고 이를 적절히 관리하는 방법을 학습한다.

2장, '분산 빌드: 마스터/슬레이브 모드' 분산 빌드 솔루션과 슬레이브 에이전트 설정 방법에 대해 전체적인 가이드를 제공한다. 이는 매우 중요한 구현 방식으로, 젠킨스가 더 많은 사용자와 다양한 기술 스택에 대한 지원을 언제 확장해야 하는지 이해하는 데 도움이 된다.

3장, '젠킨스에서 뷰와 작업 생성'과 4장, '젠킨스에서 뷰와 작업 관리하기' 젠킨스의 대시보드 및 뷰, 작업에 대한 사용법을 설명한다. 젠킨스의 가장 기초가 되는 내용으로 젠킨스 플랫폼을 이해하는 데 큰 도움이 된다.

5장, '고급 테스트 자동화' 품질 보증 효율성을 향상시키는 방법을 설명한다. 또한 비즈니스 가치를 제공하는 테스트 자동화 솔루션을 설계하고 구현하는 방법을 알려준다. 파이프라인을 통해 병목 현상이 없는 효율적 상태를 유지하므로, 파이프라인은 '지속적' 솔루션 구현의 핵심이다. 테스트 자동화를 구현할 때는 균형 유지가 중요하다. 자동화 테스트 실행에 드는 시간과 빠른 전달 속도 사이에는 트레이드오프가 있기 때문이다.

6장, '소프트웨어 배포 및 인도' 확장 가능한 배포 자동화 작업의 구현 방법을 다룬다. 배포 자동화는 빌드 파이프라인과 지속적 실천법의 근간이다. 또한 업스트림 및 다운스트림 작업과 이를 명명 규칙으로 관리하는 법도 다룬다. 그 외에 신속한 배포와 효율적인 릴리스를 유지하는 데 도움이 되는 팁과 요령을 배운다.

7장, '빌드 파이프라인' 빌드 파이프라인의 개념을 소개하고, 구현 및 확장 방법을 설명한다. 빌드 파이프라인은 지속적 인도와 배포의 기본 요구 사항이다. 특히 수많은 기술 스택을 아우르며 확장도 가능한 구현 방법을 제공하고자 한다.

8장, '지속적 실천' 지속적 통합과 지속적 인도, 지속적 배포에 대한 정의를 내린다. 또한 실천법의 구현 지침을 제시한다. 그간 젠킨스는 지속적으로 진화하고 발전해 현재는 지속적 실천법을 완벽하게 지원한다. 이에 대한 이해를 돕고자 각 실천법별 예제를 통해 잘 정의된 구현이 무엇인지 보여주고자 한다.

9장, '젠킨스와 다른 기술의 통합' 도커와 앤서블, 셀레늄, 아티팩토리, 지라 같은 흥미로운 자동화 기술을 소개한다. 또한 젠킨스를 통해 이들을 상호 연결하는 방법을 보여준다. 플러그인 아키텍처를 통한 확장성은 젠킨스가 널리 보급된 주요 이유 중 하나다.

10장, '젠킨스 확장' 플러그인 작성법, 확장 포인트를 활용한 젠킨스 기능 추가, 젠킨스 시스템 조작 방법 등 실용적인 방법을 알려준다.

부록, '젠킨스 업그레이드 가이드' 젠킨스 공식 사이트에서 제공하는 젠킨스 LTS 업그레이드 가이드Jenkins LTS Upgrade Guide를 번역해 업그레이드 관리자를 대상으로 중요한 변경 사항을 설명한다.

이 책을 읽으면서 젠킨스의 숨은 매력을 발견할 뿐 아니라 빌드 파이프라인과 대규모 자동화의 개념을 마스터하기 바란다. 이 책은 수년 동안 꿈꿔오던 소망의 결실이다. 바라건대 책을 쓰면서 알게 된 많은 것들이 부디 독자들에게도 도움이 되기를 바란다.

▌ 준비 사항

젠킨스를 미리 설치해 두면 좋다. 이 책에서 제공하는 예제는 다음 언어들을 사용했다.

- 루비 v1.93
- 자바
- C#(MSBuild를 통해)
- 자바스크립트
- 배시/대시^{Bash/Dash} + Expect
- 앤서블^{Ansible} YAML

▌ 이 책의 대상 독자

지속적 통합, 지속적 인도, 빌드 파이프라인 등을 구축하고 조직 내에 전파하는 역할을 하는 초급 및 중급 수준의 젠킨스 관리자다.

▌ 이 책의 편집 규약

이 책에서는 독자의 이해를 돕고자 다루는 정보에 따라 글꼴 스타일을 다르게 적용했다. 다음은 다르게 적용된 스타일의 예제와 의미 설명이다.

문장 중에 코드 예약어를 사용할 경우에는 다음처럼 표기한다.

"젠킨스용 콘텍스트 경로를 설정하려면 JENKINS_ARGS= 속성에 --prefix= 항목을 추가한다."

코드 블록은 다음처럼 표기한다.

```
<arguments>-Xrs —Xmx512m -Dhudson.lifecycle=hudson.lifecycle.
WindowsServiceLifecycle -jar "%BASE%\jenkins.war" --httpPort=8080
</ arguments>
```

명령행을 통한 입출력은 다음처럼 표기한다.

```
$Jenkins-Mirror>sudo su – root
$Jenkins-Mirror>cat /tmp/id_rsa.pub >> ~/.ssh/authorized_keys
```

화면상에 출력된 메뉴나 대화상자 문구를 사용할 때는 다음과 같이 표기한다.

"화면에서 Recovery tab을 클릭한다."

 주의해야 하거나 중요한 내용은 이와 같이 표기한다.

 참고사항이나 요령은 이와 같이 표기한다.

▌ 독자 의견

이 책에 대한 독자의 의견은 언제나 환영이다. 좋은 점 또는 고쳐야 할 점에 대한 솔직한 의견은 앞으로 더 좋은 책을 발행하는 데 큰 도움이 된다. 독자 의견을 보낼 때는 이메일 제목란에 구입한 책 제목을 적은 후 feedback@packtpub.com으로 전송한다. 독자가 특정 분야의 전문가로서 저자가 되고 싶다면 http://www.packtpub.com/authors를 참조하기 바란다.

█ 고객 지원

이 책을 구입한 독자라면 다음과 같은 지원을 받을 수 있다.

예제 코드 다운로드

http://www.packtpub.com에서 책을 구입한 독자는 모든 팩트 서적의 예제 코드를 다운로드할 수 있다. 그 외 경로에서 책을 구입한 경에는 http://www.packtpub.com/support에 접속해 등록하면 파일을 이메일로 전송받을 수 있다.

또한 에이콘출판사의 도서 정보 페이지인 http://www.acornpub.co.kr/book/mastering-jenkins에서도 예제 코드를 다운로드할 수 있다.

█ 오탈자

책의 내용을 정확하게 전달하기 위해 최선을 다하지만, 실수가 있을 수 있다. 책 내용이나 코드에서 잘못된 내용을 발견한 경우 알려준다면 매우 감사하겠다. 독자의 참여를 통해 다른 독자에게 도움을 주고, 다음 버전에서 더 완성도 높은 책을 만들 수 있다. 발견한 오탈자는 http://www.packtpub.com/submit-errata에서 errata submission form 링크를 클릭한 후, 신고해 주기 바란다. 제출 내용이 확인되면 웹사이트에 업로드되며, 이후 해당 책의 정오표에 그 내용이 추가된다. http://www.packtpub.com/support에서 해당 책 제목을 선택하면 지금까지의 정오표를 확인할 수 있다. 한국어판 예제 코드는 에이콘출판사의 도서정보 페이지인 http://www.acornpub.co.kr/book/mastering-jenkins에서 다운로드할 수 있다.

▌ 저작권 침해

인터넷상의 저작권 침해 행위는 모든 매체가 골머리를 앓고 있는 심각한 문제다. 팩트 출판사는 저작권과 라이선스 문제를 중요하게 생각한다. 인터넷에서 어떤 형태로든 팩트 책의 불법 복제물을 발견한다면, 적절한 조치를 취할 수 있게 웹사이트명이나 주소를 알려주길 부탁드린다. 불법 복제물로 의심되는 링크를 copyright@packtpub.com로 보내주기 바란다. 더 좋은 책을 만들기 위한 팩트 출판사와 저자들의 노력을 배려하는 마음에 깊은 감사의 뜻을 전한다.

▌ 웹사이트

이 책을 쓰면서 독자를 위한 전용 웹사이트를 만들면 도움이 되겠다는 생각을 했다. 언제든 웹사이트에 방문해 책과 관련된 문의나 의견을 남길 수 있다. 주소는 다음과 같다.

http://www.masteringjenkins.com/

▌ 질문

이 책에 관련된 질문이 있다면 팩트 출판사 웹사이트 또는 questions@packtpub.com으로 문의하기 바란다. 최선을 다해 답하겠다. 한국어판에 관한 질문은 이 책의 옮긴이나 에이콘출판사 편집 팀(editor@acornpub.co.kr)으로 문의할 수 있다.

01

젠킨스 설치와 구성

이 책에서는 젠킨스의 빌드 파이프라인과 테스트 자동화, 제품 인도와 관련된 결코 짧지 않은 내용을 다룬다. 소프트웨어 공학 및 배포 관행에 대한 지식을 확장할 뿐만 아니라 소프트웨어 개발 과정과 젠킨스를 통합하는 혁신적인 방법을 알아볼 예정이다. 또한 신속하게 결함을 발견하고, 안정적인 릴리스 버전을 배포하는 확장 솔루션도 다룬다.

젠킨스를 정복하려면 소프트웨어 공학과 품질 보증이나 운영과 아키텍처, 비즈니스 프로세스 등을 반드시 알아야 한다. 이런 다양한 공학적, 사업적 실천들은 소프트웨어 인도 파이프라인과 밀접하게 관련돼 있다. 조직 내에 우수 소프트웨어 개발 사례를 전파하고 이를 따른 다면 다양한 기술을 포괄하는 확장형 파이프라인을 구현할 수 있고, 결과적으로 그 조직은 경쟁자를 압도할 수 있다.

이 책에 종종 등장하는 중국 격언은 학습 과정 중에 깨달음을 줄 것이다. 이 책에서 인용한 격언은 고문서나 문학작품에서 발췌한 것으로써 중국 당나라 시대(서기 618~907)까지 거슬러 올라간다. 그 시기에 불교승 사이에서는 자기 발견과 비판적 사고를 통한 깨달음을 얻는 방법으로 격언과 선문답이 유행했다. 또한 인내, 끈기, 깨우침 등을 가르치는 용도로도 사용했다.

> 1년 계획을 세우려면 볍씨를 뿌려라. 10년 계획을 세우려면 나무를 심어라. 평생 계획을 세우려면 사람들을 가르쳐라.
>
> – 중국 격언

이 격언은 사전 숙고 및 계획 수립, 그리고 교육의 가치를 돌아보게 한다. 이런 가치는 공학에 있어서도 핵심 요소로써, 지속 가능한 미래를 위해서는 계획 수립이 중요하다는 것을 말해준다. 젠킨스에서는 이 개념을 소프트웨어 인도 파이프라인 아키텍처에 적용할 수 있다. 기술 간 융합을 위해 협력하고 실천하려면 우수 아키텍처를 알리고, 합리적인 개발 계획을 짜고, 규약을 정의하며, 확장형 솔루션을 개발한 후에 고객을 교육해야 한다. 이를 통해 젠킨스를 쉽게 관리하고 유지보수하는 역량을 갖춤으로써 유지보수에 시간이 너무 오래 걸리는 악몽 같은 상황을 예방할 수 있다. 젠킨스는 구성이 매우 쉽기 때문에 소프트웨어 개발 생명주기SDLC에 속한 시스템에서 구성을 바꿀 때는 신중하게, 지속적인 고려가 필요하다.

1장에서는 젠킨스를 안정적으로 확장할 수 있는 검증된 관리 기법을 다룬다. 또한 조직마다 각기 다른 요구 사항에 맞춰 젠킨스를 구성하고, 유지보수 문제는 줄이면서 성능을 향상시키는 방법을 알아본다.

1장에서 다루는 내용은 다음과 같다.

- 젠킨스 플랫폼 아키텍처
- 마이크로소프트 윈도우용 젠킨스

- JVM 및 자바 인수값 구성
- 리눅스 및 유닉스용 젠킨스
- NGINX 리버스 프록시에서 젠킨스 실행
- 아파치 리버스 프록시에서 젠킨스 실행
- 젠킨스 백업 생성 및 관리
- 젠킨스 미러 설정
- 맥 OSX용 젠킨스
- 젠킨스의 LTS 릴리스 라인
- 젠킨스의 XML 구성 파일

▌ 젠킨스 플랫폼 아키텍처와 구성 기법

많은 사람이 알고 있듯이 젠킨스는 자바로 개발됐다. 젠킨스는 다중 플랫폼에서 실행되고 다양한 종류의 패턴과 기술을 지원한다. 회사 규모가 작든 크든 효과적으로 사용할 수 있으며, 무한에 가까운 자동화 역량과 활발한 플러그인 지원 환경을 갖고 있다.

이번 절에서는 젠킨스 아키텍처의 지식을 넓히는 것을 목표로 구성 기법을 알아본다. 이와 함께 젠킨스의 중요 운영 환경 구성법을 배워 향후 확장성 및 자동화를 다룰 때에 기초로 사용하고자 한다.

젠킨스는 자바 가상 머신JVM이 지원되는 모든 플랫폼에서 사용할 수 있으며 동일한 사용자 경험을 제공한다. JVM은 호스트 운영체제와 관계없이 동일한 소프트웨어 플랫폼을 제공하고, 자바 바이트코드를 실행하는 데 사용되는 강력한 가상화 기술의 하나다.

젠킨스 커뮤니티에서는 리눅스와 유닉스, 맥 OSX와 마이크로소프트 윈도우용 설치 패키지를 개발해오고 있다. 이 책에서는 젠킨스가 이미 설치돼 있다고 가정하고 진행할 예정이나, 아직 설치를 하지 않았다면 커뮤니티에서 제공하는 패키지로 설치하는 것을 적극

추천한다. 젠킨스 네이티브 패키지를 사용할 수 없는 상황이더라도 다음 웹 환경 중 어느 것이라도 지원하는 호스트 운영체제가 있다면 실행할 수 있다.

- 아파치 톰캣Tomcat 5.0 또는 이후 버전
- 제이보스JBoss 애플리케이션 서버 4.2 또는 이후 버전
- IBM 웹스피어WebSphere 7.0.0.7 또는 이후 버전
- 웹로직WebLogic

 젠킨스를 설치할 때는 시스템 서비스로 하는 것이 좋다. 주요 운영체제에서는 이를 지원하는 방법이 많이 있으므로 설치 시 활용하자. 또한 부팅 시 자동으로 실행되도록 설정해 놓는 것도 잊지 말자.

▌마이크로소프트 윈도우용 젠킨스

마이크로소프트 윈도우에 젠킨스를 설치하는 것은 매우 쉽다. 윈도우용 젠킨스 MSI 패키지에는 필수 파일인 자바 실행 환경JRE과 닷넷.NET 2.0 프레임워크가 포함돼 있다. 이렇게 제공되는 번들을 이용해 젠킨스를 한 번에 설치할 수 있고, 설치에 필요한 외부 파일을 미리 다운로드받거나 하는 작업이 필요치 않아 편리하다.

MSI 설치 패키지를 사용하면, 젠킨스 설치 마법사는 자동으로 윈도우 서비스라는 형태로 설치를 한다. 젠킨스를 마이크로소프트 윈도우 서비스로 운영하면 관리와 통제가 쉬워진다. 또한 젠킨스가 비정상으로 종료되더라도 시스템이 이를 통제하도록 방법을 지정할 수 있다.

일단 설치가 완료됐다면 젠킨스가 윈도우 서비스로 제대로 구성되고 동작하는지 확인해야 한다. 이를 위해 제어판 내의 서비스 메뉴를 열어 젠킨스 항목으로 이동해야 한다. 서비스 메뉴로 가려면 윈도우 데스크톱에서 **시작 > 제어판 > 관리 도구 > 서비스**로 이동한다.

젠킨스가 윈도우 서비스 형태로 제대로 설치됐다면, 다음 화면처럼 윈도우 **서비스** 패널에 나타난 목록 중에 Jenkins라는 항목을 확인할 수 있다.

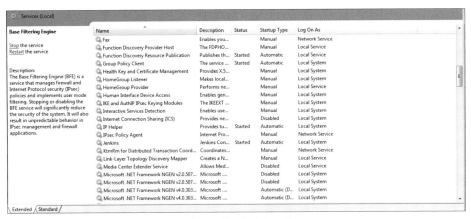

그림 1-1 윈도우 서비스 패널

윈도우 서비스 속성 대화상자에서는 윈도우 서비스 옵션을 선택할 수 있다. 즉 서비스 시작 방식, 서비스 실행 시 사용할 계정, 문제 발생 시 운영체제가 젠킨스 서비스를 복구하는 방법 등을 구성할 수 있다.

젠킨스용 윈도우 서비스 속성 대화상자를 띄우려면 메인 윈도우 **서비스** 패널에서 Jenkins를 더블클릭한다. 그러면 다음 화면처럼 Jenkins Properties(젠킨스 속성) 대화상자가 나타난다.

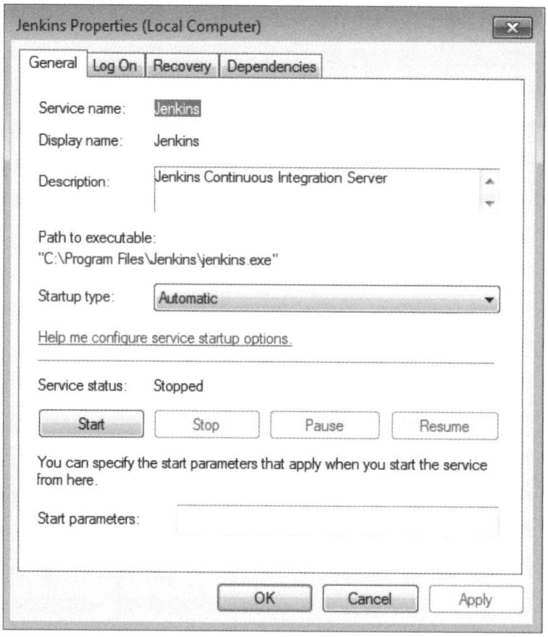

그림 1-2 젠킨스 속성 대화상자

여기서 젠킨스 장애 대비 구성을 해보자. 이렇게 하려면 젠킨스 윈도우 서비스 정의를 수정하고, 젠킨스 서비스의 문제가 발생했을 때 복구할 방법을 구현해야 한다. Recovery(복구) 탭을 클릭하면 다음 화면이 나타난다.

Recovery 탭에서 젠킨스 서비스가 정상적으로 시작되지 않을 때 자동으로 재시작하는 방법을 지정할 수 있다. 즉 예제 화면에서 보듯, 실패 항목 필드를 적절히 변경해 장애 대비 구성을 할 수 있다.

이렇게 변경한 내용을 반영하려면 젠킨스 서비스를 업데이트해야 한다. 즉, 화면에서 Apply 버튼을 눌러, 젠킨스 서비스를 다시 시작한다.

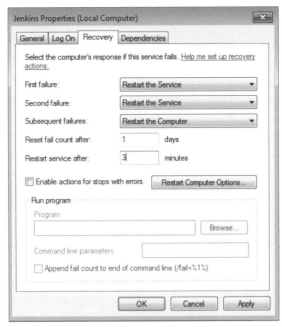

그림 1-3 젠킨스 속성 대화상자의 복구 탭

JVM과 자바 인수값 구성: 포트와 JRE와 메모리

젠킨스를 비롯해 자바의 web-ui 애플리케이션은 8080포트에서 운영된다. 이 리스닝 포트를 변경하려면 자바 기동 구성 파일을 변경해야 한다.

마이크로소프트 윈도우에서는 Jenkins.xml 구성 파일만 수정하면 모든 자바 JVM 옵션을 변경할 수 있다. 기본 젠킨스 구성 파일의 위치는 $JENKINS_HOME/jenkins.xml이다.

마이크로소프트 윈도우에서 $JENKINS_HOME 디렉토리와 기본 XML 구성 파일의 위치는 다음과 같다.

- C:\Program Files\Jenkins\jenkins.xml
- C:\Program Files (x86)\Jenkins\jenkins.xml

기본 XML 구성 파일에는 JVM과 관련된 설정 및 선택항목이 있다. 리스닝 포트도 이런 설정값 중 하나다. 리스닝 포트를 변경하려면 다음과 같은 절차를 거쳐야 한다.

1. 텍스트 편집기에서 기본 XML 구성 파일을 열고 `<arguments>` 노드를 찾는다. `arguments` 노드의 예는 다음과 같다.

```
<!-- if you'd like to run Jenkins with a specific version of Java,
specify a full path to java.exe.
   The following value assumes that you have java in your PATH.
   -->
<executable>%BASE%\jre\bin\java</executable>
<arguments>-Xrs -Xmx256m -Dhudson.lifecycle=hudson.
lifecycle.WindowsServiceLifecycle -jar "%BASE%\jenkins.war"
--httpPort=8080</arguments>
```

2. –httpPort의 값을 바꾸고, 구성 파일을 저장한다.
3. 젠킨스 서비스를 다시 실행하고, 젠킨스가 변경된 포트에서 실행되는지 여부를 확인한다.

 젠킨스 리스닝 포트를 변경할 때 주의할 것이 있다. 아파치나 IIS, 또는 다른 서비스에서 이미 사용 중인지 확인한 후, 사용하지 않는 포트로 변경해야 한다.

지금까지 리스닝 포트를 변경하는 과정을 살펴봤다. 이어서 JVM 옵션 중에서 바꿀 수 있는 다른 항목도 살펴보자.

젠킨스 설치 시 할당된 기본 메모리는 256MB다. 이는 젠킨스를 기본 운영하는 데는 충분한 메모리 크기다. 하지만 이후 젠킨스 인스턴스가 확장되고 점점 더 복잡해질수록 필연적으로 메모리 부족이 발생하게 된다. 자바 힙 메모리나 PermGem 메모리 문제로 인한 빌드 실패를 막으려면 자바와 젠킨스에 추가 메모리를 할당해야 한다.

자바 1.7이나 그 이전 버전에서는 영구 생성 메모리[PermGem]와 최대 영구 생성 메모리 할당 값을 사용했다. 자바 1.8이 나오면서 오라클 사는 영구 생성 메모리 옵션을 메타스페이스 메모리 옵션으로 변경했다. 이것 때문에 자바에서 적절한 메모리 관리 방법을 둘러싼 혼란이 일부 발생했다. 다음 표는 JVM에서의 메모리 설정값으로서 사용 가능한 메모리 옵션을 설명한다.

설정명	인수 및 예제 값	설명
최초 힙 크기	-Xms = 512	최초 자바 힙 크기를 설정한다.
최대 힙 크기	-Xmx = 1024m	최대 자바 힙 크기를 설정한다.
최초 영구 생성 메모리	-XX:PermSize = 512m	가용한 최초 영구 생성 메모리 크기를 설정한다.
최대 영구 생성 메모리	-XX:MaxPermSize = 1024m	할당 가능한 최대 PermGen 메모리 크기를 설정한다.
최대 메타스페이스	-XX:MaxMetaspaceSize = 1024m	최대 메타스페이스 크기를 설정한다 (PermGem과 유사하지만 이 경우는 동적 할당을 기본값으로 함).

윈도우용 자바 메모리 인수 및 설명

젠킨스 및 자바에 할당된 메모리가 너무 작으면 오류가 발생한다. 반대로 이들에게 너무 많은 메모리를 할당하면 운영체제 시스템의 성능이 저하된다. 그러므로 이 값을 사려 깊게 설정해야 하며, 운영 시스템에 맞게 균형값을 찾는 것이 중요하다. 특히 하드웨어 및 운영체제 구성에 맞게 값을 정해야 한다. 다음은 최대 힙 크기를 변경하는 예제다.

```
<arguments>-Xrs -Xmx512m -Dhudson.lifecycle=hudson.lifecycle.
WindowsServiceLifecycle -jar %BASE%\jenkins.war --httpPort=8080</
arguments>
```

자바 옵션을 변경하는 경우 다음과 같은 내용을 알아두어야 한다. 마이크로소프트 윈도우에서 자바 메모리를 할당할 때 도움이 되는 팁과 정보를 아래에 정리했다.

- 마이크로소프트 윈도우는 운영체제로써 동작하는 데 필수적인 메모리 용량이 있다. 기능이 정상으로 동작하려면 램 용량이 충분해야 한다(최소 128MB 이상).
- 최초 힙 메모리나 최대 힙 메모리의 크기가 클수록, 영구 생성 메모리 크기도 더 커져야 한다. 이는 영구 생성 메모리가 데이터를 저장할 때 힙 메모리의 내용도 저장하기 때문이다.
- 메타스페이스 스위치는 자바 1.8이나 그 이상 버전에서만 사용할 수 있다.
- 영구 생성 메모리는 자바 1.8에서부터 사용되지 않으며, 기능도 제거됐다.
- 메모리 값을 설정할 때는 최소한 1MB보다 크게 하며, 1,024의 배수로 값을 지정해야 한다.

▌ 리눅스와 유닉스용 젠킨스

젠킨스는 광범위하게 리눅스와 유닉스를 지원한다. 이런 다중 플랫폼 지원 기능 때문에 많이 활용되는 자동화 도구로 자리매김했다. 젠킨스 커뮤니티에서는 리눅스와 유닉스 배포판용 네이티브 설치 패키지의 대부분을 개발했다. 지금은 다음과 같은 종류의 리눅스 및 유닉스 버전용 설치 패키지가 있다.

- 우분투/데비안
- 레드햇/페도라/센트OS
- 오픈수세OpenSUSE
- FreeBSD
- 솔라리스/오픈인디아나Solaris/OpenIndiana
- 젠투Gentoo
- 도커Docker

리눅스나 유닉스 시스템에 젠킨스를 설치하는 가장 편한 방법은 YUM이나 OpenCSW, IPS나 앱티튜드처럼 표준 패키지 매니저를 사용하는 것이다. 이를 위해 간단하게 대표적 배포판인 센트OS(YUM)와 데비안(APT) 계열을 중심으로 알아보자.

JVM 구성

호스트 컴퓨터가 리눅스나 유닉스일 때 JVM의 매개 변수를 변경하려면 젠킨스 데몬을 초기화하는 초기하는 서비스 스크립트를 수정해야 한다. 데비안/우분투의 경우 수정해야 할 파일은 보통 `/etc/default/Jenkins`에 있다.

센트OS 기반의 시스템에서는 `/etc/sysconfig/Jenkins`이다.

운영체제에 따라 파일 위치는 달라도, JVM 옵션을 조정하는 값은 동일하게 'JAVA_ARGS=' 라는 속성을 사용한다.

앞서도 이미 언급했듯이 자바 1.8 버전이 출시됨에 따라 새로 생긴 메모리 설정값도 있고, 없어진 것도 있다. 다음 표에서는 사용할 수 있는 메모리 옵션 정의을 설명한다.

설정명	인수 및 예제 값	설명
최초 힙 크기	-Xms = 512	최초 자바 힙 크기를 설정한다.
최대 힙 크기	-Xmx = 1024m	최대 자바 힙 크기를 설정한다.
최초 영구 생성 메모리	-XX:PermSize = 512m	가용한 최초 영구 생성 메모리 크기를 설정한다.
최대 영구 생성 메모리	-XX:MaxPermSize = 1024m	할당 가능한 최대 PermGen 메모리 크기를 설정한다.
최대 메타스페이스	-XX:MaxMetaspaceSize = 1024m	최대 메타스페이스 크기를 설정한다 (PermGem과 유사하지만 이 경우는 동적 할당을 기본값으로 함)

리눅스용 자바 메모리 인수 및 설명(윈도우와 동일)

리눅스에서 자바용 메모리 설정값을 조정할 때는 JAVA_ARGS= 속성을 사용하면 간단하다. 다음은 최초 힙 크기를 변경하는 방법이다.

```
JAVA_ARGS=-Xmx=512m
```

일단 하드웨어 구성에 맞춰 값을 변경했다면, 젠킨스 서비스를 다시 시작해 변경된 값을 적용한다.

메모리 할당 팁

최초 및 최대 힙 메모리 크기가 클수록, 요구되는 영구 생성 메모리의 크기도 커진다. 이는 영구 생성 메모리가 데이터를 저장할 때 힙 메모리의 데이터도 저장하기 때문이다. 이들 메모리 설정값들은 젠킨스 운영 환경에 맞춰 사용자가 변경해야 한다는 것을 기억하자.

▌ NGINX 리버스 프록시에서 젠킨스 실행하기

인터넷 세계에 폭풍을 일으키며 등장했던 새로운 웹서버 솔루션이 바로 NGinX(엔진엑스)다. 이고르 시소에프가 책임자로서 2004년 개발된 이 웹서버는 트래픽 요청이 많은 웹사이트에서 필요로 하는 확장성과 로드밸런싱을 쉽게 할 목적으로 개발됐다. 첫 등장 이후부터 이 솔루션은 폭 넓은 호평과 악평을 동시에 들었다. 그러면 이제 NGINX 리버스 프록시를 어떻게 젠킨스에 적용할 수 있는지 알아보자. 적용 방법은 매우 단순하므로 간단히 살펴본다.

NGINX가 대상 시스템에 설치돼 있지 않다면, 설치를 하는 것이 첫 번째 단계다. NGINX는 아래 터미널 명령어를 사용하면 우분투/데비안이나 센트OS 기반 시스템에서 쉽게 설치할 수 있다.

```
CENTOS#> yum install nginx
DEBIAN#> apt-get install nginx
```

NGINX 웹서버를 설치한 후에는 nginx -v 명령을 실행해 설치됐는지 검증한다. 명령을 실행하면 NGINX 웹서버의 버전 정보가 터미널에 출력되는데, 이를 통해 제대로 설치됐는지를 확인할 수 있다.

대상 시스템에 NGINX 웹서버를 설치한 다음에는 젠킨스 JVM용 리버스 프록시로 동작하도록 구성해야 한다. 이는 간단히 프록시 패스proxy pass가 포함된 nginx 구성 파일을 업데이트한다. 우분투에서 nginx용 구성 파일은 다음 위치에 있다.

```
/etc/nginx/sites-enabled/default
```

젠킨스가 서브도메인 Jenkins.domain.com에서 운영 중이라면 젠킨스의 프록시 패스 항목은 다음과 같다.

```
server {
  listen 80;
  server_name jenkins.domain.com;
  return 301 https://$host$request_uri;
}

server {

  listen 80;
  server_name jenkins.domain.com;

  location / {

  proxy_set_header        Host $host;
  proxy_set_header        X-Real-IP $remote_addr;
  proxy_set_header        X-Forwarded-For $proxy_add_x_forwarded_for;
```

```
    proxy_set_header        X-Forwarded-Proto $scheme;

    # "역방향 프록시 설정이 잘못된 것으로 파악되었습니다(It appears that your reverse proxy
set up is broken)"라는 # 에러의 발생을 방지한다.
    proxy_pass              http://127.0.0.1:8080;
    proxy_read_timeout  90;

    proxy_redirect          http://127.0.0.1:8080 https://jenkins.domain.com;
  }
}
```

구성 파일을 변경했다면 파일을 저장한 후, 다음 명령어로 nginx를 다시 시작한다.

```
#>sudo service nginx restart
```

젠킨스의 사용자 인터페이스와 NGINX 리버스 프록시를 제대로 통합하려면 젠킨스의 콘텍스트 경로와 NGINX의 서브디렉토리를 일치시켜야 한다. 예를 들어 젠킨스 시스템의 콘텍스트 경로를 http://localhost:8080/jenkins로 정했다면 웹서버 구성 파일 내의 프록시 패스 콘텍스트에도 /Jenkins 부분을 반영해야 한다.

젠킨스용 콘텍스트 경로를 설정하려면 JENKINS_ARGS= 속성에 --prefix= 항목을 추가한다. 아래 예제를 참고하자.

```
--prefix=/Jenkins
--prefix=/다른 콘텍스트 경로가 있다면 여기에 추가
```

JENKINS_ARGS 구성 항목은 젠킨스를 기동하는 bash/dash 스크립트 내에 포함돼 있다. 일반적으로 이 파일의 위치는 다음 경로 중 한 곳이다(리눅스 배포판에 따라 달라질 수 있다).

- /etc/default/Jenkins
- /etc/sysconfig/Jenkins (151행)

모든 구성이 완료됐다면 NGINX와 젠킨스 서비스를 재시작함으로써 리버스 프록시 리다이렉트 솔루션 작업을 끝낸다.

재시작까지 완료됐다면 웹 브라우저를 열고 80포트의 젠킨스를 띄워 젠킨스 사용자 인터페이스가 제대로 나타나는지 확인한다.

아파치 리버스 프록시에서 젠킨스 실행하기

아파치 HTTP 서버 프로젝트(줄여서 아파치라고 부름)는 1995년 4월에 처음 출시됐다. 아파치는 인터넷의 핵심 솔루션 중 하나이며 명성도 자자하다. 아파치는 최초 출시 이후 전 세계에서 가장 많이 사용되는 웹서버 플랫폼으로 자리잡았다. 현재까지도 그 명성을 이어오고 있으며, 방대한 양의 확장 기능 모듈도 제공한다.

독자 중에는 비표준 웹 포트에서 젠킨스를 운영하는 것을 바꾸고 싶을 수 있다. 왜냐하면 사용자가 URL을 입력할 때마다 포트도 입력해야 하는데 이것이 꽤 번거롭기 때문이다. 이 문제를 해결하려면 젠킨스를 아파치 프록시에서 실행하는 것이 유리하다. 아파치는 젠킨스 사용자에게 꽤 도움이 되는 다양한 기능을 제공하며, 그 중 일부를 소개하면 다음과 같다.

- 젠킨스를 80포트에서 실행하기(특권 포트 우회)
- 젠킨스 인스턴스용 SSL 지원 추가하기
- /Jenkins나 /ci처럼 다른 콘텍스트에서 젠킨스를 실행하기
- 다른 웹 앱과 병행해 젠킨스를 실행하기(예 http://jenkins.fool.com)

리눅스와 유닉스 서버에서 1024번 이하의 모든 TCP와 UDP 포트는 특권 포트로 지정된다. 특권 포트에서 운영되는 서비스는 루트[root] 계정처럼 특수 사용자 권한으로 운영된다. 그래서 보안 위험을 예방하려면 루트 계정으로 젠킨스를 실행하지 않도록 해야 한다. 이런 이유 때문에 젠킨스 서비스용으로 미리 정의된 jenkins라는 계정이 있다.

특권 포트를 제한한 것 때문에 젠킨스 관리자가 문제를 겪기도 한다. 독자가 표준 웹 포트인 80포트를 사용하면서, 동시에 jenkins라는 사용자 계정으로 젠킨스를 운영하고 싶을 수 있다. 젠킨스를 아파치에서 실행하는 방식의 모범 사례를 통해 이 문제를 해결할 수 있다.

가능한 해법 중 하나는 아파치에서 젠킨스를 실행하고 mod_proxy를 사용해서 내부적으로 트래픽을 리다이렉트하는 것이다. 이 해법을 사용하게 되면 포트 설정을 바꾸거나, 루트 계정으로 실행하지 않고도 특권 포트의 요청을 젠킨스가 처리하도록 설정할 수 있다.

아파치의 mod_proxy는 80포트로 들어온 TCP/UDP 요청을 8080포트의 젠킨스로 전달한다. 반대로 젠킨스에서 응답이 있을 경우 80포트로 포워드한다. 이로써 젠킨스의 기본 포트를 변경하지 않고도, 웹 사용자에게 자연스럽고 끊김 없는 경험을 제공한다.

아파치의 mod_proxy 모듈을 사용하도록 젠킨스를 설정하려면 일단 기본 구성으로 설치된 아파치 웹서버(http://www.apache.org)가 필요하다. 아파치가 독자의 시스템에 아직 설치돼 있지 않다면, 리눅스나 유닉스의 표준 패키지 매니저를 사용해 설치할 수 있다. 다음은 리눅스에서 아파치를 설치하는 터미널 명령어의 예제다.

- 데비안/우분투

```
$> sudo apt-get update
$> sudo apt-get install apache2
```

아파치를 /etc/apache2 경로에 설치한다.

- 센트OS/페도라

```
$> sudo yum install httpd
```

아파치를 /etc/httpd 경로에 설치한다.

일단 아파치를 호스트에 설치했다면 mod_proxy가 제대로 로딩되는지도 확인해야 한다.

RHEL이나 센트OS 기반 시스템에서는 아파치가 설치될 때 mod_proxy도 함께 설치되는 게 일반적이다. 데비안 기반 시스템에서는 아파치와 mod_proxy를 각각 설치해야 한다. 독자의 시스템에 설치된 아파치의 모듈 폴더를 찾아보면 mod_proxy.so와 mod_proxy_http.so 파일이 있는지를 알 수 있다.

mod_proxy가 제대로 동작하는지를 알려면 아파치가 초기화될 때 mod_proxy.so와 mod_proxy_http.so 파일이 로드되는지 확인한다. 시스템에 따라 다르기는 하지만 아파치의 구성 파일은 httpd.conf 또는 apache2.conf다. vi나 nano 같은 편집기로 아파치 구성 파일을 열어서 LoadModule 지시자가 정상적으로 있는지 확인한다.

그런 다음 아파치에서 mod_proxy 모듈을 로드할 수 있도록 구성한다. 다음과 같이 입력됐다면 정상이다.

```
LoadModule proxy_module modules/mod_proxy.so
LoadModule proxy_http_module modules/mod_proxy_http.so
```

 TIP 아파치 구성에서 앞의 행이 없거나 주석으로 처리됐다면, 추가하거나 주석표시자를 제거해야 한다.

아파치 구성 파일에서 LoadModule 값을 변경한 후에는, 80포트에 해당하는 VirtualHost XML 블록 부분을 변경하고, 리버스 프록시 항목도 생성해야 한다. 80포트에서 실행 중인 젠킨스 인스턴스와 프록시용 아파치 가상 호스트 항목의 예제는 다음과 같다.

```
<VirtualHost *:80>
ServerAdmin  webmaster@localhost
ProxyRequests     Off
ProxyPreserveHost On
AllowEncodedSlashes On
```

```
<Proxy *>
    Order deny,allow
    Allow from all
</Proxy>

ProxyPass          / http://localhost:8080/ nocanon
ProxyPassReverse   / http://localhost:8080/
</VirtualHost>
```

이제 가상 호스트 설정 항목 추가를 끝냈으니 구성 파일을 저장하고, 아파치를 다시 시작한다. 배포판에 따라 아파치를 재시작하는 명령어가 조금씩 다르다. 센트OS와 데비안용 예제는 다음과 같다.

- 센트OS

```
$> sudo service httpd restart
```

- 데비안/우분투

```
$> sudo service apache2 restart
```

 루트 레벨(/)에서 프록시 패스를 설정했다면 ProxyPass와 ProxyPassReverse 지시자의 끝부분에 반드시 슬래시(/)를 붙여야 한다.

젠킨스의 사용자 인터페이스와 아파치 리버스 프록시를 제대로 통합하려면 젠킨스의 콘텍스트 경로와 아파치의 서브디렉토리를 일치시켜야 한다. 예를 들어 젠킨스 시스템의 콘텍스트 경로를 http://localhost:8080/jenkins로 정했다면 아파치 구성 파일 내의 프록시 패스 콘텍스트에도 /Jenkins 부분을 반영해야 한다.

젠킨스용 콘텍스트 경로를 설정하려면 JENKINS_ARGS= 속성에 --prefix= 항목을 추가한다. 다음 예제를 참고하자.

```
--prefix=/Jenkins
--prefix=/다른 콘텍스트 경로가 있다면 여기에 추가
```

JENKINS_ARGS 구성 항목은 젠킨스를 기동하는 bash/dash 스크립트 내에 포함돼 있다. 일반적으로 이 파일의 위치는 다음 경로 중 한 곳이다(리눅스 배포판에 따라 달라질 수 있다).

- /etc/default/Jenkins
- /etc/sysconfig/Jenkins (151행)

모든 구성이 완료됐다면 아파치와 젠킨스 서비스를 재시작함으로써 리버스 프록시 솔루션 작업을 끝낸다. 재시작까지 완료됐다면 웹 브라우저 열고 80포트의 젠킨스를 띄워 젠킨스 사용자 인터페이스가 제대로 나타나는지 확인한다.

▎ 젠킨스에서의 재해복구

단일 서버에서 젠킨스 마스터를 운영하는 경우라면 단일 장애점SPOF, Single Point of Failure, 즉 시스템 전체의 중단을 부르는 한 지점이 생기게 마련이다. 어떤 이유든 젠킨스 마스터가 중단된 경우 복구도 쉽지 않겠지만 시간도 많이 소요된다. 젠킨스 마스터가 중단되거나 망가졌다면 해당 조직에서 수행하는 소스 빌드와 검증, 릴리스 등에 치명적인 영향을 끼치게 된다. 지금부터는 젠킨스의 재해복구 계획을 수립해 고가용성을 확보할 뿐 아니라 문제가 발생했더라고 빠르게 복구할 수 있는 방안을 살펴본다.

젠킨스 스냅샷 백업

$JENKINS_HOME 경로에 스냅샷을 백업하는 것은 전체 시스템의 효과적인 백업일 뿐만 아니라 오류 발생 시 능동적으로 대처할 수 있는 방법이다. 실제로 스냅샷 백업을 효과적으로 수행하는 데 도움이 되는 젠킨스 플러그인이 꽤 많다. 가장 널리 쓰이는 백업 플러그인으로는 BackUp과 thinBackup, SCM Sync configuration이 있다. 이 중에서 독자의 필요에 가장 잘 맞는 것을 골라 사용한다.

앞에서 언급한 플러그인은 모두 젠킨스 Manage Plugins 화면에서 이용할 수 있다. 이 화면으로 이동하려면 일단 젠킨스에 접속해 관리자로 로그인한 후, Jenkins > Manage Jenkins > Manage Plugins > Available 순서대로 이동한다.

다음 그림은 이용 가능한 백업 플러그인을 보여주는 젠킨스 매니지 플러그인 화면이다.

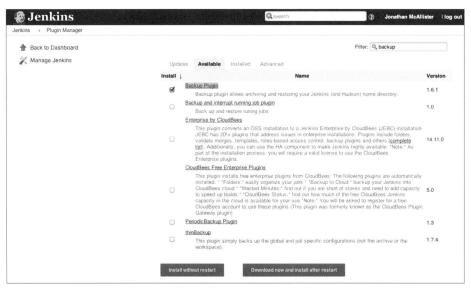

그림 1-4 매니지 젠킨스 화면

48

이용 가능한 백업 플러그인 목록에서 설치를 원하는 항목의 체크박스를 선택한 후 Download now and install after restart(즉시 다운로드하고, 젠킨스 재시작 후 설치) 버튼을 클릭한다.

플러그인의 설치가 완료됐으면, 반드시 사용 설명서와 문서를 읽어본다. 젠킨스 플러그인 문서의 링크 주소는 다음과 같다.

https://wiki.jenkins-ci.org/display/JENKINS/Plugins

 예제 코드 다운로드

http://www.packtpub.com에서 도서를 구입했다면 본인 계정으로 로그인해 팩트 도서용 예제 파일을 직접 다운로드할 수 있다. 한국어판 예제 코드는 에이콘출판사의 도서정보 페이지인 http://www.acornpub.co.kr/book/mastering-jenkins에서 다운로드할 수 있다.

젠킨스 미러: rsync 설치

다른 서버를 이용할 수 있는 여유가 있다면 젠킨스 미러를 설치하는 것도 재해복구의 한 방법이다. 젠킨스 미러는 젠킨스의 인스턴스를 실시간으로 복제해 다른 호스트에 저장한다. 이렇게 하면 정전이 발생해 젠킨스 서버가 멈추더라도 운영 중인 미러 서버로 트래픽을 간단하게 전환할 수 있다.

젠킨스 미러를 구축하려면 rsync를 사용해 $JENKINS_HOME 경로에 동기화된 복제본을 생성해야 한다. 그러면 미러 서버에 데이터와 구성 파일을 비롯해 모든 콘텐츠를 동기화한다. 젠킨스 마스터에 문제가 생기거나, 마스터 서버를 유지보수하느라 다운타임이 생길 때, 즉시 미러 서버로 마스터를 교체할 수 있다.

젠킨스의 미러링 솔루션 구축을 시작하려면 먼저 운영체제와 디스크, 램 등 환경이 동일한 두 대의 시스템이 필요하다. 첫 번째 시스템은 젠킨스를 설치한 상태로 프로덕션 서버의 역할을 하므로, 이 시스템을 젠킨스-프라이머리Primary라고 하자.

두 번째 시스템에는 젠킨스를 기본 설치한다. 이 시스템을 젠킨스-미러Mirror라고 하자. 일단 젠킨스를 젠킨스-미러에 설치했다면 젠킨스 서비스를 셧다운해야 한다.

다음 명령어로 젠킨스 서비스를 셧다운한다.

```
$> sudo service jenkins stop
```

젠킨스 미러링 솔루션을 만드는 다음 단계는 양쪽 시스템(프라이머리와 미러)에 rsync와 openSSH 클라이언트 패키지를 설치하는 것이다. rsync는 파일 및 폴더 동기화 도구로 많이 쓰이는데, 기기 간에 파일과 폴더, 데이터 등을 복제하는 프로그램이다. 이 프로그램은 전체 폴더 구조를 동기화할 수도 있고, 차이가 나는 부분만 동기화할 수도 있다. 이런 기능 덕분에 젠킨스 미러링 솔루션을 구축하는 데 최적의 도구라 할 수 있다. openSSH 클라이언트 패키지는 rsync와 함께 동작하며, rsync의 동기화 작업을 SSH 프로토콜 상에서 수행할 수 있도록 한다. 그러면 이제 젠킨스 프라이머리 및 미러 시스템에서 이들 도구를 설치해보자.

rsync와 OpenSSH를 설치하려면 대상 운영체제에서 다음 명령어를 실행한다.

- RHEL/센트OS

```
$> sudo yum install rsync
$> sudo yum install openssh-clients
```

- 데비안/우분투

```
$> sudo apt-get install rsync
$> sudo apt-get install openssh-clients
```

rsync 설치가 완료됐다면 터미널에서 다음 명령어를 입력해 제대로 동작하는지 확인해보자.

```
$> which rsync
$> rsync --version
```

미러나 프라이머리에 관계없이 다음과 같은 결과를 출력한다면 제대로 동작하는 것이다.

- 젠킨스-미러

```
[root@jenkinsmirror jenkins]# which rsync
/usr/bin/rsync
[root@jenkinsmirror jenkins]# rsync --version
rsync version 3.0.6 protocol version 30
Copyright (C) 1996-2009 by Andrew Tridgell, Wayne Davison, and
others.
```

- 젠킨스-프라이머리

```
[root@jenkinsprimary jenkins]# which rsync
/usr/bin/rsync
[root@jenkinsprimary jenkins]# rsync --version
rsync version 3.0.6 protocol version 30
Copyright (C) 1996-2009 by Andrew Tridgell, Wayne Davison, and
others.
```

이상으로 필요한 패키지가 제대로 설치된 것을 확인했다면, 이제 젠킨스-프라이머리 서버의 $JENKINS_HOME 경로를 젠킨스-미러 서버로 복제하는 첫 작업을 수행한다. 이를 위해서는 젠킨스-미러 서버에서 루트 사용자 계정에 접근할 수 있는 sudo 명령어를 사용해야 한다. 그리고 rsync 명령어를 통해 젠킨스-프라이머리의 콘텐츠를 가져온다.

```
$> sudo su - Jenkins
$> sudo rsync -avuh --delete -e ssh root@jenkinsprimary:/var/lib/
jenkins/* /var/lib/jenkins
```

 처음으로 $JENKINS_HOME 경로의 콘텐츠를 가져올 때는 어느 정도 시간이 소요되는데, 이 시간은 콘텐츠의 크기와 네트워크 속도에 따라 다르다. 작업이 완료되면 아래 예문과 유사한 문구가 터미널 창에 나타난다.

sent 3.55M bytes received 77.70G bytes 15.78M bytes/sec
total size is 79.64G speedup is 1..02

일단 rsync가 작업이 완료됐다면 전송이 성공했는지 확인하기 위해 젠킨스-미러에서 젠킨스 서비스를 실행한 후, 젠킨스-프라이머리 서버와 완전히 동일하게 동작하는지를 유심히 관찰해야 한다. 이를 위해 젠킨스-미러 서버의 터미널에서 다음 명령어를 입력한다.

`$> sudo service jenkins start`

$JENKINS_HOME 경로의 콘텐츠를 가져오는 첫 작업이 제대로 됐다면 그다음 순서로는 SSH 키 기반의 인증을 구현해야 한다. 그래야 중간에 사람이 직접 패스워드를 입력하는 작업 중단 없이 rsync 명령을 실행할 수 있다.

SSH 키 기반의 인증을 구현하려면 먼저 SSH 키를 생성하고, 이 값을 서버 시스템으로 복사해야 한다. 지금 예제에서는 젠킨스-프라이머리와 젠킨스-미러 시스템이 서버 시스템에 해당한다.

 SSH 키 생성 전에 꼭 확인해야 할 것은 호스트 서버가 이미 루트 사용자 계정용으로 RSA나 DSA 키를 가지고 있다면, 키생성 작업은 생략해도 된다는 것이다.

젠킨스-프라이머리에서 젠킨스-미러로 SSH 키 기반의 인증 방식으로 접속하려면 다음
명령어를 입력한다.

```
$Jenkins-Primary>sudo su - root
$Jenkins-Primary>ssh-keygen -t rsa
$Jenkins-Primary>scp ~/.ssh/id_rsa.pub root@jenkins-mirror:/tmp/
$Jenkins-Mirror>sudo su - root
$Jenkins-Mirror>cat /tmp/id_rsa.pub >> ~/.ssh/authorized_keys
```

반대로, 젠킨스-미러에서 젠킨스-프라이머리로 SSH 키 기반의 인증 방식으로 접속하려
면 다음 명령어를 입력한다.

```
$Jenkins-Mirror>sudo su - root
$Jenkins-Mirror>ssh-keygen -t rsa
$Jenkins-Mirror>scp ~/.ssh/id_rsa.pub root@jenkins-primary:/tmp/
$Jenkins-Primary>sudo su - root
$Jenkins-Primary>cat /tmp/id_rsa.pub >> ~/.ssh/authorized_keys
```

SSH 키 생성이 완료됐으면 SSH 키 기반 인증을 구현한 authorized_keys 파일에 라인
아이템을 생성해야 한다. authorized_keys 파일 내에 라인 아이템의 예는 다음과 같다.

```
ssh-rsa AAAAB3NzaC1yc2EAAAABIwAAAQEA/QIL17A1XSjDLZVqf49F0Y785Foq4
A6UaBAaVQApB0yyOXVIwqu2H035nI4zDlhymgii6zfHeylHgKrjJyS2MLoiO0pFo4
XEFo2UNoy8CXKPJR+Sf9WeWjSvvoX3OE0YTfiFDMb29MvIc+bfUKRoAPeCqj4s81
Vf/v3f3JteT7ExQAN22AjUNceiIr2bxLbr7I8bMdN4886gtXYFPAtkQ3YXe1S
Wb3xlYDtL8jtAl39Cw5FSCkQM5ToLYsk95+0DAAfNAeUx/sWYVrKU+AvrkMran
JdmOa86vEnuhqOaGD3r2y+AVuLGid1r3Mcg7VrJBs0oKlj4OH9vNZF68x
CQdw== root@example.com
```

위 과정을 성공적으로 끝냈다면, 이제 패스워드 확인 없이도 SSH로 양방향 통신을 할 수 있는 작업을 끝낸 것이다.

젠킨스-프라이머리와 젠킨스-미러 시스템에서 다음 명령어를 각기 실행해 기능이 제대로 동작하는지 확인한다.

```
$Jenkins-Mirror>ssh root@jenkins-primary
$Jenkins-Primary>ssh root@jenkins-mirror
```

지금까지 과정을 통해 SSH 키 인증 동작까지 확인했다면, 이제는 일정별 동기화 작업을 구현할 차례다. 일정에 따라 동기화하는 작업에는 크론탭$^{CRON\ tab}$을 사용할 예정이고, 최종적으로는 크론탭이 rsync를 실행하는 환경을 구축해본다. 이를 통해 젠킨스-미러가 파일 시스템에서 달라진 내용을 자동(30분에 한 번씩)으로 가져오게 한다. 이렇게 설정하려면 미러 시스템에서 크론탭을 연 뒤(crontab -e), 다음 예제처럼 지시자를 추가한다.

```
*/30 * * * * /usr/bin/rsync -avuh --delete -e ssh root@
jenkinsprimary:/var/lib/jenkins/* /var/lib/jenkins
```

크론탭 항목을 추가하고 저장했으면, 30분마다 젠킨스-프라이머리 시스템에서 젠킨스-미러로 데이터가 전송되는지 확인한다.

 앞서 제공한 미러링 옵션에 추가해서 $JENKINS_HOME 폴더에 파일들이 소스 컨트롤에 반드시 커밋되도록 해두자. 이렇게 해야만, 향후 어떤 이유로든 손상이 발생했을 때 미러 서버에서의 변경 내역을 추적할 뿐만 아니라 원상복구도 할 수 있기 때문이다.

맥 OS X용 젠킨스

맥 OS X 사용자를 위해 젠킨스 커뮤니티에서는 네이티브 PKG 인스톨러를 제공한다. 이 인스톨러에는 마이크로소프트 윈도우와 유사한 설치 마법사 옵션도 있고, 설치할 내용을 일일이 지정하는 방식의 기본 설치 방법도 있다. 젠킨스의 리스닝 포트나 메모리 옵션을 바꾸고 싶다면, 명령어 터미널을 이용한 추가 작업을 해야 한다.

젠킨스의 리스닝 포트를 바꾸려면 다음 프로퍼티 파일에서 명시적으로 포트를 정의해야 한다.

```
/Applications/Jenkins/winstone.properties
```

이 작업을 하려면 해당 위치에 파일이 있는지 확인한다. 파일이 없다면 winstone.properties 파일을 생성한 후, 파일 안에서 httpPort 매개 변수를 수정해야 한다. winstone.properties 파일에서 httpPort 설정은 다음 예제처럼 한다.

```
httpPort=80
```

작업이 끝나면 winstone.properties 파일은 자동으로 로딩되며, 파일에서 지정한 값이 젠킨스의 기본 포트가 된다. winstone.properties 파일은 젠킨스의 리스닝 포트 변경뿐 아니라, 다양한 다른 옵션들을 수정할 때도 사용한다. 예를 들면 logfile이나 httpListenAddress 등이 있다. 이들 외에 수정 가능한 전체 옵션을 알고 싶다면 OS X 터미널 창에서 다음 명령어를 실행한다.

```
cd /Applications/Jenkins
java -jar Jenkins.war --help
```

JVM 런타임 메모리 설정(힙 메모리, PermGen 등)은 표준 속성 파일(org.jenkins-ci.plist)에 저장되어 있다. 실행 데몬이 이 속성 파일에 저장된 값을 읽어온다. 그런 파일이 없을 경우에는 시스템에 내장된 기본값을 사용한다. 맥 OS X에서 plist 파일은 보통 아래 위치에 있다.

/Library/Preferences/org.jenkins-ci.plist

젠킨스용 자바 메모리 옵션을 조정하려면 org.jenkins-ci.plist 파일 내부의 속성 항목을 수정해야 한다. 이 파일을 수정하기 위해 OS X의 기본 명령을 사용한다. 기본 명령을 사용하면 파일 오류나 포맷 문제를 걱정할 필요 없이 plist 파일의 항목들을 수정할 수 있다. 몇 가지 예제의 설명과 활용 사례를 아래에서 설명한다.

plist 파일 내의 설정을 모두 보려면 명령어 터미널에서 다음 명령을 실행한다.

```
sudo defaults read /Library/Preferences/org.jenkins-ci
```

실행 결과는 다음과 같다.

```
{
    heapSize = 512m;
    minHeapSize = 256m;
    minPermGen = 256m;
    permGen = 512m;
    tmpdir = /Users/Shared/Jenkins/tmp;
}
```

plist 파일에서 heapSize 설정값을 가져오려면 명령어 터미널에서 다음 명령을 실행한다.

```
sudo defaults read /Library/Preferences/org.jenkins-ci heapSize
```

실행 결과는 다음과 같다.

```
512m
```

plist 파일에서 heapSize 설정값을 수정하려면 명령어 터미널에서 다음 명령을 실행한다.

```
sudo defaults write /Library/Preferences/org.jenkins-ci heapSize 1024m
```

org.jenkins-ci.plist 파일을 수정했다면 수정된 결과가 젠킨스에 반영되도록 젠킨스를 다시 시작해야 한다. OS X에서 젠킨스를 재시작하려면 터미널에서 다음 명령어를 실행한다.

```
sudo launchctl unload /Library/LaunchDaemons/org.jenkins-ci.plist
sudo launchctl load /Library/LaunchDaemons/org.jenkins-ci.plist
```

젠킨스 LTS 릴리스 라인

젠킨스 커뮤니티는 이미 젠킨스 최신 버전을 업그레이드할 때의 위험성과 젠킨스의 기본 옵션으로 매주 업그레이드할 때 드는 유지보수 노력이 크다는 것을 알고 있다. 그래서 좀 더 보수적인 사용자를 위해 젠킨스의 장기 지원LTS 릴리스를 발행한다. 젠킨스 LTS 릴리스는 매주 발행되는 것이 아니라 12주에 한 번씩 발행되며, 커뮤니티의 투표를 통해 선별된다. 즉, 지난 12주간의 릴리스 중에서 가장 안정적인 젠킨스 릴리스를 커뮤니티가 투표를 통해 선택한 버전이 젠킨스 LTS 릴리스다.

이번 절에서는 젠킨스 LTS 릴리스를 알아보고, 현재 운영 중인 최신 버전의 젠킨스를 어떻게 LTS 릴리스 계열로 변환할 것인지를 알아본다. 젠킨스 플랫폼의 특징 중 하나가 간결한 절차의 업그레이드이기 때문에 모든 업그레이드는 일반적으로 젠킨스 UI를 통해서만 진행된다. 이미 설치된 젠킨스를 LTS 계열로 변환할 때는 다음 두 가지 중 하나를 선택할 수 있다.

- 현재 설치 버전을 제거하고, LTS 패키지로 교체
- 현재 설치 버전을 변환하고, LTS 업데이트용 인터넷 주소URL를 지정(다음 LTS 릴리스가 나올 때까지 대기)

현재 설치된 버전을 제거하고 설치하는 일은 가장 쉬운 방법일 뿐 아니라 이에 대한 문서도 많이 있으니, 이번 절에서는 현재 설치 버전을 LTS 릴리스 계열로 변환하는 작업을 알아보자. 이 작업의 핵심은 젠킨스 설치 버전 LTS 업데이트 인터넷 주소를 가리키도록 만드는 것이다.

설치된 젠킨스를 LTS 릴리스 계열로 이전하려면 $JENKINS_HOME 경로에 있는 파일인 hudson.model.UpdateCenter.xml 파일을 수정해서 젠킨스 인스턴스가 LTS 릴리스 업데이트 센터의 인터넷 주소를 가리키도록 해야 한다. hudson.model.UpdateCenter.xml 파일은 젠킨스가 시스템 업데이트의 위치를 알고자 할 때 참조하는 파일이다. 이 XML 파일의 내용은 다음과 같다.

```xml
<?xml version='1.0' encoding='UTF-8'?>
<sites>
   <site>
      <id>default</id>
      <url>http://updates.jenkins-ci.org/stable/update-center.json</url>
   </site>
</sites>
```

내용을 보면 알 수 있듯이, XML 파일에서 수정해야 할 부분은 <url> 노드 부분이다. 젠킨스 LTS 릴리스는 자체의 업데이트 센터 인터넷 주소를 가지고 있는데, 이 주소를 다음 주소로 교체한다.

```
http://updates.jenkins-ci.org/stable/update-center.json
```

파일을 수정하고 저장까지 끝냈다면, 젠킨스 서비스를 다시 시작한다. 그래야만 향후 LTS 릴리스 계열의 업데이트가 변경된 주소에서 실행된다.

 LTS 릴리스는 12주마다 발행된다. 그러므로 젠킨스 인스턴스가 완전히 변경된 것을 확인하려면 그 때까지 기다려야 한다.

또한 젠킨스 LTS 릴리스는 도커 컨테이너로도 이용할 수도 있다. 설치 대상이 신규라면, 젠킨스 마스터의 역할을 하도록 LTS 도커 컨테이너를 활용할 수도 있다는 것이다. 공식 젠킨스 LTS 도커 컨테이너는 아래 인터넷 주소에서 찾을 수 있다.

```
http://jenkins-ci.org/content/official-jenkins-lts-docker-image
```

젠킨스 XML 구성 파일

젠킨스의 구성 데이터는 XML 파일로 디스크에 저장된다. XML 파일에는 젠킨스 인스턴스의 동작을 지정하는 정보가 들어간다. 젠킨스에서 구성 XML 파일을 어떻게 구현하고, 데이터를 관리하는지 잘 이해하는 것은 시스템을 안정적으로 운영하며, 각종 문제를 해결하는 데 크게 도움이 된다.

젠킨스의 영구 구성 데이터는 XML 형태로 직렬화되면서 동시에 디스크에 저장된다. 즉, 젠킨스 서브시스템의 각 데이터는 직렬화돼 config.xml 파일에 저장된다. config.xml 파일에는 젠킨스 시스템 전반에 관한 설정이 있고, 젠킨스 기동 시 수행할 작업 정보도 있다. config.xml 구성 파일은 다음 위치에 있다.

애플 OS X용 젠킨스 설치 버전에서 가져온 구성 파일의 예는 다음과 같다.

```xml
<?xml version='1.0' encoding='UTF-8'?>
 <hudson>
   <disabledAdministrativeMonitors/>
   <version>1.0</version>
   <numExecutors>2</numExecutors>
   <mode>NORMAL</mode>
   <useSecurity>true</useSecurity>
   <authorizationStrategy class="hudson.security.AuthorizationStrategy
$Unsecured"/>
   <securityRealm class="hudson.security.SecurityRealm$None"/>
   <disableRememberMe>false</disableRememberMe>
   <projectNamingStrategy class="jenkins.model.ProjectNamingStrategy$De
faultProjectNamingStrategy"/>
   <workspaceDir>${ITEM_ROOTDIR}/workspace</workspaceDir>
   <buildsDir>${ITEM_ROOTDIR}/builds</buildsDir>
   <markupFormatter class="hudson.markup.EscapedMarkupFormatter"/>
   <jdks/>
 <viewsTabBar class="hudson.views.DefaultViewsTabBar"/>
   <myViewsTabBar class="hudson.views.DefaultMyViewsTabBar"/>
   <clouds/>
 <slaves>
     <slave>
      <name>Windows 2012</name>
       <description></description>
       <remoteFS></remoteFS>
       <numExecutors>1</numExecutors>
       <mode>NORMAL</mode>
       <retentionStrategy class="hudson.slaves.
RetentionStrategy$Always"/>
       <launcher class="hudson.plugins.sshslaves.SSHLauncher"
plugin="ssh-slaves@1.9">
         <host></host>
         <port>22</port>
```

```
    <credentialsId>0bb868e0-2cd6-4ab2-9781-a373d914cb85</
credentialsId>
       <maxNumRetries>0</maxNumRetries>
       <retryWaitTime>0</retryWaitTime>
      </launcher>
      <label>Windows Build Pool</label>
      <nodeProperties/>
      <userId>anonymous</userId>
   </slave>
  </slaves>
  <scmCheckoutRetryCount>0</scmCheckoutRetryCount>
  <views>
   <hudson.model.AllView>
      <owner class="hudson" reference="../../.."/>
    <name>All</name>
      <filterExecutors>false</filterExecutors>
      <filterQueue>false</filterQueue>
      <properties class="hudson.model.View$PropertyList"/>


   </hudson.model.AllView>
    <listView>
     <owner class="hudson" reference="../../.."/>
      <name>Build.TestApp</name>
      <filterExecutors>false</filterExecutors>
      <filterQueue>false</filterQueue>
     <properties class="hudson.model.View$PropertyList"/>
      <jobNames>

      <comparator class="hudson.util.CaseInsensitiveComparator"/>
      </jobNames>
      <jobFilters/>
      <columns>
   <hudson.views.StatusColumn/>
    <hudson.views.WeatherColumn/>
    <hudson.views.JobColumn/>
    <hudson.views.LastSuccessColumn/>
    <hudson.views.LastFailureColumn/>
    <hudson.views.LastDurationColumn/>
    <hudson.views.BuildButtonColumn/>
```

```
</columns>
    <recurse>false</recurse>
    </listView>
 </views>
  <primaryView>All</primaryView>
  <slaveAgentPort>0</slaveAgentPort>
  <label></label>
  <nodeProperties/>
  <globalNodeProperties/>
</hudson>
```

위 문서에서 볼 수 있듯이 XML 파일에서 정의된 각 노드는 젠킨스 시스템 전반에 영향을 끼치는 구성 정의를 의미한다. 구성 값들 중 주요한 항목은 다음과 같다.

- 마스터에서 실행자의 개수
- 워크스페이스 폴더 정의
- 보안 인증 전략
- 마스터/슬레이브 정의
- 뷰 정의(젠킨스 대시보드의 탭)
- 슬레이브 에이전트 포트

이제 두 번째로 살펴볼 XML 구성 파일 내의 항목은 젠킨스 작업 부분이다. 이 파일의 위치는 $JENKINS_HOME/jobs/<JOBNAME>/config.xml이다. 각 config.xml은 젠킨스 내의 각 작업에 속해 있다. 젠킨스 작업에서 가져온 예제용 XML DOM 정보는 다음과 같다.

```
<?xml version='1.0' encoding='UTF-8'?>
<project>
    <actions/>
    <description></description>
    <keepDependencies>false</keepDependencies>
    <properties/>
    <scm class="hudson.scm.NullSCM"/>
```

```
    <canRoam>true</canRoam>
    <disabled>false</disabled>
  <blockBuildWhenDownstreamBuilding>false</
  blockBuildWhenDownstreamBuilding>
   <blockBuildWhenUpstreamBuilding>false</
  blockBuildWhenUpstreamBuilding>
    <triggers/>
    <concurrentBuild>false</concurrentBuild>
    <builders/>
    <publishers/>
    <buildWrappers/>
</project>
```

앞에서 예제로 사용된 `config.xml`에서 볼 수 있듯이, 프로젝트의 XML DOM에는 젠킨스 각 작업의 영구 데이터와 빌드 스텝, 그리고 자동화와 관련된 데이터가 들어 있다. 또한 SCM 솔루션과 트리거, 빌더와 퍼블리셔, 빌드래퍼^{buildWrapper} 등과 관련된 정보도 들어 있다.

 모든 젠킨스 구성 파일은 소스 컨트롤에 커밋해 두어야 한다. 그래야만 변경 사항과 기록이 제대로 보관된다고 확신할 수 있다. 또한 이렇게 해야만 향후 필요 시 젠킨스의 변경 사항을 원상복구할 수도 있기 때문이다.

▌ 요약

1장에서는 젠킨스 인스턴스를 생성하고 관리하는 기법을 알아봤다. 또한 자동화 방법도 설명했다. 이들 구성 솔루션을 잘 알아두면 젠킨스 시스템을 안정적으로 유지하고, 확장 가능하도록 만들 수 있다. 그 외에도 포트 변경과 메모리 관리, 백업과 LTS 릴리스로의 이전, RSYNC 미러링과 데이터 구성도 다뤘다.

이제부터는 젠킨스 슬레이브의 활용법을 최대한 끌어내는 방법과 작업 운영 방법, UI 관리를 살펴본다. 젠킨스를 살펴볼수록 흥미로운 기능이 많다는 사실을 알게 될 것이다. 또한 젠킨스를 활용해 SDLC의 추가 요소를 자동화하는 방법도 살펴본다.

02

분산 빌드:
마스터/슬레이브 모드

젠킨스를 기본 설정으로 설치하면 독립형으로 동작한다. 젠킨스 서버 한 대를 마스터 역할로 운영한다면 소스 컨트롤 폴링과 LDAP 인증, 작업 실행, 테스트 보고서 파싱 등의 모든 작업을 처리하게 된다. 조직 내에서 젠킨스의 역할이 커질수록 빌드 환경을 추가 지원해야 하거나 자동 테스트 실행 솔루션, 구성 관리나 배포 등에 대한 요구가 생기기 마련이다. 이런 추가 요구 사항을 지원하기 위해 젠킨스는 분산 빌드 솔루션이라는 멋진 기능을 제공한다. 이 기능은 젠킨스의 업무를 분산하고, 확장하며, 다중 플랫폼을 지원하는 데 활용된다.

베푼 만큼 받는다.

– 중국 속담

젠킨스의 분산 빌드는 별도의 기기에서 실행되는 슬레이브 에이전트 서비스를 통해 지원된다. 마스터/슬레이브 모드라는 구조 덕분에 하나의 마스터 인스턴스에 일이 몰릴 때 확장을 통해 분산 빌드 풀로 업무를 분산할 수 있다. 젠킨스 관리자는 마스터/슬레이브 모드 솔루션을 활용해 다양한 종류의 추가 장치를 마스터 인스턴스에 연결하고, 연결된 슬레이브 장치에 각자의 작업을 할당할 수 있다.

2장에서는 젠킨스 설치 버전을 확장하는 방법과 추가 장비나 운영체제를 지원하는 방법을 다룬다. 2장에서 다루는 내용은 다음과 같다.

- 젠킨스 마스터/슬레이브 구조
- 유저 인터페이스에서 슬레이브 노드 생성법
- 슬레이브 에이전트 실행 방식의 이해
- 슬레이브 라벨 및 그룹핑, 로드밸런싱
- 슬레이브 에이전트와 관련된 유용한 플러그인

2장을 마치면 젠킨스 기본 설치 방법뿐 아니라 확장형 분산 마스터와 슬레이브 솔루션을 구축하는 방법도 알게 된다.

▐ 마스터와 슬레이브 구조 이해

젠킨스를 독립형으로 설치해서 사용해보면 금세 디스크와 CPU를 대부분 차지할 정도로 커진다. 이런 문제를 예방하려면 슬레이브 노드 아키텍처를 구현하는 방식으로 젠킨스를 확장해 마스터 인스턴스에게 할당된 짐을 일부 덜어낼 수 있다. 지금부터는 이것이 어떻게 가능한지 좀 더 알아보자.

젠킨스 슬레이브 노드는 단순히 마스터를 대신해 자동 실행자 역할을 하도록 구성된다. 반면 기본 설치된 젠킨스 중 하나가 젠킨스 마스터의 역할을 한다. 마스터는 유저 인터페이스를 제공하거나 기본 동작만 수행하는 반면, 슬레이브는 무거운 작업들을 수행한다.

이런 방식의 분산 컴퓨팅 모델에서는 젠킨스 마스터는 사용자의 요청에 응답하는 역할을 하고, 자동 실행 작업은 슬레이브에서 처리한다. 그림 2-1을 보면 마스터와 슬레이브 모드 구조의 개념을 이해할 수 있다. 여기서는 1대의 젠킨스 마스터와 운영체제가 각기 다른 3대의 슬레이브 노드 구성을 보여준다.

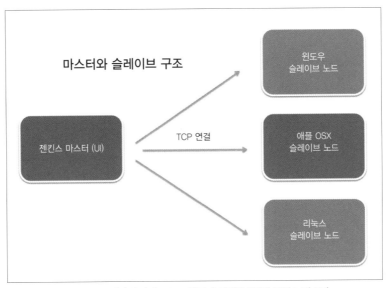

그림 2-1 3대의 슬레이브 노드 장치가 연결된 1대의 젠킨스 마스터

네트워크에 연결됐다면 젠킨스 슬레이브 에이전트는 자바^{JRE}가 실행되는 모든 기기에서 실행될 수 있다. 다중 플랫폼$^{cross-platform}$ 연결 모델은 하드웨어 종류나 프로세서 구조, 운영체제 등에 관계없이 확장 가능하다. 여기에는 윈도우, 맥 OS X, 리눅스, 유닉스, 임베디드 기기 등이 포함된다. 위 그림에서 설명한 구조는 다중 플랫폼을 지원하는 분산 젠킨스 솔루션의 매우 단순한 예제다. 하지만 젠킨스 아키텍처는 필요에 따라 얼마든지 확장이 가능하도록 설계됐다.

젠킨스의 마스터와 슬레이브 솔루션이 아무리 많은 부가 기능을 제공한다 하더라도, 마스터는 자신에게 할당된 역할을 계속하며, 지정된 역할만 슬레이브에 나눈다는 사실을 아는 것이 중요하다. 또한 비록 슬레이브를 운영한다 하더라도, 설계 당시부터 마스터만 수행하도록 한 작업은 마스터에서 계속 수행한다는 것도 숙지해야 한다. 즉, 여러 대의 슬레이브 에이전트가 마스터에 연결됐다 하더라도, 자원을 많이 쓰지 않는 작업은 마스터가 계속 관리한다. 마스터에서만 수행하도록 설계돼서 슬레이브 노드에 위임할 수 없는 작업은 다음과 같다.

- SCM 폴링(SVN, GIT, 퍼포스, 기타)
- 작업 스케줄링
- LDAP 인증
- 빌드 출력과 리포팅, 알림
- 작업 히스토리와 빌드 로그
- 마스터에 할당된 작업/과업 실행

이런 구조가 약간 혼란스러울 수도 있지만, 알고 보면 단순하다. 상세 내용을 명확히 이해할 수 있게 구조를 그림으로 살펴보자. 그림 2-2는 마스터와 슬레이브의 역할을 설명하는 그림이다.

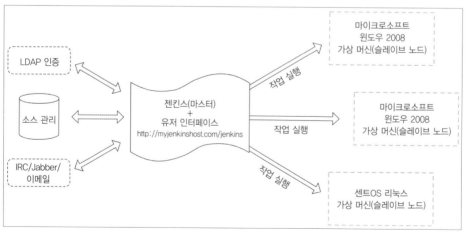

그림 2-2 확장된 젠킨스 마스터와 슬레이브 연결성 다이어그램

그림에서 볼 수 있듯이 핵심 역할은 젠킨스 마스터가 계속 수행한다. 젠킨스 슬레이브 노드는 자원을 많이 쓰는 무거운 작업인 자동화 작업을 담당하며, 젠킨스 마스터는 비교적 가벼운 작업, 예를 들면 사용자 인터페이스 제공이나 소스 컨트롤 폴링 수행, 알림 기능을 맡는다.

 젠킨스 마스터에 연결된 슬레이브 장치에 자동화 업무를 할당하려면 반드시 슬레이브 노드나 젠킨스 내에 작업을 명시적으로 설정해야 한다는 점을 알아 두어야 한다.

UI에서 슬레이브 노드 생성하기

이번 절에서는 젠킨스의 사용자 인터페이스에서 신규 슬레이브 노드를 정의하는 방법을 알아본다. 젠킨스 관리자 영역에서는 노드 관리 대시보드를 제공하는데, 여기서는 신규 슬레이브 장치 생성과 구현 장치 제거, 사용 중인 장치 편집 등의 작업을 할 수 있다. 우선 신규 슬레이브 노드의 생성 방법을 알아보자.

작업을 위해 다음 메뉴로 이동한다.

Jenkins > Manage Jenkins > Manage Nodes > New Node

화면이 로딩되면 신규 노드 기본 구성 양식이 나타난다. 기본 구성 양식에서는 신규 슬레이브 노드에 대해 고수준의 환경 구성을 할 수 있다. 또한 Dumb Slave나 Copy Existing Node 중 하나를 고를 수도 있다(그림 2-3 참고). Copy Existing node 옵션은 슬레이브가 이미 젠킨스에서 정의된 경우에만 나타난다. 예제를 보면 노드 이름으로는 Microsoft Windows Slave Node 01을, 타입은 Dumb Slave를 선택했다. 필드 설정이 끝났으면 OK를 눌러서 상세 노드 구성 양식으로 진행한다.

그림 2-3 신규 노드 구성 양식

다음 화면은 젠킨스에서 제공하는 상세 노드 구성 양식이다. 이 양식은 네트워크 연결 정보와 노드 레이블, JVM 옵션과 슬레이브의 기타 중요 구성 분야 등을 지정할 수 있다. 필수 입력 항목은 슬레이브 노드의 이름과 설명, 원격 루트 디렉토리 경로와 실행 방식 등이다.

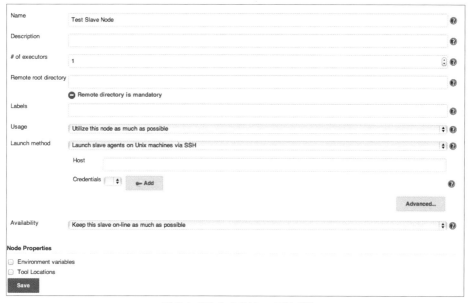

그림 2-4 상세 슬레이브 노드 구성 양식

상세 노드 구성 양식에서 지정한 정보는 슬레이브 노드 동작에 중대한 영향을 끼친다. 그러므로 이용 가능한 필드는 각기 무엇인지, 각 필드의 기능, 슬레이브 노드에 미치는 영향 등을 충분히 이해하는 것이 중요하다. 참고용으로 슬레이브의 상세 노드 구성 양식에서 설정할 수 있는 옵션은 다음 표에서 설명한다.

필드명	입력 예시	설명
Name(이름)	슬레이브 노드 테스트	슬레이드 노드용으로 간단한 이름
Description(설명)	마스터 노드를 대신해서 추가 작업을 실행	IP 주소 정보 등 해당 노드에 대한 자세한 설명을 적는다.
# of executors (동시작업 수)	5	노드에서 한 번에 실행 가능한 동시 작업의 수
Remote root directory (원격 루트 디렉토리)	C:₩Jenkins₩	파일, 워크스페이스, 슬레이브 노드가 놓일 원격 시스템의 위치를 지정한다.
Labels(레이블)	윈도우 빌드	슬레이브가 속한 레이블이나 그룹을 표시한다. 로드밸런스 목적으로 여러 대의 슬레이브에 하나의 레이블을 지정할 수 있다.
Usage (제어 방식)	Utilize this slave node as much as possible(슬레이브 노드를 최대한 활용)	젠킨스에서 이 노드를 제어하는 방법을 정한다 (레이블이나 그룹, 일반 목적의 작업의 경우 중요함).
Launch method (실행 방식)	Launch slave agent via Java Web Start(자바 웹스타트로 슬레이브 에이전트 실행)	슬레이브 노드를 관리하는 데 사용할 설치 및 연결 방식
Availability(사용성)	Keep this slave online as much as possible(슬레이브를 최대한 온라인 상태로 유지)	슬레이브 노드의 활성화/비활성화 시기를 정한다(스케줄 기반, 요청할 때마다 또는 항상).
Environment variables (환경 변수)	PATH=/usr/bin	슬레이브 노드에 전파할 사전 설정 환경 변수를 정의한다.
Tool locations (툴 위치)	GRADLE_HOME=/home/gradle	젠킨스에게 알려줘야 할 툴의 위치를 지정한다.

젠킨스 슬레이브를 구성하는 방법은 매우 다양하다. 처음에는 단순히 슬레이브 노드가 문제없이 설치돼 운영되기만을 바랄 테지만, 나중에 좀 더 정교한 환경을 갖추려면 구성을 변경해야 한다. 그 중에서 핵심 항목 중 하나가 실행 방식launch method이다.

▌실행 방식 결정

젠킨스의 진짜 역량은 운영체제나 아키텍처에 관계없이 확장과 운영이 가능하다는 점이다. 슬레이브 노드 에이전트를 시작하고, 이를 젠킨스 마스터에 붙이는 방법은 여러 가지가 있다. 각 방법마다 고유의 활용 사례와 특장점, 단점이 있다. 우리가 선택할 방법은 대상 운영체제 시스템과 환경에 매우 의존적이다. 이런 이유로 젠킨스 슬레이브 노드를 생성할 때는 현명하게 결정하는 게 중요하다. 신규 젠킨스 슬레이브 노드 구성 화면에 들어가면 다음과 같은 실행 방식을 볼 수 있다.

- 자바 웹 스타트로 슬레이브 에이전트 실행(추천)
- SSH를 통해 유닉스 기기에서 슬레이브 에이전트 실행
- 젠킨스가 윈도우 서비스로서 윈도우 슬레이브를 관리(DCOM과 WMI 사용 시 에러가 종종 발생함)
- 마스터에서 명령 실행으로 슬레이브 실행

가장 많이 사용되는 슬레이브 노드 실행 방식 두 가지는 SSH와 자바 웹 스타트다. 이들 두 옵션은 에러 발생률도 적고, 빨리 구현할 수 있다. 두 옵션이 가장 많이 사용된다는 사실보다 모든 옵션을 자세히 알아두는 것이 더 중요하다. 그렇다면 실행 방식을 본격적으로 알아보자.

 일단 슬레이브 노드가 생성 및 설치되면, 그 운영은 마스터와의 양방향 통신 연결을 유지하는 크기가 작은 slave.jar 파일을 통해 이뤄진다. 이 연결 방식은 모든 실행 방식에서 동일하게 적용된다.

72

자바 웹 스타트를 통한 슬레이브 에이전트

자바 웹 스타트 프레임워크 JavaWS는 2004년 J2SE 1.4 릴리스로 발행된 오라클의 독점 프레임워크다. 윈도우의 클릭원스^{Click Once}를 아는 사람이라면 JavaWS와 놀라울 만큼 비슷하다고 느낄 것이다. JavaWS는 보통 웹 브라우저에서 직접 자바 애플리케이션을 설치하고 실행하는 용도로 사용된다. 자바 웹 스타트 기술은 자바 애플릿과 다르며, 자바 애플리케이션을 대상 기기의 웹 브라우저 안에서건, 밖에서건 모두 실행할 수 있다. 반면 자바 애플릿은 웹 브라우저 안에서만 상주하며, 대상 기기에 영구적으로 설치될 수는 없다.

젠킨스 개발 커뮤니티에서는 슬레이브 노드의 생성 및 갓 생성된 노드와 젠킨스 마스터의 연결을 지원하는 쉬운 자바 웹 스타트 솔루션을 제공한다. 자바 웹 스타트 래퍼의 초기화 과정에서 JavaWS는 슬레이브 에이전트(slave.jar) 데몬을 다운로드해 호스트 기기에 설치한다. 일단 다운로드와 설치가 완료되면 slave.jar 에이전트는 젠킨스 마스터와 커뮤니케이션 채널을 확립하고, 명령을 기다리는 방식으로 동작한다.

이번 절에서는 자바 웹스타트 프레임워크를 통해 젠킨스 슬레이브 노드를 젠킨스 마스터에 연결하는 방법을 다룬다.

사전 준비 사항

자바 웹 스타트로 연결한 젠킨스 슬레이브 에이전트를 운영하려면 사전에 확인해야 할 것이 있다. 즉 자바 웹 스타트 애플리케이션이 정상으로 동작하려면 오라클 자바 1.7(2015년 5월 출시)나 그 이후 출시된 신규 버전이 대상 슬레이브 호스트에 설치돼 있어야 하고, 호스트에 설치된 웹 브라우저의 보안 설정에서 실행이 가능하도록 구성돼야 한다. 또한 javaws 명령어는 명령어 창에서 실행할 수 있어야 한다.

자바 웹 스타트 실행 옵션은 웹 브라우저 방식과 명령행 방식을 모두 지원한다. 어떤 것을 사용하든 슬레이브 에이전트 데몬을 초기화하고 설치와 실행을 할 수 있다. 웹 브라우저 방식을 선택했다면 웹 브라우저의 보안 설정이나 MIME 타입이 제대로 지원되는지를 확인하고 설정해 두어야 한다.

웹 브라우저마다 MIME 타입과 보안 설정이 조금씩 다르다. 오라클 사는 주요 웹 브라우저에서 자바 웹 스타트를 사용하는 방법을 자세히 설명하고 있으며, 설명서의 인터넷 주소는 다음과 같다.

---

https://java.com/en/download/help/enable_browser.xml

 명령행에서 자바 웹 스타트를 사용한다면 javaws 명령어를 실행할 수 있게 설정됐는지 확인이 필요하다. 실행하려면 JAVA_HOME이라는 시스템 변수가 기본 경로로 정의돼야 한다. 좀 더 자세한 정보는 오라클 사가 제공하는 아래 인터넷 주소에서 확인한다.

---

https://docs.oracle.com/javase/7/docs/technotes/guides/javaws/developersguide/faq.html

---

젠킨스 자바 웹 스타트 실행 페이지

자바 웹 스타트JavaWS로 슬레이브 에이전트와 젠킨스 마스터를 연결하려면 자바 웹 스타트 인스톨러를 실행해야 한다. 자바 웹 스타트가 초기화될 때, 사용자가 보안 경고를 받아들일지를 물어본 후 슬레이브 에이전트 데몬을 호스트에 설치한다. 일단 슬레이브 에이전트가 설치되면 자동으로 젠킨스 마스터와의 연결을 진행한다.

자바 웹 스타트 실행 버튼은 젠킨스 유저 인터페이스(관리자 영역)에서 다음 메뉴로 이동하면 나타난다.

Jenkins ➤ Manage Jenkins ➤ Manage Nodes ➤ 〈노드명〉

JavaWS 연결 상태 화면에서는 이용 가능한 실행 방식의 목록이 나타난다. 이 화면에서 어떻게 슬레이브 에이전트를 실행할지를 정할 수 있다.

그림 2-5 슬레이브 연결 상태 화면

위 그림에서 볼 수 있듯이 슬레이브 에이전트를 실행하는 방법에는 세 가지가 있다. 실행 옵션의 사용법을 자세히 알아보자.

웹 브라우저에서 JavaWS 실행

연결 상태 화면에서 선택할 수 있는 첫 번째 옵션은 웹 브라우저에서 직접 슬레이브 에이전트 데몬을 실행하는 것이다. 이렇게 하려면 RDP나 VNC 등을 사용해 슬레이브 노드에 로그인하고, 브라우저를 열어 젠킨스 마스터에 로그인한 후, 자바 웹 스타트 런처를 실행해야 한다. 이 과정이 조금 복잡해 보일 수도 있지만 크게 걱정할 필요는 없다. 한 단계씩 따라가 보자.

먼저 슬레이브 노드에서 웹 브라우저를 실행한 후, 젠킨스 마스터에 접속한다. 이어서 관리자로 로그인한 후, 다음 메뉴를 순서대로 따라가서 슬레이브 노드 연결 상태 화면까지 이동한다.

Jenkins > Manage Jenkins > Manage Nodes > (노드명)

노드 구성 화면으로 이동하면, 앞에서 봤던 슬레이브 연결 상태 화면(그림 2-5)이 나타난다.

오렌지색 **Launch** 버튼(자바 심볼이 있는)을 눌러 슬레이브 에이전트를 실행한다. 그러면 자바 웹 스타트 프로세스의 초기화 절차가 시작된다. 일단 자바 웹 스타트가 초기화된 후, 대화상자를 따라가며 설치를 완료하고, 그림 2-6과 그림 2-7을 참고해 젠킨스를 슬레이브 에이전트로 실행한다.

그림 2-6 JavaWS의 실행

젠킨스 슬레이브 에이전트가 시작되면, 아주 익숙한 젠킨스 컨시어지 이미지가 나타난다. 마이크로소프트 윈도우 사용자만을 위해 슬레이브 에이전트 서비스가 제공하는 편리한 기능이 하나 있는데, 연결 상태에 있는 슬레이브 에이전트용 윈도우 서비스를 생성하는 기능이다. 그림 2-7에서 설치 옵션을 볼 수 있다. 이런 편리한 기능 덕분에 호스트가 재시작될 때마다 자바 웹 스타트 프로세스를 시작하는 번거로움을 겪지 않아도 된다.

그림 2-7 연결된 자바 웹 스타트 슬레이브 에이전트

드디어 웹 브라우저를 사용해서 슬레이브 에이전트의 최초 설치를 완료했다.

명령행에서 JavaWS 실행

브라우저로 설치하는 것을 좋아하지 않는다면 명령행에서 javaws를 사용할 수도 있다. 이는 대상 호스트에 젠킨스 슬레이브 에이전트를 설치하는 편리한 방법 중 하나다. 이 방식을 간단히 알아보자.

우선 슬레이브 기기에 관리자 권한으로 로그인한 후 명령행 터미널 세션을 하나 연다.

터미널이 열리면, 우선 javaws 도움말 명령어인 javaws --help를 입력해 자바 웹 스타트를 사용할 수 있는지 확인한다. 성공했다면 javaws 명령어용으로 사용 가능한 옵션을 설명하는 화면이 나타난다.

이어서 실제로 자바 웹 스타트를 설치한다. 자바 웹 스타트 연결 상태 화면(그림 2-7)에서 제공되는 명령어를 입력해 설치를 시작한다. 이 명령어의 예제는 아래 주소를 입력하면 알 수 있다.

```
#>javaws http://<젠킨스설치경로>/slave-agent.jnlp
```

문제없이 성공했다면 자바 웹 스타트 설치 마법사가 나타난다. 마법사의 안내에 따라 젠킨스 슬레이브 노드의 설치를 완료한다. 설치가 제대로 됐다면 젠킨스 슬레이브 에이전트가 온라인 상태가 되어 마스터와 통신을 할 수 있다.

명령행에서 헤드리스 슬레이브 에이전트 실행

젠킨스가 자바 웹 스타트에 기반한 슬레이브용으로 완벽한 명령행 솔루션을 제공하기는 하지만 때때로 자바 웹 스타트를 선택할 수 없는 경우가 있다. 헤드리스 슬레이브 에이전트는 자바가 javaws나 다른 어떤 런처를 활용하지 않고 전적으로 명령행이나 자바 .jar 파일로만 젠킨스 slave.jar 데몬을 젠킨스 마스터에 연결하는 데 사용된다. 이런 경우는 유저 인터페이스 창이나 보안 설정, 웹 브라우저 등에 방해 없이 명령행으로 모든 작업을 처리해야 하는 경우에 유익하다. 또한 이 솔루션은 OpenJDK와 자바 핫스팟 대체재를 활용하고자 하는 사용자들에게 의미 있는 방법이다.

시작하려면 우선 오라클 자바 1.7이나 OpenJDK 7이 슬레이브 호스트에 설치돼 있어야 하고, 이를 명령행에서 실행할 수 있어야 한다. 또한 젠킨스 마스터에서 slave.jar 파일을 다운로드해서 슬레이브에 저장한다. slave.jar 파일은 젠킨스 마스터를 통해 웹으로 접근할 수 있는 자료다. 이 파일은 다음 인터넷 주소에서 다운로드할 수 있다.

```
http://<masterjenkinsurl>:8080/jnlpJars/slave.jar
```

다운로드된 slave.jar 파일은 신규 젠킨스 홈을 위해 원하는 위치에 저장할 수 있다. 예를 들면 C:\Jenkins\slave.jar나 /var/lib/Jenkins/slave.jar다.

slave.jar 파일이 슬레이브 호스트에 저장됐으면, 슬레이브 호스트에서 터미널 세션을 열어 터미널 창에 아래 자바 명령어를 입력한다(localhost:8080은 젠킨스 마스터의 인터넷 주소로 바꾸고, Test%20Slave%20Node는 독자가 지정한 슬레이브 노드로 변경한다).

```
#> java -jar slave.jar -jnlpUrl http://localhost:8080/computer/Test%20Slave%20
Node/slave-agent.jnlp
```

주소를 잘 모르겠다면, 젠킨스의 슬레이브 노드 연결 상태 페이지에 출력된 전체 명령어를 복사해 붙이는 것도 방법이다.

명령을 실행하면 슬레이브 에이전트가 실행되며, 자동으로 젠킨스 마스터와 연결된다. 이 단계까지 오면 헤드리스 젠킨스 슬레이브 에이전트를 이용할 준비가 된 것이다. 터미널에 출력될 내용은 그림 2-8과 유사하다.

```
                        slave — java — 84×21
com/computer/TestNode1/slave-agent.jnlp -secret 53185cd1d2e4c429bbfab08585cc1f7876c3
36448883cc37b583d94c961c88a2
Aug 13, 2015 3:21:03 PM hudson.remoting.jnlp.Main createEngine
INFO: Setting up slave: TestNode1
Aug 13, 2015 3:21:03 PM hudson.remoting.jnlp.Main$CuiListener <init>
INFO: Jenkins agent is running in headless mode.
Aug 13, 2015 3:21:03 PM hudson.remoting.jnlp.Main$CuiListener status
INFO: Locating server among [http://                      /]
Aug 13, 2015 3:21:03 PM hudson.remoting.jnlp.Main$CuiListener status
INFO: Handshaking
Aug 13, 2015 3:21:03 PM hudson.remoting.jnlp.Main$CuiListener status
INFO: Connecting to build.lifesize.com:34074
Aug 13, 2015 3:21:03 PM hudson.remoting.jnlp.Main$CuiListener status
INFO: Trying protocol: JNLP2-connect
Aug 13, 2015 3:21:03 PM hudson.remoting.jnlp.Main$CuiListener status
INFO: Connected
```

그림 2-8 연결된 슬레이브 에이전트 터미널 출력

WMI와 DCOM으로 윈도우에서 슬레이브 에이전트 실행

지금부터는 마이크로소프트 윈도우에서 DCOM과 WMI, CIFS 프로토콜을 사용해서 슬레이브 노드를 생성하고, 관리 및 유지하는 방법을 자세히 알아보자. 먼저 이들 기술이 무엇이고, 젠킨스 슬레이브 노드 서비스 운영에서 맡은 역할이 무엇인지 간단히 정리하면 다음과 같다.

- DCOM: 마이크로소프트 분산 컴포넌트 객체 모델DCOM은 소프트웨어 컴포넌트가 네트워크상에서 다른 컴퓨터와 통신을 하도록 만든 기능이다. 객체 호출이 발생하면 서버 프로세스 런처가 COM과 DCOM을 초기화한다.
- WMI: 마이크로소프트 윈도우 관리 장치는 스크립트를 사용해 윈도우 시스템의 관리자 기능을 자동화할 때 사용한다. WMI 스크립트는 윈도우 원격 관리를 사용해 원격 또는 로컬에서 실행할 수 있다.
- CIFS: 공통 인터넷 파일시스템Common Internet File System이라는 단어의 약어이며, 인터넷이나 기업 내 네트워크에서 파일을 공유하는 데 사용된다.

지금 설명한 DCOM이나 CIFS, WMI 기술로 젠킨스 슬레이브 노드를 구성하려면 일부 윈도우 레지스트리를 수정해야 한다. 이렇게 수정을 함으로써 발생하는 보안 문제가 널리 알려져 있지는 않지만, 레지스트리를 수정해 구현된 슬레이브 서비스가 젠킨스 사용자에게 일부 문제를 일으킨다고 한다. 그래서 이 문제를 해결하는 동시에 마이크로소프트 윈도우에서 슬레이브 에이전트를 쉽게 설치하고 운영할 수 있도록 하고자 젠킨스 커뮤니티는 자바 웹 스타트라는 옵션을 개발했다. 즉, 이런 방법을 사용하는 중에 어떤 문제라도 생긴다면 자바 웹 스타트 옵션을 사용하는 것을 추천한다.

WIM/DCOM 기반의 슬레이브 노드를 구성하려면, 우선 자바 JRE 1.7이나 이후 버전을 대상 호스트에 설치해야 한다. 자바 JRE 또는 JDK는 오라클 웹사이트(http://www.oracle.com)에서 다운로드할 수 있다.

다음으로는 대상 윈도우 호스트에서 DCOM 서비스를 활성화해야 한다. 이를 위해 윈도우 서비스 매니저(services.msc)를 열고, 그림 2-9처럼 **DCOM Server Process Launcher** 서비스를 시작한다.

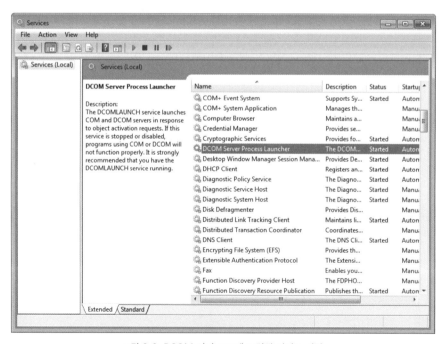

그림 2-9 DCOM 서버 프로세스 런처 서비스 시작

DCOM Server Process Launcher 서비스를 활성화하고 시작했다면, 이번에는 그림 2-10 처럼 WMI 리모팅 서비스를 활성화해야 한다.

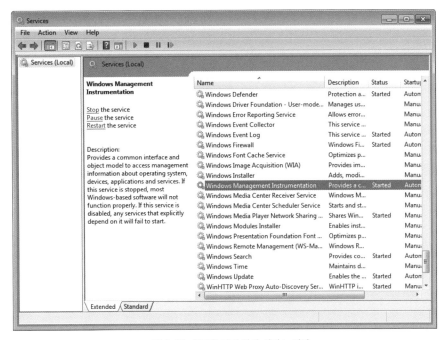

그림 2-10 윈도우 관리 장치 서비스 시작

일단 두 개의 서비스가 모두 시작됐으면 그다음은 젠킨스 마스터와 연결하는 작업을 해야 한다. 이 작업은 관리자 영역의 젠킨스 마스터에서 직접 수행한다. 젠킨스 관리자 페이지 로 들어가서 Jenkins > Manage Jenkins > Manage Nodes > 테스트 슬레이브 노드 > Configure 로 이동한다. 그러면 미리 생성해둔 슬레이브 노드로 이동한다.

노드 구성 페이지로 이동했다면 젠킨스 마스터가 슬레이브 호스트와 연결되도록 구성하고, 젠킨스 슬레이브 에이전트를 윈도우 서비스로 설치해야 한다. 그림 2-11을 참고한다.

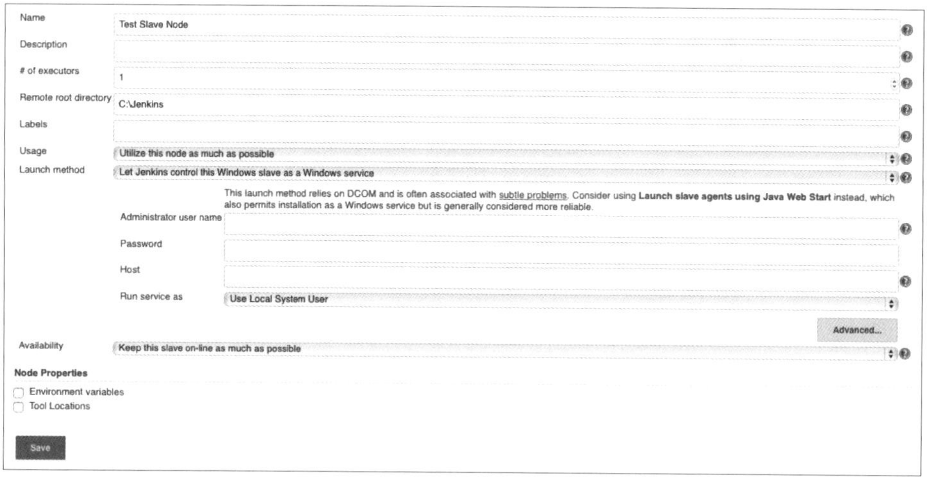

그림 2-11 윈도우 DCOM 슬레이브 구성 양식

윈도우 DCOM 슬레이브를 구성하기 위해 Launch method를 Let Jenkins control this Windows slave as a Windows service로 변경한다. Launch method 드롭다운 메뉴가 변경되면 다음과 같은 요구 사항 필드가 나타나는데, 여기에 신규 슬레이브의 정보를 입력한다.

- **관리자의 사용자명**
- **비밀번호**
- **호스트**(DNS나 IP 주소)
- **서비스 실행 방식**(기본값은 Use Local System User)

상세 노드 구성 양식을 채웠다면, **Save**를 클릭해 노드 생성 절차를 완료하고 슬레이브 서비스 실행 절차를 시작한다. 지금까지 과정에 문제가 없다면 젠킨스 마스터는 다음과 작업을 진행한다.

1. DCOM과 WMI를 이용해 슬레이브와의 연결을 초기화한다.
2. 대상 호스트에 자바의 존재 여부를 확인한다(자바가 없다면, JDK를 설치한다).
3. jenkins.exe를 대상 호스트에 복사한다.

4. Jenkins.exe.conf를 대상 호스트에 복사한다.

5. 젠킨스 슬레이브 윈도우 서비스를 생성하고, 시작한다.

6. port.txt 파일이 생성되기를 기다린다(젠킨스가 통신할 포트를 정의한다).

7. 슬레이브 서비스가 생성한 port.txt에 정의된 포트를 통해 젠킨스 슬레이브와 연결한다.

노드가 성공적으로 설치되고 연결됐다면 젠킨스 마스터에 슬레이브의 상태가 온라인으로 표시된다(그림 2-12).

그림 2-12 연결된 슬레이브 노드

윈도우 DCOM와 CIFS 에러 처리 방법

2장 앞부분에서 다뤘듯이 DCOM과 WMI, CIFS 슬레이브 노드는 에러에 취약하다. 원격 제어만을 목적으로 윈도우 호스트에 TCP 연결을 시도하는 경우에는 거의 대부분 대상 호스트의 보안 설정을 변경해야 한다. 젠킨스 슬레이브 에이전트가 초기화 또는 연결 과정에서 실패한다면 이런 문제를 먼저 디버깅해볼 필요가 있다. 이런 실패와 관련된 가장 확실한 정보는 커넥션 로그다. 로그에 접근하려면 Jenkins > Manage Jenkins > Manage Nodes > 테스트 슬레이브 노드 > Log 메뉴로 이동한다.

로그 뷰어에서는 젠킨스 마스터가 생성한 에러 메시지를 확인할 수 있다. DCOM과 WMI 로부터의 에러는 시스템 에러처럼 보이며, 하드웨어나 커널, 윈도우 구조에 따라 형식이 달라진다.

지금부터는 공통적으로 느끼는 문제점을 알아보고, DCOM이나 CIFS, WMI 실행 방식으로 윈도우 슬레이브 노드를 설정할 수 있도록 우회하는 방법을 알아보자.

에러: access denied(접근 불가)

access denied 에러는 일반적으로 발생하는 시스템 에러이기도 하지만, 일반적으로 젠킨스 마스터가 슬레이브 에이전트에 연결하는 중에 발생한다. 그런 연결 에러는 방화벽이나 포트 블로킹, 보안 설정 등으로 인해 발생한다.

예를 들면 다음과 같다.

```
Connecting to 10.10.10.1
ERROR: Access is denied. See http://wiki.jenkins-ci.org/display/JENKINS/Windows+s
laves+fail+to+start+via+DCOM for more information about how to resolve this.
org.jinterop.dcom.common.JIException: Message not found for errorCode:
0x00000005
```

이 문제의 해결법은 다음 주소를 참고한다.

```
http://wiki.jenkins-ci.org/display/JENKINS/Windows+slaves+fail+to+start+via+DCOM
```

해결 방법 1

추정 원인: 윈도우 방화벽이 포트를 블로킹하고 있나?

때때로 윈도우 방화벽은 젠킨스 마스터로부터 들어오는 연결을 막는다. 방화벽이 정말 이 문제의 원인인지 알아보기 위해 다음과 같은 우회 방법을 시도해보자.

1. 윈도우 방화벽 서비스를 끄거나, 들어오는 연결에 대해서는 허용으로 변경한다.

2. 젠킨스용으로 방화벽 규칙을 생성하고 **Edge Traversal**을 허용한다. 특히, 아래 포트로 들어오는 연결은 허용하도록 마이크로소프트 윈도우 방화벽 설정을 바꾼다.

   o TCP 포트 139, 445

   o UDP 포트 137, 138

3. 마이크로소프트 윈도우 레지스트리를 다음과 같이 수정한다(스스로의 책임하에 진행한다).

   패치 1:

   ---

   1) `HKEY_LOCAL_MACHINE\SOFTWARE\Microsoft\Windows\CurrentVersion\Policies\System`으로 이동한다.
   2) 32-bit DWORD 타입의 `LocalAccountTokenFilterPolicy`을 찾는다. 없다면 생성한다.
   3) 값을 1로 변경한다.

   패치 2:

   ---

   1) `HKEY_CLASSES_ROOT\CLSID\ {76A64158-CB41-11D1-8B02-00600806D9B6}`을 찾는다.
   2) 오른쪽 버튼을 클릭하고 Permissions를 선택한다.
   3) 소유자(`owner`)를 관리자 그룹(`administrators group`)으로 변경한다.
   4) 권한(`permissions`)을 관리자 그룹으로 변경한다. 모든 권한(Full Control)을 부여한다.
   5) 소유자를 TrustedInstaller로 원상복구한다(사용자는 `"NT Service\TrustedInstaller"`이다).
   6) 원격 레지스트리 서비스를 다시 시작한다.

   ---

4. 젠킨스 슬레이브에 연결을 다시 시도한다.

이런 특별한 문제를 좀 더 효율적으로 디버깅하기 위해서, 마스터에서 슬레이브로 연결할 때 TCP 덤프를 이용해보자. TCP 덤프는 젠킨스 관리자가 연결 문제를 디버깅하는 데 자주 사용하는 도구다. 다음 주소의 윈도우 슬레이브 문제점 해결 페이지를 참고하자.

`https://wiki.jenkins-ci.org/display/JENKINS/Windows+slaves+fail+to+start+via+DCOM`

해결 방법 2

추정 원인: 마이크로소프트 비주얼 C++ 런타임 라이브러리가 없다.

젠킨스 슬레이브 서비스는 마이크로소프트 비주얼 C++ 런타임 라이브러리가 필요할 수도 있으므로 다음 단계를 통해 설치한다.

1. 마이크로소프트 비주얼 C++ 런타임 라이브러리를 다운로드하고 설치한다.
2. 젠킨스 슬레이브에 다시 연결을 시도한다.

에러: no more data available(이용할 수 있는 데이터가 없음)

no more data available 에러는 일반적으로 발생하는 시스템 에러지만, 보통은 젠킨스 마스터가 슬레이브 노드에 연결하는 과정 중에 통신 채널이 확립되지 않았을 때 발생한다. 이런 경우 에러코드는 아래에서 볼 수 있듯이 nondescript 에러와 유사하다.

```
No more data is available. [0x00000103]
org.jinterop.dcom.common.JIException: No more data is available.
[0x00000103]
at org.jinterop.winreg.smb.JIWinRegStub.winreg_EnumKey(JIWinRegStub.
java:390)
```

해결 방법

추정 원인: 마이크로소프트 비주얼 C++ 런타임 라이브러리가 없다.

DCOM이나 CIFS, WMI 프로토콜을 활용하는 젠킨스 슬레이브 서비스는 시스템에 설치된 마이크로소프트 비주얼 C++ 2008 런타임 라이브러리가 필요하다. 확실한 우회 방법 중 한 가지는 이 패키지를 설치하고, 다시 시도해보는 것이다. 마이크로소프트 C++ 런타임 라이브러리의 의존성 정보는 아래 인터넷 주소에서 확인 가능하다.

```
http://www.microsoft.com/en-us/download/details.aspx?id=5582
```

SSH 터널링을 통한 슬레이브 에이전트

리눅스와 유닉스, OS X 호스트 등에서 젠킨스 슬레이브 노드 구축을 위해 가장 널리 사용되는 방법은 SSH 터널링이다. 이 실행 방식은 SSH 연결을 통한 명령어 전송으로 시작되는데, slave.jar를 다운로드해 호스트상에서 슬레이브 에이전트를 실행하는 방식이다. 설치를 하려면 먼저 자바 1.7이나 이후 버전이 설치돼 있어야 한다. 또한 슬레이브 호스트는 마스터에서 연결 가능한 상태여야 하고, 젠킨스용 사용자 계정은 대상 컴퓨터의 SSH 로그인 권한이 있어야 한다.

SSH 실행 방법으로 마스터에서 젠킨스 슬레이브로 접속하는 것은 꽤 매력적인 방법인데 이는 아래처럼 가치 있는 기능들이 제공되기 때문이다.

- 신뢰도가 높은 연결성과 안정성
- 암호화된 통신
- 재시작 및 재연결 기능
- 슬레이브 서비스나 init.d 스크립트 불필요

SSH 실행 방법을 사용하려면 SSH와 SSH 인증 사용자 크리덴셜credential, 호스트 IP 주소를 통해 유닉스 기기상의 슬레이브 에이전트를 실행해야 하고, SAVE 버튼을 클릭해서 신규 슬레이브 노드를 생성해야 한다. 일단 슬레이브가 저장되면 젠킨스는 자동으로 슬레이브와의 연결을 시도하며, 제공된 SSH와 크리덴셜을 가지고 슬레이브 에이전트를 설치한다. 그림 2-13은 SSH 슬레이브 노드용 구성 페이지의 예를 보여준다.

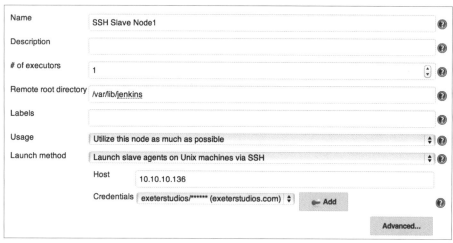

그림 2-13 SSH 호스트와 크리덴셜 섹션

신규 SSH 슬레이브 노드를 구성할 때, 인증 설정에 있어 가장 좋은 방법은 젠킨스의 크리덴셜 관리 시스템을 쓰는 것이다. 이 방법은 SSH 슬레이브용 로그인과 비밀번호 정보를 젠킨스에 직접 저장한다. 젠킨스 크리덴셜 관리 시스템은 젠킨스가 작업을 실행하거나, SSH 슬레이브 에이전트에 연결하거나, 서드파티 서비스와 연결하거나 할 때 관리자가 크리덴셜을 관리하고, 후에 재사용할 수 있도록 한다. 크리덴셜 매니저에 사용자 이름과 비밀번호를 추가하려면 크리덴셜 관리 시스템으로 이동한 후 UI에서 Add credentials를 선택한다.

Manage Jenkins > Manage Credentials > Add credentials

크리덴셜이 하나라도 추가됐다면 SSH Host Credentials 드롭다운 메뉴에 이용 가능한 크리덴셜로 나타난다(그림 2-13).

다른 방법으로는 슬레이브 구성 페이지에서 Add 버튼(그림 2-13 참고)을 통해 SSH 슬레이브용 크리덴셜을 직접 추가할 수도 있다.

SSH 슬레이브 노드용 구성을 저장하자마자, 젠킨스는 즉시 대상 호스트에 접속해 슬레이브 에이전트 서비스를 설치한다.

연결과 관련된 상세 로그는 슬레이브 노드 상태 화면의 왼쪽 편에 있는 📄 Log 버튼을 클릭해 볼 수 있다. 아무 문제가 없다면 로그는 아래 텍스트랑 유사할 것이다.

```
JNLP agent connected from /127.0.0.1
<===[JENKINS REMOTING CAPACITY]===>Slave.jar version: 2.49
This is a Unix slave
Slave successfully connected and online.
```

젠킨스 슬레이브 관리

젠킨스 관리자는 빌드팜 내의 젠킨스 마스터와 슬레이브 노드를 감시하고 유지할 책임이 있다. 젠킨스는 분산형 시스템을 관리하는 데 필요하다고 여겨지는 도구와 서비스를 폭넓게 지원한다. 이번 절에서는 젠킨스 마스터 및 슬레이브 아키텍처를 원활히 유지관리하는 데 필요한 기능을 설명한다.

노드 관리 대시보드

젠킨스 노드 관리 페이지에서는 젠킨스 마스터 및 슬레이브 기기를 추가, 삭제, 조정, 관찰할 수 있다. 그림 2-14는 젠킨스 노드 관리 페이지를 나타낸다.

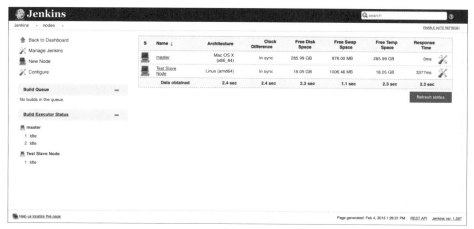

그림 2-14 노드 관리 대시보드

또한 슬레이브 노드 관리 페이지에서는 상세 상태 및 구성 사이드 패널 기능도 있다. 구성 패널에서는 젠킨스 관리자가 경고 한곗값을 설정하고, 신규 슬레이브 노드를 정의할 수 있다.

관리 권한이 없는 사용자는 Build Executor Status 패널을 통해 슬레이브 기기의 상태를 볼 수 있다.

그림 2-15는 이들 사이드 패널을 자세히 보여준다.

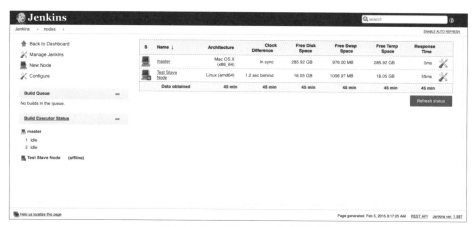

그림 2-15 X로 표시된 오프라인 슬레이브 패널

예방적 모니터링

슬레이브 노드 관리 대시보드에서 젠킨스가 슬레이브 노드 구조와 시간 차이, 남은 디스크 공간과 남은 스왑 공간, 남은 임시 공간, 응답 시간들을 추적하는 것을 볼 수 있다. 이들 수치들을 보면 슬레이브 에이전트가 원활하게 동작하는지 점검할 수 있다. 이들 설정을 바꾸려면 슬레이브 노드 관리 대시보드의 왼편에 있는 Configure 버튼을 클릭한다. 그림 2-16은 예방적 노드 모니터링 구성 페이지로 이동했을 때 보이는 사용 가능한 옵션을 보여준다.

그림 2-16 예방적 노드 모니터링 구성 페이지

위 화면에서 볼 수 있듯이, 이 화면에서는 연결된 슬레이브 노드의 한곗값을 설정할 수 있다. 젠킨스에서는 한곗값을 변경할 때마다 슬레이브 에이전트를 모니터하는 상태가 즉시 반영되는 것을 알 수 있다. 설정된 한곗값을 벗어나는 경우 젠킨스 마스터는 자동으로 해당 범위에서 문제가 되는 슬레이브 노드와의 연결을 종료한다.

개별 슬레이브 노드 관리

젠킨스 마스터에 연결된 개별 슬레이브 노드를 관리하려면 그림 2-14에서 보이는 젠킨스 슬레이브 노드 대시보드로 이동한다. 거기에서 관리하려는 노드의 이름을 클릭해 그림 2-17처럼 대상 슬레이브 기기 상태 페이지로 들어간다.

그림 2-17 슬레이브 노드 상태와 구성

해당 슬레이브 노드용 상태 페이지 화면이 나타나면, 왼쪽 패널에 많은 옵션이 있다. 각 옵션의 기능과 역할을 알아보자.

- Back to List: 노드 관리 대시보드로 돌아간다.
- Status: 현재 선택된 슬레이브 노드용 상태 페이지로 돌아간다.
- Delete Slave: 슬레이브와 마스터간에 연결된 서버들 또는 마스터에서 슬레이브를 제거한다.
- Configure: 상세 노드 구성 페이지로 돌아간다.
- Build History: 슬레이브 노드에서 실행된 작업의 지난 타임라인 기록을 출력한다.
- Load Statistics: 핵심 수치와 자원 활용도를 그래프 형식으로 출력한다. 시간범위별로 Short, Medium, Long 세 가지 옵션이 있다. 옵션에 따라 그래프가 시간범위로 변경된다.

- Script Console: 젠킨스에는 그루비Groovy라 불리는 강력한 내장 스크립트 시스템이 있다. 이 콘솔을 이용하면 슬레이브 노드에서 임의의 스크립트 한 개를 직접 실행할 수 있다. 젠킨스용 그루비 스크립트 작성은 뒷부분에서 다룬다.
- Log: 젠킨스 마스터와 슬레이브 간 실시간 연결 상황을 출력한다. 여기서 기록된 로그들은 연결성 문제를 해결하는 데 큰 도움이 된다.

▋ 레이블과 그룹, 로드밸런싱

젠킨스에서는 신규 슬레이브 노드를 생성하면서 레이블 태깅을 할 수 있다. 즉 레이블 기능으로 슬레이브에 이름을 지정할 수 있다. 레이블 기능을 활용하면 한 개 이상의 슬레이브에 실행이 필요한 작업을 직접 지정할 수 있다.

레이블 기능을 잘 활용하면 매우 강력한 젠킨스용 로드밸런싱 솔루션을 구축할 수 있다. 즉, 레이블이 붙어있는 작업의 실행 지연이 발생하는 경우, 즉시 이용 가능한 슬레이브 노드에 동일 레이블을 붙여 투입할 수 있다. 즉시 이용 가능한 노드가 없다면 동일 레이블이 붙은 노드 중 가장 먼저 이용 가능한 노드에 작업을 대기queue시킨다. 그림 2-18은 Windows라는 이름을 가진 두 개의 마이크로소프트 윈도우 슬레이브 레이블을 보여준다.

그림 2-18 기본 윈도우 필드 풀

레이블을 생성해 슬레이브를 그룹화하기

다량의 슬레이브 노드를 동일 레이블로 지정함으로써 그룹을 생성할 수 있다. 기기 그룹화는 오프로딩 자동화 시 편리하게 이용할 수 있다. 슬레이브 노드 그룹을 생성한다는 것은 쉽게 말해 같은 레이블을 공유한다는 의미다.

그림 2-18에서 윈도우 예제를 참고해 두 개의 연결된 슬레이브 노드를 갖는 윈도우 그룹을 생성해보자. 간단히 설명하기 위해 젠킨스 마스터에 연결된 두 개의 윈도우 슬레이브가 이미 있다고 가정한다. 이들을 윈도우 그룹에 추가하려면 각 노드용 상세 구성을 수정해 그림 2-19처럼 Label 필드에다가 Windows라고 입력한다.

그림 2-19 슬레이브 노드에 Windows 레이블 추가

Windows 레이블이 슬레이브 노드에 추가됐다면 젠킨스는 자동으로 두 개의 슬레이브 노드를 같은 그룹으로 생성한다.

그룹이 생성됐다면 젠킨스는 슬레이브 노드가 속한 그룹을 노드 연결 상태 페이지에 출력한다.

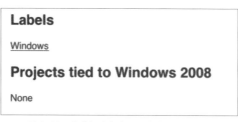

그림 2-20 레이블 기반의 그룹내의 슬레이브 노드

슬레이브를 여러 그룹과 연결하기

젠킨스는 레이블 및 그룹핑 시스템을 통해 작업 실행을 한 개 또는 여러 개의 슬레이브 노드에서 수행할 수 있는 메커니즘을 제공한다. 예를 들면, 어떤 자동화 작업에는 x64 프로세서가 필요할 수 있고, 어떤 작업은 우분투 12 시스템에서만 빌드될 수도 있다. 슬레이브 노드에 레이블을 붙임으로써 이런 그룹별 업무 분류를 제한 없이 수행할 수 있다. 젠킨스의 레이블 시스템은 한 개의 슬레이브 노드를 하나의 그룹이나 여러 그룹에 붙이는 기능도 제공한다. 일단 레이블이 만들어지면, 작업 실행을 한 개의 레이블이나 여러 레이블에 연결할 수 있다. 젠킨스 슬레이브 노드를 하나의 그룹 이상에 연결하는 방법은 매우 간단하다. 레이블 이름에 빈칸space을 추가하면 된다. 그림 2-21처럼 젠킨스는 각 단어를 개별 레이블로 인식하게 된다.

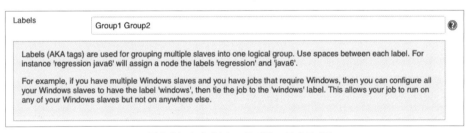

그림 2-21 슬레이브 노드를 여러 그룹에 붙이기

슬레이브 노드가 저장되면, 젠킨스는 해당 슬레이브 노드를 여러 그룹에 연결된 것으로 인식한다. 그림 2-22를 보면 슬레이브 노드가 Windows 그룹에 속하면서, 동시에 x86 그룹에 속한 것을 볼 수 있다.

그림 2-22 두 그룹에 속한 슬레이브 노드

슬레이브 실행을 전역 범위나 연결된 작업 범위로만 제한하기

젠킨스 마스터는 작업 실행자 역할도 하고 있기 때문에, 슬레이브를 범용 실행자(작업 실행 목적으로 항상 이용 가능)로 사용하거나, 특정 작업 전용으로만 사용하고자 할 수 있다. 이것은 해당 슬레이브의 상세 노드 구성 페이지의 Usage 드롭다운 메뉴에서 젠킨스의 작업 실행 방법을 변경해야만 구현할 수 있다. Usage 드롭다운 메뉴는 그림 2-23에서 확인할 수 있다.

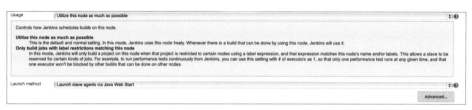

그림 2-23 상세 구성 양식 내에 Usage 드롭다운

앞에서도 설명했듯이 슬레이브를 범용 실행자로 만들거나, 아니면 반대로 범용 실행 풀pool에서 제외시키거나, 또는 연결된 작업 요청만 처리하도록 제한할 수 있다. 예제에서는 몇 가지 단순한 연결 옵션만을 다뤘지만, 젠킨스 시스템은 수백 대나 수천 개의 슬레이브 노드로 확장할 수 있을 만큼 유연성이 높은 아키텍처다. 얼마나 많은 슬레이브 노드를 구축할지는 전적으로 사용자에 달렸다. 하지만 시작은 작게, 계획은 충실하게 진행하는 것이 좋다.

분산 빌드를 지원하는 젠킨스 플러그인

젠킨스 커뮤니티에서는 마스터/슬레이브 구조를 처음 소개한 이후에도 다양한 클라우드 기술 스택과의 연결성을 제공하는 다수의 플러그인을 제공하며 기능을 확장하고 있다. 마스터/슬레이브 구조는 아마존 EC2와 마이크로소프트 윈도우 애저, 엘라스틱 박스 등과 직접 통합이 가능한 수준으로 점차 확장되고 있다. 마스터/슬레이브 솔루션을 생성하고 구조를 결정할 때, 플러그인이 기존 구조의 안정성과 확장성을 보장하는지를 신중하게 고려해야 한다.

이 책을 쓰는 시점에서 젠킨스용으로 주목할 만한 마스터/슬레이브 분산 빌드 확장 플러그인으로는 다음과 같은 것들이 있다.

- 아마존 EC2 플러그인
- 마이크로소프트 애저
- 스웜Swarm
- 도커 플러그인
- 하둡Hadoop 플러그인
- 클라우드비즈 클라우드 커넥터CloudBees Cloud Connector 플러그인
- 셀레늄Selenium 플러그인
- vSphere Cloud 플러그인

▌ 요약

2장에서는 분산형 젠킨스 시스템의 동작을 알아봤다. 젠킨스에서 슬레이브 노드를 생성하고 관리하는 방법도 알아봤다. 또한 개발 조직의 규모에 따라 슬레이브 노드를 확장하는 방법도 다뤘다. 확실히 마스터/슬레이브 노드 개념은 젠킨스의 강점 중 하나이며, 진정한 분산형 컴퓨팅 플랫폼으로써 향후 멋진 솔루션을 개발하는 데 활용되리라 생각한다.

3장에서는 뷰와 젠킨스 작업을 자세히 살펴본다. 이와 함께 젠킨스 플랫폼의 자동화 역량 활용법을 살펴보자.

03

젠킨스에서
뷰와 작업 생성

젠킨스 플랫폼의 중심은 메인 대시보드와 탭 기반의 뷰, 작업이다. 3장에서는 젠킨스 시스템 내에서 작업과 뷰를 생성하고, 구조화하는 방법을 자세히 알아본다. 이들 기능을 완전히 습득해야만 젠킨스의 다른 고급 기능을 다룰 수 있다. 3장을 읽으면서 실습도 병행하기를 추천한다. 이를 통해 실습을 안한 사람들은 알 수 없는, 자신만의 효과적인 환경 구성을 찾아낼 수 있을 것이다.

> "어제, 나는 명석했고, 세상을 바꾸길 원했다. 오늘, 나는 지혜를 배웠고, 나를 바꾸길 바랄 뿐이다."
>
> — 루미

3장은 대부분 젠킨스 대시보드와 뷰 생성, 작업 정의의 이해를 높이는 데 초점을 맞춘다. 또한 이들 세 가지 기능의 기초 원리를 완벽하게 파악해 뒷부분에서 다룰 내용을 잘 이해하고, 고급 수준의 젠킨스 사용자가 되도록 하는 데 있다. 3장에서 다루는 내용은 다음과 같다.

- 젠킨스 유저 인터페이스
- 커스텀 뷰 생성
- 젠킨스 작업 생성

▌ 젠킨스 유저 인터페이스

젠킨스에서 대시보드는 젠킨스 시스템의 입구 역할을 한다. 젠킨스가 로딩될 때마다 사용자는 대시보드 화면을 보게 되는데, 이 화면에서 신규 작업을 생성하고, 기존 작업의 실행일정을 변경하며, 작업 정의 화면으로 이동하는 등의 기능을 수행한다. 지금부터는 메인대시보드가 할 수 있는 것을 알아보고, 대시보드에서 제공되는 기능을 자세히 알아본다.

젠킨스의 유저 인터페이스는 논리적으로 네 개의 주요 콘텐츠 영역으로 구분된다. 즉 헤더Header 영역, 작업 테이블Job Table 영역, 구성 패널Configuration Panel 영역, 빌드 대기 목록Build Queue와 실행자 상태 패널Executor Status Panel 영역이다. 네 개의 콘텐츠 영역은 그림 3-1과 같다.

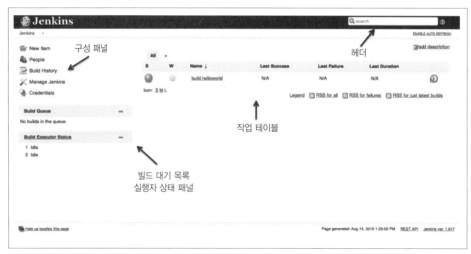

그림 3-1 젠킨스 대시보드

위 화면에서 보듯이 젠킨스의 화면 구성은 매우 단순하다. 작업과 뷰가 하나만 정의된 상태다. 실제 사용자라면 대부분 좀 더 복잡한 화면을 보고 있을 것이다. 계속해서 앞에서 설명한 콘텐츠 영역을 빠르게 살펴보고, 젠킨스에서 맡은 역할을 배워보자.

메인 헤더

메인 헤더에서는 젠킨스의 중요한 기능과 정보를 출력한다. 메인 헤더에는 UI 내비게이션 브레드크럼[1]과 편집이 가능한 설명 링크, 활성/비활성 자동 갱신 스위치, 콘텍스트 검색 솔루션이 있다. 각 항목에 대한 설명은 다음과 같다.

- **브레드크럼:** 브레드크럼 시스템은 시각적인 방향 안내와 탐색 기록 기능을 제공한다. 메뉴별로 쪼개진 단어는 현재 페이지의 계층 구조를 알려줄 뿐만 아니라 원하는 페이지로 단번에 이동할 수 있는 링크로 연결된다.
- **편집 설명:** 편집 가능한 설명 링크를 통해 대시보드와 뷰, 작업과 빌드 기능에 설명문을 추가할 수 있다. 이것은 나중에 리뷰를 할 때 정보를 주는 목적으로 사용할 때 유용하다.
- **자동으로 새로고침 활성화/비활성화:** 자동으로 새로고침 스위치는 페이지 자동 새로고침 기능을 활성화하거나 비활성화한다. 이 기능은 브라우저용으로 사용되는 기능으로써 새로고침 버튼을 반복해서 누르는 수고를 덜어준다.
- **콘텍스트 검색 상자:** 검색 상자는 모든 페이지의 오른쪽 상단에 눈에 잘 띄게 출력된다. 문자 기반 검색과 퀵점프 콘텍스트 탐색 기능 모두를 지원한다.

그림 3-2 검색 상자

---

1 브레드크럼은 '빵가루'라는 뜻으로 헨젤과 그레텔 이야기에서 아이들이 빵가루를 이용해서 집을 찾아가듯 사용자가 거쳐온 메뉴 경로를 시각적으로 보여주고 쉽게 메뉴를 이동할 수 있도록 하는 형태의 메뉴 내비게이션 방식이다. - 옮긴이

검색 상자Search box는 유저 인터페이스를 탐색하고 콘텐츠를 검색할 때 효율성을 높이고 시간도 절약하는 것을 목표로 설계됐다. 즉 사용자가 입력한 검색어 기반의 정보를 찾는 간단한 검색용으로 활용하거나 또는 강력한 퀵점프용 콘텍스트 탐색 목적으로 활용할 수도 있다. 이 중 퀵점프 옵션에 대해 알아보자.

퀵점프 탐색 기능은 키워드를 사용해 젠킨스 내에 특정 페이지나 콘텐츠로 빠르게 이동할 때 유용하다. 콘텍스트 검색 기능의 몇 가지 예를 살펴보면서, 사용법을 알아보자.

검색 기능을 사용해 페이지를 이동하려면 간단히 젠킨스 페이지를 입력한다. 다음 세 가지 예제를 통해 알아보자.

- Job Name: 여기서는 검색 상자에 작업 이름을 직접 지정해 해당 프로젝트의 개요 페이지로 이동할 수 있다.
  - 입력 예: `myproject`
  - 결과: 작업에서 지정한 페이지인 `myproject`의 개요 페이지로 이동한다.
- Job Name + configure: 여기서는 작업 이름 뒤에 한 칸을 띄우고 configure를 추가하면 해당 작업의 구성 페이지로 바로 이동한다.
  - 입력 예: `myproject configure`
  - 결과: `myproject`의 구성 페이지로 이동한다.

 콘텍스트 검색 상자는 대소문자를 구분한다는 점에 유의해야 한다. 이 설정은 사용자 프로파일에서 개별적으로 비활성화할 수 있다. 즉, 대소문자를 구분하지 않도록 설정하려면 사용자 프로파일의 구성 페이지로 이동해 대소문자 구별 체크박스의 선택을 취소해야 한다.

콘텍스트 검색 기능은 하위 콘텍스트 기능을 지원한다. 이 기능을 사용하면 추가 키워드를 사용해 하위 페이지로 바로 이동할 수 있다. 예를 들어, 젠킨스에서 특정 빌드의 콘솔 출력 화면으로 직접 이동할 수 있다. 작업 이름과 몇 가지 추가 검색용 매개 변수, 구체적으로 빌드 번호(숫자 형식으로 된)와 키워드 콘솔을 지정한다. 간단한 예제를 통해 이 기능을 더 자세히 살펴보자.

- Job Name + build number + console: 여기서는 빌드 번호 및 작업 이름과 함께 키워드 콘솔을 지정해 해당 빌드의 콘솔 출력 로그로 바로 이동할 수 있다.
  - **입력 예:** `myproject 1234 console`
  - **결과:** `myproject`라는 젠킨스 작업의 1234 빌드용 콘솔 출력으로 이동한다.

또한 검색 기능은 최종 빌드나 최종 안정 버전 빌드, 마지막으로 실패한 빌드 등의 기능을 비롯해 포인터 기반의 입력 매개 변수도 인식하는 기능이 있다. 따라서 젠킨스 사용자는 개별 데이터 포인터를 조사할 필요 없이 빠르게 원하는 정보로 이동할 수 있다.

구성 패널

젠킨스의 구성 패널은 항상 헤더 바로 아래, 왼쪽 윗부분에 위치한다. 젠킨스 화면을 띄운 직후의 구성 패널은 초기 최상위 설정 옵션을 보여준다. 젠킨스의 각 서브 페이지에는 고유의 구성 패널 옵션과 상황별 설정 옵션이 있다. 예를 들어, 사용자가 작업 현황 페이지에 들어가서 보게 되는 구성 패널은 메인 대시보드에 있을 때와는 많이 다르다. 다음 화면은 메인 대시보드 구성 패널과 사용 가능한 스톡 구성 항목을 보여준다.

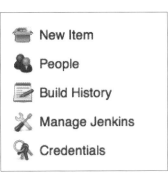

그림 3-3 젠킨스의 최상위 구성 패널

위 그림에서 구성 패널에는 사용 가능한 구성 옵션이 여러 개 있음을 알 수 있다. 젠킨스 메인 대시보드의 구성 패널에 표시된 기본 항목을 살펴보자. 여기가 바로 젠킨스 시스템으로 들어가는 입구라고 할 수 있다.

- **New Item**(새로운 항목): 이 옵션은 새 젠킨스 작업을 만드는 데 사용된다.
- **People**(사용자): 이 옵션은 사용자 구성 대시보드로 이동한다. 사용자 계정을 보거나 수정할 수 있다.
- **Build History**(빌드 기록): 시스템이 실행한 빌드 작업, 상태 및 경향을 보여주는 대시보드로 이동하는 옵션이다.
- **Manage Jenkins**(젠킨스 관리): 젠킨스의 관리 영역에 진입하는 입구다. 젠킨스의 관리 영역은 개별 요구 사항에 맞게 조정할 수 있는 여러 구성 옵션과 설정을 제공한다.
- **Credentials**(크리덴셜): 크리덴셜(자격 증명) 대시보드로 이동하는 옵션이다. 크리덴셜 대시보드는 사용자 계정 크리덴셜을 생성, 제거, 갱신, 삭제할 수 있는 기능을 제공한다. 젠킨스 시스템은 이를 구성 및 자동화 작업에 사용한다.

작업 테이블

젠킨스의 작업 테이블은 젠킨스 시스템에서 정의된 작업을 몇 가지 기본 상태 정보와 함께 보여준다. 젠킨스를 많이 활용할수록 작업의 개수도 늘어난다. 이렇게 되면 시스템 유지관리가 점점 더 중요해진다. 젠킨스 작업의 하위 집합을 표시하도록 뷰(탭)를 만들거나 구성을 변경해 점차 늘어나는 작업 목록을 정리할 수 있다.

젠킨스에서 작업 및 뷰를 생성하는 데 있어 구조적으로 접근하면 관리가 쉽고 유지관리가 쉬워진다. 젠킨스 시스템에서 정의된 작업에 이름을 부여하는 규칙을 정하고 이를 잘 지키도록 하는 것이 좋다. 이는 혼란을 예방하는 데 도움이 된다. 이렇게 명명 규칙을 잘 만들어 지키면 정규 표현식이나 키워드로 뷰의 내용을 자동으로 필터링할 수도 있다. 그림 3-4는 빌드 작업과 배포 작업, 스모크 테스트 작업 등 세 개의 작업이 있는 젠킨스 작업 테이블을 보여준다.

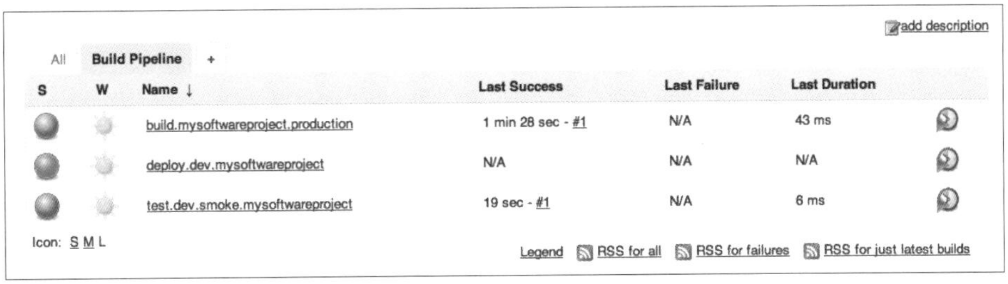

그림 3-4 세 개의 작업이 있는 기본 뷰

위 화면에서 보듯, 사용자는 작업의 동작 상태를 쉽게 시각화할 수 있다. 또한 해당 작업이 마지막으로 성공한 시기와 실행되는 데 걸린 시간을 볼 수 있다.

> **파이프라인 스텝과 이름으로 작업 정렬하기**
>
> 내가 가장 좋아하는 명명 규칙은 카테고리와 프로젝트 이름을 접두어로 활용해 이름을 짓는 것이다. 일반적으로 빌드 및 인도 파이프라인에서 수행할 역할과 프로젝트 이름을 사용하고, 이들을 작업 이름 앞에 접두어로 삼는 것이다. 다음 예를 보자.
>
> `build.myproject`: myproject의 빌드/컴파일 작업임을 알려주는 접두어다.
>
> `test.myproject`: 스모크 테스트를 수행하도록 설계된 작업임을 알려주는 접두어다.
>
> `monitor.envname`: 상태를 모니터하도록 설계된 작업임을 알려주는 접두어다.
>
> `deploy.envname.myproject`: 배포를 수행할 작업임을 알려주는 접두어다.
>
> `provision.envname`: 배포 준비 시 환경 프로비전을 실행할 셰프, 퍼핏, CF엔진, 앤서블 스크립트 등을 수행할 작업임을 알려주는 접두어다.

이제 작업 테이블의 목적을 알았으니, 테이블의 기본 열을 시작으로 작업 테이블에 대해 상세히 알아보자.

- Status of the last build(최종 빌드 상태): 작업의 가장 최근 상태를 자세히 알려준다. 기본적으로 실패의 경우 빨간색, 성공은 파란색, 불안정한 경우는 노란색으로 표시된다.

- Weather report(일기 예보): 최근 빌드들의 집계 보고서를 표시한다.

- Name(이름): 작업의 이름. 이름 레이블을 클릭해 선택적으로 정렬할 수 있다.

- Last success(마지막 성공): 빌드 작업이 마지막으로 성공할 때부터 지난 시간을 나타낸다.

- Last failure(마지막 실패): 빌드 작업이 마지막으로 실패한 때부터 지난 시간을 나타낸다.

- Last duration(마지막 지속 시간): 가장 최근 실행한 빌드 작업의 실행 시간을 나타낸다.

- Table footer(테이블 바닥글): RSS 피드와 작업 테이블의 바닥글, Legend로 연결되는 링크 및 관련 RSS 피드가 들어 있다. 유저 인터페이스의 작업 목록 테이블 바로 아래에 위치한다.

- Legend(범례): 이 링크는 대시보드에 있는 모든 관련 아이콘과 해당 정의를 표시하는 그래픽 범례로 이동한다.

 빌드 성공 시 젠킨스에서 표시하는 파란색보다 전통적인 방식의 녹색을 더 선호한다면, 그린볼(Green Balls) 플러그인으로 바꿀 수 있다. 이 플러그인은 젠킨스 플러그인 센터에서 제공하는 사용 가능한 플러그인에서 검색해서 찾을 수 있다.

RSS 피드

젠킨스 대시보드의 작업 테이블 바로 아래에 RSS 피드 링크가 있다. RSS 피드는 젠킨스의 작업 및 상태의 최신 세부 정보를 실시간으로 보여주는 데이터 소스 중 하나다. 여기서 보여주는 세부 정보에는 작업 상태, 최근에 실행된 작업 등이 있다. 다음 화면은 젠킨스가 메인 대시보드를 통해 제공하는 RSS 피드 링크를 보여준다.

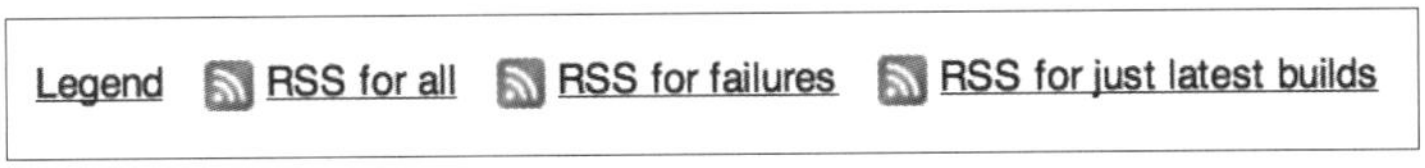

그림 3-5 RSS 피드 링크

앞의 화면에서 쉽게 알 수 있듯이 젠킨스는 사용 가능한 RSS 피드 옆에 RSS 피드 아이콘을 제공한다. 이를 통해 젠킨스 플랫폼의 하위 시스템으로 들어가는 RSS 피드를 더욱 쉽게 식별할 수 있다. 젠킨스에서 RSS 피드를 이해하는 것은 중요한 학습 과제다. 젠킨스 플랫폼에 이런 RSS 피드를 사용하는 유용한 기능이 많이 있기 때문이다. 젠킨스의 메인 대시보드에서 RSS 피드가 제공하는 데이터 스트림에는 어떤 것이 있는지 시간을 내서 확인하는 것이 좋다.

- **RSS for all**: 모든 작업과 해당 상태를 설명하는 간단한 RSS 피드다.
- **RSS for failure**: 실패한 상태의 모든 작업을 설명하는 RSS 피드다.
- **RSS for just latest builds**: 가장 최근에 실행된 작업을 설명하는 RSS 피드다.

젠킨스에서 사용할 수 있는 RSS 피드를 사용해, 좋아하는 RSS 피드를 구독하거나 빌드 알림 프로그램에 연결할 수 있다. 빌드 알림 프로그램은 대부분의 주요 운영체제에서 사용할 수 있으며 젠킨스 유저 인터페이스를 반복해서 로딩하지 않고도 젠킨스 시스템을 감시하는 데 도움이 된다. 빌드 알림 프로그램에 대해 궁금한 경우 사용 가능한 빌드 알림 프로그램 및 해당 링크 목록 중 일부를 참조한다.

- Mac/OS X: 맥 OS X용 젠킨스 알리미

```
https://wiki.jenkins-ci.org/display/JENKINS/Jenkins+Notifier+for+ Mac+OS+X
```

- 윈도우: 윈도우용 데스크톱 알리미

```
https://wiki.jenkins-ci.org/display/JENKINS/Desktop+Notifier+for+ Jenkins
```

- 안드로이드 모바일: 안드로이드용 허드슨 모니터

---

https://wiki.jenkinsci.org/display/JENKINS/Hudson+Monitor+for+ Android

---

- iOS 모바일: 젠킨스 알리미, 앱스토어에서 이용할 수 있다.

> ⓘ 사용 가능한 통합 기술 및 도구의 전체 목록은 https://wiki.jenkins-ci.org/
> display/JENKINS/Use+Jenkins(도구 섹션 아래)에서 확인할 수 있다.

젠킨스 빌드 대기 목록과 빌드 실행자 상태 패널

빌드 대기 목록과 빌드 실행 상태 패널은 젠킨스의 현재 작업 실행 상태와 대기 중인 작업을 시각적으로 보여준다. 이것은 젠킨스 시스템의 현재 작업량을 알아내는 간편한 방법으로써, 작업이 중단되거나 대기열에 걸리지 않도록 도움을 준다. 다음 화면은 Build Queue (빌드 대기 목록)와 Build Executor Status(빌드 실행자 상태) 패널을 보여준다.

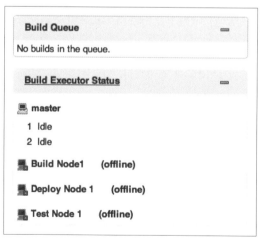

그림 3-6 빌드 대기 목록과 빌드 실행자 상태 패널

Build Executor Status 패널의 맨 위에 있는 Build Executor Status 링크를 클릭하면 슬레이브 노드 대시보드로 즉시 이동되며, 화면에 젠킨스 마스터와 정의된 슬레이브 노드의 목록이 나타난다.

Build Executor Status 패널에 나열된 실행 프로그램 노드 이름 중에 하나를 클릭하면 각 디바이스의 상태 화면으로 이동한다.

Build Queue 섹션은 실행 명령은 받았지만 사용할 수 있는 실행 프로그램이 없는 작업을 표시한다. 대기 목록에 나열된 작업을 직접 클릭할 수 있다. 대기 중인 항목을 클릭하면 그 작업의 원래 화면으로 돌아간다.

취소하려는 작업(대기 목록에 있거나 실행 중인 작업)이 있는 경우 작업 테이블의 각 항목 옆에 나타나는 X를 클릭한다.

▎ 젠킨스의 작업

젠킨스에서는 메인 대시보드 위에 New Item 메뉴 링크를 배치해 새로운 작업을 만들기 쉽게 한다. 이 링크는 작업을 생성하는 출발점이다. 지금부터는 젠킨스에 만들 수 있는 다양한 작업 유형과 각 프로젝트 유형의 고유한 특징을 알아보자.

메인 대시보드에서 New Item 링크를 클릭하면 기본 작업 구성 페이지로 이동하며, 여기서 작업 이름을 지정하고, 적당한 프로젝트 유형을 선택할 수 있다. 다음 화면은 기본 작업 구성 페이지를 나타낸다.

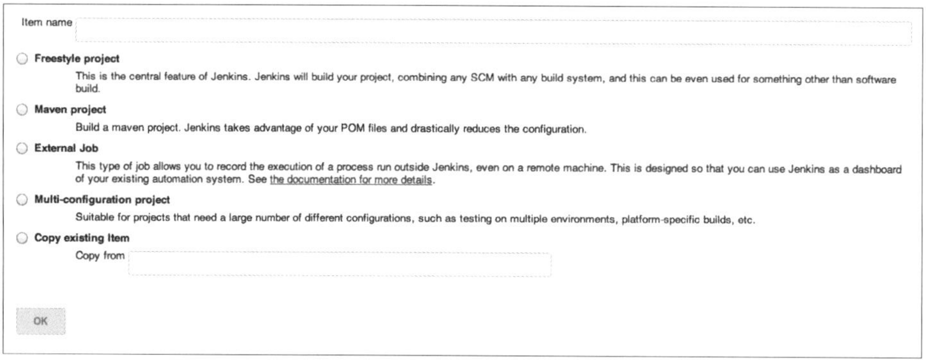

그림 3-7 New Item 기본 구성 페이지

새로운 아이템 기본 구성 페이지에 표시된 각 옵션은 각기 고유의 특징이 있다. 이 페이지에서 선택한 사항은 향후 작업의 동작에 큰 영향을 끼친다. 지금부터는 작업 유형과 각 작업 내의 개별 옵션을 알아본다.

- Freestyle(프리스타일) **프로젝트**: 전적으로 사용자에 선택에 따라 구성된 사용자 정의 작업을 제공하는 프로젝트다.

- Maven(메이븐) **프로젝트**: 자바 메이븐 프로젝트를 위해 특별히 설계된 프로젝트다. 프로젝트 객체 모델Project Object Model을 활용해 메이븐을 실행하기에 편리한 인터페이스를 제공한다.

- Multiconfiguration(다중 구성) **프로젝트**: 다중 구성(x86, x64 등)이 필요한 작업을 위해 설계된 프로젝트다. 여러 출력 유형이 있는 단일 작업을 지정할 수 있다.

- Copy existing job(기존 작업 복사): 사용자가 기존 작업의 내용을 복제하고 이름을 변경할 수 있다.

- External job(외부 작업): 사용자가 외부 젠킨스 작업을 시작하거나 모니터링할 수 있다. 이 외부 작업 유형은 상용 배포를 담당하는 젠킨스 인스턴스가 여러 개(예를 들면, 개발용 인스턴스 및 상용 인스턴스)인 경우 특히 유용하다.

젠킨스에서는 각 작업 유형별로 세부 구성 페이지를 제공하며, 여기서 작업의 기능도 정의하고, 사용자에게 맞게 변경할 수도 있다. 프리스타일 프로젝트 유형에서 언급된 구성 옵션 중 일부 항목은 모든 작업 유형에 공통으로 적용된다. 이런 이유로 프리스타일 유형 뒤에 설명된 작업 유형들은 설명을 줄이기 위해 해당 프로젝트 유형에 고유한 옵션들만 자세히 설명한다.

젠킨스의 프리스타일 프로젝트

프리스타일 프로젝트는 젠킨스에서 가장 일반적으로 활용되는 작업 유형이다. 이 작업 유형에는 자동화 단계를 정의하고 실행하는 데 사용할 수 있는 다양한 구성 옵션과 버튼이 있다. 젠킨스에서 프리스타일 프로젝트를 구현하는 방법을 알아본다.

젠킨스에서 프리스타일 프로젝트를 만들려면 기본 작업 구성 페이지에서 프리스타일 프로젝트 옵션을 선택하고, 고유한 작업 이름을 지정한다. 입력 내용을 확인한 후 OK 버튼을 누르면, 그림 3-8a와 그림 3-8b와 같이 상세 작업 구성 페이지로 이동한다.

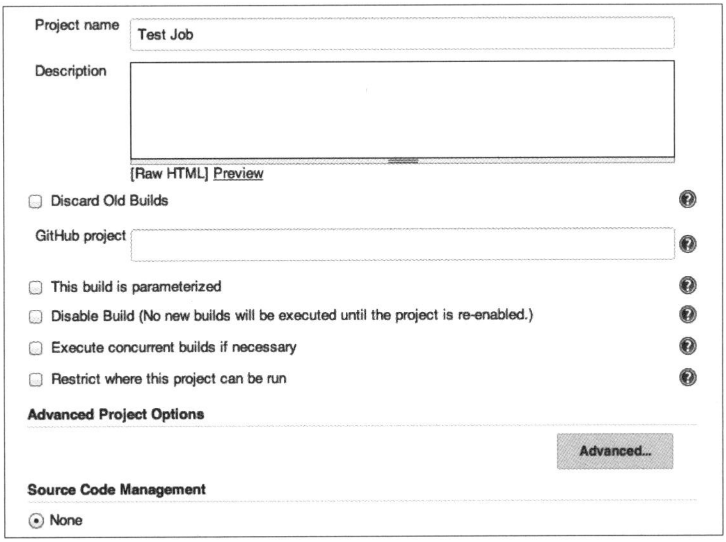

그림 3-8a 상세 작업 구성 페이지

그림 3-8b는 세부 작업 구성 페이지 하단 부분에 있는 추가 빌드 스텝에서 Execute shell 항목을 선택하는 것을 보여준다.

그림 3-8b 상세 작업 구성 페이지의 하단 부분

상세 작업 구성 페이지는 작업의 정보, 소스 제어 모듈 및 자동화 단계를 지정하고 관리할 수 있는 유저 인터페이스를 제공한다. 언뜻 이 페이지는 복잡하고 어려워 보인다. 하지만 자세히 들여다보면, 구성 옵션이 카테고리별로 배치돼 있다는 사실을 알 수 있다. 각 카테고리에 대한 설명은 다음과 같다.

- Project details(프로젝트 세부 정보): 젠킨스에서 작업의 일반적인 속성을 정의하는 기본 옵션이 있는 영역

112

- Advanced project options(고급 프로젝트 옵션): 젠킨스에서 작업의 실행 방식을 사용자가 변경할 수 있도록 하는 고급 옵션이 있는 영역
- Source code management(소스코드 관리): 소스 제어와 관련된 구성을 정의하는 영역
- Build triggers(빌드 트리거): 업스트림 작업, 빌드 스케줄링(CRON)과 지속적 통합 옵션(SCM 폴링)을 정의하는 영역
- Build steps(빌드 스텝): 빌드의 일부로 실행하는 자동화 단계를 추가할 수 있는 영역
- Post-build actions(포스트 빌드 액션): 빌드가 완료된 후 실행할 모든 단계를 지정하는 영역

젠킨스는 작업의 생명주기 절차에 충실하다. 작업 실행의 생명주기는 작업이 실행되기 전과 실행되는 동안 거쳐야 할 모든 관리 단계의 집합이라고 정의할 수 있다. 작업 실행의 생명주기에서 정의된 단계에는 다음과 같은 것이 있다.

1. 폴링Polling
2. 사전 소스코드 관리pre SCM
3. 소스코드 관리SCM
4. 빌드 이전 단계Pre build
5. 빌드 단계Build step
6. 빌드 이후 단계Post build

위 단계는 자동화 실행 단계를 기능별로 정리한 것이다. 이는 자동화가 실행되는 순서를 결정하는 데 도움이 된다. 또한 플러그인이나 그루비 스크립트, 또는 관련 추가 기능을 사용해 젠킨스의 기능을 확장하려면 생명주기 단계는 반드시 이해해야 한다.

젠킨스 작업을 생성할 때 다양한 카테고리와 사용 가능한 구성 옵션을 완전히 이해하는 것도 중요하다. 프리스타일 프로젝트를 좀 더 세부적으로 살펴보고, 그 기능을 알아보자.

프로젝트 옵션

프로젝트 정보 섹션에는 현재 작업의 정보가 자세히 있다. 프로젝트 정보 섹션에서 사용할 수 있는 옵션에는 핵심 설명 정보, 작업 실행 위치의 정의, 작업 실행에 필요한 입력 매개 변수 및 작업이 젠킨스 대시보드에 나열되는 방법이 포함된다. 이 절에서는 사용할 수 있는 옵션을 자세히 살펴보고 사용할 수 있는 설정값을 완전히 이해하는 것이 중요하다. 다음 표에서는 상세 작업 구성 페이지의 맨 위에 있는 설정 옵션을 간단히 설명한다.

필드명	입력 방식	필수 여부	설명
Project name (프로젝트 이름)	텍스트	예	젠킨스가 작업을 설명할 때 사용하는 이름이다. 이 이름은 실행 시 작업이 임시 파일을 저장하는 데 사용하는 워크스페이스(WORKSPACE) 폴더를 정의할 때 사용된다.
Description (설명)	텍스트 박스	아니요	이것은 작업을 선택적으로 설명한다. 이 정보는 작업 상태 페이지의 프로젝트 이름 바로 아래에 표시된다.
Discard old builds (오래된 빌드 폐기)	토글	아니요	이것은 빌드 기록을 제거하는 빈도다. 로그 파일은 급격히 증가할 수 있으므로, 합리적인 시간대에 맞게 옵션을 설정하는 것이 좋다.
This build is parameterized이 (빌드는 매개 변수화됨)	토글 + 선택	아니요	이 옵션을 사용해 작업용 입력 매개 변수를 작성할 수 있다. 지정된 입력 매개 변수는 환경 변수로 변환돼 모든 자동화 단계로 전달될 수 있다.
Disable build (빌드 사용 중지)	토글	아니요	체크박스를 선택하지 않으면 작업이 비활성화된다.
Execute concurrent builds if necessary (필요하면 동시 빌드 실행)	토글	아니요	병렬 실행이 가능할 경우 여러 실행 프로그램에서 병렬 실행할 수 있도록 허용한다(로드밸런싱).
Restrict where this project can be run (이 프로젝트를 실행할 수 있는 위치 제한)	토글 + 텍스트 필드	아니요	작업을 실행할 수 있는 레이블 또는 실행 프로그램을 지정할 수 있다. 이 기능은 여러 아키텍처 또는 플랫폼으로 구성된 빌드 팜을 만드는 데 매우 유용하다.

빌드 매개 변수 정의

작업 구성 페이지에서 사용할 수 있는 가장 대표적인 설정이 This build is parameterized(이 빌드는 매개 변수가 설정되었습니다)라는 체크박스다. 이 옵션을 사용하면 작업에 대한 입력 매개 변수 범위를 추가 및 정의할 수 있다. 이 매개 변수는 환경 변수로 변환돼 작업 실행 자동화 단계로 전달된다. 이 개념을 더 잘 이해하려면 그림 3-9를 보자. 여기서는 실행 전에 작업 관련 정보용 프롬프트를 표시하는 매개 변수로 구성된 샘플 빌드 작업을 보여준다. 이 예제에서 정의된 입력에는 컴파일러 플래그와 빌드 모드, 빌드 노트 등이 있다.

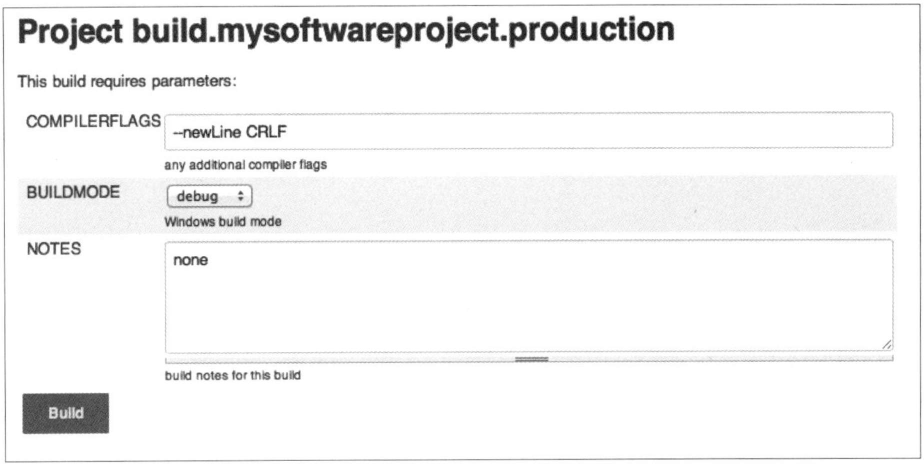

그림 3-9 필수 매개 변수 입력란이 있는 젠킨스 작업 실행

빌드 매개 변수는 다양한 유형이 될 수 있으며 작업 구성 페이지에 지정되어 있다. 그림 3-10은 백엔드 구성 관점에서 작업 설정의 예를 보여준다.

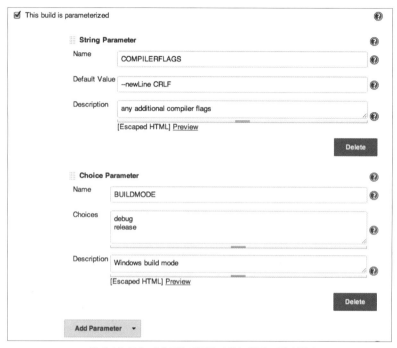

그림 3-10 필수 매개 변수 입력란이 있는 젠킨스 작업 정의

젠킨스의 매개 변수는 매우 다양하다. 매개 변수를 이용해 사용자가 Build Now 버튼을 클릭할 때 화면에 표시될 입력 필드를 정의한다. 아래 입력 옵션이 젠킨스에서 사용할 수 있는 매개 변수 유형이다.

- 불린 매개 변수
- CVS 심볼명 매개 변수
- 선택 매개 변수
- 크리덴셜 매개 변수
- 파일 매개 변수
- 암호 매개 변수
- 실행 매개 변수

- 문자열 매개 변수
- 텍스트 매개 변수

고급 프로젝트 옵션

상세 작업 구성 페이지의 **Advanced project** 옵션 구성 섹션에서 젠킨스 작업의 고급 구성 항목을 지정할 수 있다. 이 기능은 고급 사용자에게 특히 유용하다. 업스트림과 다운스트림 작업 실행용 구성 옵션(7장, '빌드 파이프라인'에서 상세히 다룬다)뿐만 아니라 대기 시간에 대한 설정도 있으므로 이 절을 자세히 살펴보는 것이 좋다. 다음은 옵션에 관한 설명이다.

필드명	입력 방식	필수 여부	설명
Quiet period (대기 시간)	체크박스 + 텍스트 필드	아니요	이 옵션은 체크인이 완료되지 않았거나 여러 체크인 단계에서 완료되는 경우 젠킨스가 조기에 빌드를 시도하는 것을 막을 수 있다. 활용 사례를 보려면 도움말 아이콘을 참조한다.
Retry count (재시도 횟수)	체크박스 + 텍스트 필드	아니요	소스 제어 체크아웃 재시도 횟수 옵션은 체크아웃 실패 시 더 시도할 횟수를 지정한다.
Block build when upstream project is building (업스트림 프로젝트가 빌드 중일 때 빌드 차단)	체크박스	아니요	이 옵션은 이 작업을 실행하기 전에 이미 실행 중인 업스트림 의존적이 작업이 완료될 때까지 대기한다.
Block build when downstream project is building (다운스트림 프로젝트가 빌드 중일 때 빌드 차단)	체크박스	아니요	이 옵션은 이 작업을 상태를 보고하기 전에 다운스트림 의존적인 작업이 완료될 때까지 대기한다.
Use a custom workspace (사용자 지정 작업 영역 사용)	텍스트 박스	아니요	이 텍스트 박스에서는 작업용 사용자 지정 작업 영역 폴더명을 지정한다.
Keep the build logs of dependencies (의존성 빌드 로그 보관)	체크박스	아니요	이 체크박스는 의존성 작업 로그의 순환 덮어쓰기를 방지한다.

소스코드 관리

상세 작업 구성 페이지의 소스코드 관리 섹션에서는 젠킨스가 소스 제어 관리 시스템에서 소스코드 콘텐츠를 가져올 때 사용할 방식을 결정한다. 젠킨스에서 기본적으로 선택할 수 있는 소스 제어 솔루션 목록은 다음과 같다.

- None(없음): 소스코드를 가져오지 않는다.
- CVS(동시 버전 관리 시스템): 처음으로 널리 채택된 소스 제어 시스템 중 하나다. SVN과 같은 최신 버전 제어 전략으로 진화했다.
- SVN(서브버전): 현재 가장 많이 사용되는 소스 제어 시스템 중 하나다.

젠킨스 플랫폼에는 기본적으로 CVS 및 SVN용 소스 제어 모듈이 있다. 깃Git, 퍼포스Perforce, 머큐리얼Mercurial, 그 밖의 최신 소스 제어 시스템의 지원을 추가하려면 적절한 플러그인을 설치해야 한다. 소스 제어 관리에서 다루는 분야는 너무 많기 때문에, 이 절은 주로 SVN과 깃에 초점을 맞출 예정이다. SVN과 깃은 오늘날 가장 많이 사용되는 시스템이기 때문이다. 젠킨스에서 SVN과 깃을 활용하는 방법을 잠시 살펴보자.

SVN을 통한 소스 제어

- Repository URL: 젠킨스 작업에 연결할 SVN 리포지토리의 인터넷 주소를 지정한다. 이 주소에는 http 또는 https 접두사가 필요하다. 또한 필요한 경우 주소에 `http://svn.myorg.com/myreport/trunk/asf/ant/`처럼 하위 폴더명을 추가할 수도 있다. 젠킨스 작업용으로 추가 체크 아웃 모듈이 필요한 경우 Add more locations... 버튼을 클릭해 SVN 위치를 추가할 수 있다.
- Local module directory: 이 필드를 사용하면 작업의 워크스페이스 로컬 폴더 아래 체크아웃용 디렉토리를 지정할 수 있다.
- Repository depth(리포지토리 깊이): 젠킨스의 shallow checkout 옵션을 지정한다. 이 옵션을 사용하면 소스 트리를 체크아웃할 때 전체 재귀가 발생하지 않게 제한할 수 있다. 기본값은 Infinity(무한)이다.

- Ignore externals(외부 모듈 무시): SVN 소스 위치에 연결된 외부 모듈을 체크아웃하지 못하도록 SVN을 제한하는 데 사용되는 옵션이다.
- Checkout strategy(체크아웃 전략): 이 옵션을 사용하면 젠킨스가 소스 트리를 체크아웃하는 방법을 지정할 수 있다. 구체적으로 다음 옵션 중 하나를 선택할 수 있다.
  - 가능한 많이 `svn update`를 사용
  - 항상 새로운 사본을 체크아웃
  - 일단 버전이 붙지 않았거나 무시된 파일을 우선 삭제하고 클린 체크아웃을 에뮬레이션한 다음 `svn update`를 사용해 실제 업데이트를 진행(대형 소스 트리를 다루는 가장 좋은 방법 중 하나임)
  - 가능한 많이 `svn update`를 사용하고, 업데이트 전에 `svn revert`를 사용
- Repository browser: 작업에 연결할 SVN 리포지토리 브라우저를 지정한다. 젠킨스에서는 어셈블라Assembla, 콜라브넷CollabNet, 피쉬아이FishEye, ViewSVN 등을 지원한다.

고급 SVN 옵션

젠킨스의 SVN 모듈에서는 필터를 다양하게 구성할 수 있으며, SVN내 폴링과 체크아웃에 적용할 수 있다.

이 필터를 사용하면 특정 커밋 메시지가 있는 체크인을 무시하고 특정 폴더 구조가 있는 체크인을 포함하거나 특정 사용자 이름별로 체크인을 할 때 작업이 시작하지 않도록 할 수 있다. 또한 특정 파일 기반의 작업을 시작하거나 특정 폴더를 포함하는 등의 구성도 가능하다.

깃을 통한 소스 제어: 깃 플러그인 필요

깃Git은 점점 대중화되고 있는 현대적 분산 버전 관리 솔루션이다. 젠킨스에서 깃을 지원하려면 깃 플러그인을 설치해야 한다. 다음 옵션은 깃 플러그인이 있을 경우 나타난다.

- Repository URL: 복제할 깃 리포지토리의 URL을 지정한다. 둘 이상의 리포지토리가 필요한 경우, 각각의 리포지토리 추가 단추를 사용해 지정할 수 있다.

- Branches to build(빌드할 브랜치): 이 필드 집합을 사용해 리포지토리에서 최초 가져오기pull 작업의 일부로 체크아웃할 브랜치를 한 개 또는 그 이상 지정할 수 있다. 기본값은 마스터master다.

- Repository browser: 깃 리포지토리에 사용할 기본 리포지토리 브라우저를 지정한다. 젠킨스는 어셈블라웹AssemblaWeb, 킬른Kiln, TFS, 깃허브웹github-web 등을 지원한다.

> 인기 있는 깃 개발 패턴 중 하나는 단기간만 사용하는 기능 브랜치에서 작업한 후 pull request를 통해 리뷰와 통합을 수행하는 방식이다. 젠킨스 커뮤니티는 이런 방식의 작업흐름을 정확히 유지하고, 지속적 빌드를 지원하가 위해 pull request 빌더 플러그인을 만들었다. 이 플러그인은 http://wiki.jenkins-ci.org/display/JENKINS/GitHub+pull+request+builder에서 찾을 수 있다.

추가 동작

깃 소스 제어 관리 영역의 추가 동작 버튼에는 깃 복제 및 체크아웃 절차를 좀 더 세부적으로 제어할 수 있는 많은 기능이 있다. 각 옵션에는 개발 팀 내에서 체크아웃과 복제 작업을 완벽하게 수행하는 데 도움이 되는 기능이 있으므로 완벽하게 숙지해 둘 것을 추천한다.

빌드 트리거

빌드 트리거는 빌드 작업이 실행되도록 명령을 내리는 이벤트다. 상세 작업 구성 페이지의 빌드 트리거 섹션은 젠킨스가 수신 대기하는 기준을 지정하는 곳이다. 여기서는 젠킨스가 작업 실행을 명령하는 데 사용할 이벤트의 세부 사항을 정의한다. 다음은 공통 빌드 트리거의 예를 몇 가지 보여준다.

- SCM 변경(폴링 또는 푸시)
- 업스트림 작업 완료
- 타임 스케줄링
- 빌드의 수동 스케줄링(빌드 버튼)

위의 기본 빌드 트리거 이외에도 젠킨스 커뮤니티는 작업 실행 트리거에 활용할 수 있는 플러그인을 제공한다. 다음은 그 중 인기 있는 플러그 중 일부다.

- Parameterized trigger 플러그인
- Trigger/call builds on other projects
- Promoted builds 플러그인
- URL trigger 플러그인
- RabbitMQ trigger 플러그인

빌드 스텝

젠킨스의 빌드 스텝^{Build steps}에서는 작업 실행 중 발생할 자동화 및 순서를 정의한다. 작업을 실행하면 젠킨스는 빌드 스텝 섹션에 지정된 스텝을 순서대로 실행한다. 상세 작업 구성 페이지에서 정의할 수 있는 자동화 단계를 살펴보자.

- **Execute Windows batch command**(윈도우 배치 명령 실행): 이 빌드 스텝을 통해 MS-DOS 배치 명령을 입력할 수 있다. 젠킨스는 실행 시 입력된 텍스트를 .bat 파일로 변환하고 대상 시스템(마스터/슬레이브 등)에서 실행한다.
- **Execute shell**(셸 실행): 이 빌드 스텝을 통해 일련의 유닉스 셸 bash 명령 또는 bash 스크립트 코드를 입력할 수 있다. 젠킨스는 실행 시 입력된 텍스트를 셸 호환 스크립트로 변환하고 대상 시스템(마스터/슬레이브 등)에서 실행한다.

- Invoke Ant(앤트 호출): 젠킨스는 앤트 같은 자바 기술과의 연동을 적극 지원한다. 이 빌드 스텝을 구현하면 젠킨스에서 앤트 빌드 스크립트 내에서 특정 앤트 대상을 호출하도록 지정할 수 있다. 실행을 하면, 젠킨스는 메인 구성 영역에서 정의한 앤트를 시작하고 지정된 대상을 호출한다.

- Invoke top-level Maven targets(상위 레벨 메이븐 타겟 호출): 젠킨스와 앤트가 긴밀하게 통합되어 있듯이 젠킨스와 메이븐도 마찬가지다. 이 빌드 스텝을 사용해 특정 메이븐 생명주기 태스크를 대상으로 지정할 수 있다.

 젠킨스에서 사용할 수 있는 다양한 플러그인을 통해 빌드 스텝을 추가할 수 있다. 예를 들어 루비(Ruby) 플러그인은 루비 플러그인을 통해 실행될 수 있는 반면 MSBuild는 MSBuild 플러그인을 통해 지원된다.

포스트 빌드 액션

젠킨스의 포스트 빌드 액션Post-build actions은 주요 빌드 스텝이 끝날 때 실행된다. 포스트 빌드 액션은 알림 목적으로 사용하거나, 빌드 스텝이 반드시 성공적으로 끝나지 않아도 처리해야 할 작업을 수행하는 데 편리하다. 포스트 빌드 액션의 몇 가지 예는 다음과 같다.

- 아티팩트 보관
- 다른 프로젝트 빌드
- JUnit 테스트 결과 보고서 발행
- JavaDoc 발행
- 알림

포스트 빌드 액션을 추가하려면 특정 플러그인을 설치해야 할 수도 있다. 빌드가 성공하든, 실패하든 상태와 관계없이 실행해야 하는 작업이 필요한 경우 포트스 빌드 액션이 그 답이라는 것을 잊지 말자.

메이븐 프로젝트

젠킨스 플랫폼은 자바 프로젝트와 매우 밀접하게 통합될 수 있다. 젠킨스는 메이븐 2/3 POMS를 바로 사용할 수 있도록 지원한다. 또한 메이븐 프로젝트 유형(메이븐 전용 빌드 작업 생성 용)과 마스터 셋업 영역의 기본 설정 옵션도 제공하는데, 여기에서 작업이 수행할 기본 메이븐 설치 위치를 지정할 수 있다.

젠킨스의 메이븐 프로젝트 작업 유형을 활용해 소스코드를 컴파일하고, 테스트를 실행하고, 종속성을 해결하는 등의 작업을 할 수 있다. 지금부터는 메이븐과 젠킨스를 어떻게 밀접하게 통합하는지를 알아본다. 우선 젠킨스의 메이븐 작업 프로젝트 유형과 특수 통합 기능을 알아보자.

메이븐 작업 유형을 사용하는 경우, 단순히 표준 프리스타일 프로젝트 유형을 사용하는 것에 비해 메이븐 관련 기능을 확실히 많이 제공한다. 예를 들면 다음과 같다.

- POM 프로젝트 파일 자동 파싱
- 메이븐 실행을 젠킨스와 결합해 후속 단계를 자동으로 결정하고 실행
- 프로젝트 간의 종속성 자동 결정

메이븐 프로젝트를 시작하려면 메인 대시보드의 New Item 링크를 눌러 새 젠킨스 작업을 만들면서, 그림 3-11에서처럼 프로젝트 유형으로 Maven project를 선택한다.

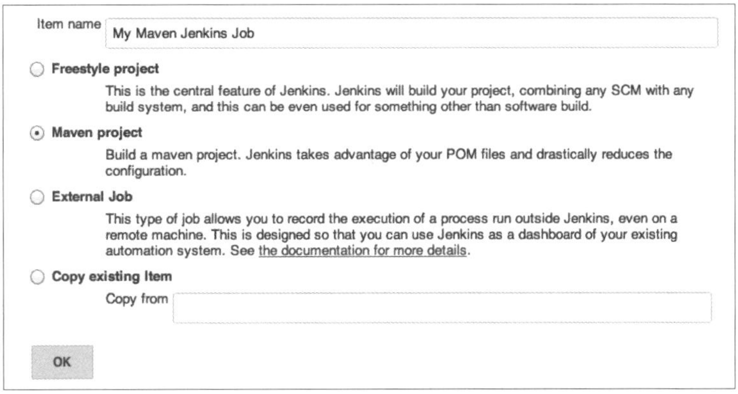

그림 3-11 기본 작업 설정 페이지(메이븐이 선택됨)

OK를 클릭하면 상세 프로젝트 구성 페이지로 이동한다. 젠킨스에서 메이븐 프로젝트용 상세 작업 구성 페이지를 로드하면, 여러 섹션으로 구분된 구성 옵션들이 나타난다. 젠킨스의 메이븐 프로젝트용 구성 섹션은 프리스타일 프로젝트 유형과 매우 유사하지만 주목할만한 차이점이 있다.

빌드 트리거

상세 작업 구성 페이지의 빌드 트리거 섹션에는 메이븐만의 특징적인 옵션이 있다.

- **Build whenever a snapshot dependency is built**(스냅샷 의존성이 빌드될 때마다 빌드): 이 체크박스를 선택하면 다른 작업에서 생성된 아티팩트의 참조가 해당 POM에 포함되는 경우 젠킨스가 이 작업에 대한 빌드를 자동으로 시작한다.

빌드 스텝

젠킨스의 메이븐 프로젝트 유형에는 한 개의 메이븐 전용 빌드 스텝이 있다. 이 빌드 스텝은 메이븐을 실행하고 적절한 메이븐 프로젝트 옵션과 목표를 지정하는 기능이 주요 특징이다. 메이븐 빌드 스텝과 여기서 사용할 수 있는 주요 옵션을 살펴보자.

- **Maven version**: 젠킨스의 메이븐 프로젝트에서 목표를 실행하려면 사용자가 설치한 메이븐을 지정할 수 있어야 한다. 사용자는 Manage Jenkins > Configure System으로 이동해 젠킨스 주 설정 영역에서 메이븐 설치 버전을 지정할 수 있다. 설치된 메이븐은 <Maven Version> 드롭다운에서 설정할 수 있다.
- **Root POM**: 사용자가 원할 경우 하위 폴더를 지정해서 젠킨스가 최상위 pom.xml 파일을 검색하도록 지정할 수 있다. 이 옵션은 소스 제어 시스템의 하위 폴더 내에 POM이 있거나 SCM에서 체크아웃할 소스 제어 모듈이 여러 개 있는 경우 유용할 수 있다.
- **Goals and options**: 이 옵션을 사용하면 메이븐 프로젝트를 빌드하는 동안 실행할 작업, 예를 들면 클린 설치 같은 작업을 지정할 수 있다.

고급 옵션

빌드 스텝 및 빌드 트리거 내에 표시되는 기본 메이븐 옵션 외에도 설정할 수 있는 많은 고급 옵션이 있다. 고급 옵션과 우리가 구현할 수 있는 사용자 정의를 몇 가지 살펴보자.

- MAVEN_OPTS: 젠킨스가 실행 시 메이븐으로 전달하는 JVM 옵션을 지정한다.

- Incremental build – only build changed modules(증분 빌드 – 모듈 변경 시에만 빌드): 이 옵션을 사용하면 변경된 항목만 빌드해 빌드 과정의 속도를 높일 수 있다.

- Disable automatic artifact archiving(자동 아티팩트 저장 사용 안함): 이 옵션을 체크하면 프로젝트를 실행하는 동안 생성된 이슈를 보관하지 않는다.

- Disable automatic site documentation artifact archiving(자동 사이트 문서 아티팩트 보관 사용 안함): 이 옵션을 체크하면 젠킨스에서 메이븐 사이트의 모든 아티팩트를 보관하지 않는다.

- Disable automatic fingerprinting of consumed and produced artifactsl(소비 및 생산된 아티팩트의 자동 핑거프린팅 사용 안함): 이 옵션을 체크하면 젠킨스에서 자동으로 아티팩트의 핑거프린팅을 정하거나 기록하지 않는다.

- Enable triggering of downstream projects(다운스트림 프로젝트의 트리거링 사용): 작업을 함께 연결할 수 있도록 하는 젠킨스의 기능 중 하나다. 이는 전형적인 메이븐 프로젝트가 하나 이상의 빌드 의존성을 가지기 때문에 자바 프로젝트들에게 매우 유용하다.

- Build modules in parallel(병렬 모듈 빌드): 모듈의 다중 스레드 컴파일을 가능하게 한다.

- Use private Maven repository(사설 메이븐 리포지터리 사용): 이 옵션을 체크하면 젠킨스는 메이븐이 .repository 파일을 로컬 메이븐 리포지토리로 사용하도록 강제한다.

- Resolve dependencies during POM parsing(POM 파싱 중 의존성 해결): 이 옵션은 젠킨스 작업이 메이븐 POM 파일 내에 정의된 의존성을 자동으로 검색하고 해결하도록 설정한다.

- Run headless(헤드리스 실행): 빌드가 데스크톱에 직접 액세스할 필요가 없는 경우(윈도우), 이 옵션을 체크해 프로세스의 데스크톱 상호작용을 제거할 수 있다.
- Process plugins during POM parsing(POM 파싱 중 플러그인 처리)
- Use custom workspace(커스텀 워크스페이스 사용): 젠킨스는 각 작업의 작업 영역을 할당한다. 이 작업 영역은 작업 실행 중 소스코드 파일 및 아티팩트의 홈 위치로 사용된다. 이 옵션을 사용해 대상 실행 서버의 커스텀 워크스페이스를 지정할 수 있다.
- Setting file(설정 파일): `settings.xml` 파일은 메이븐의 구성을 지정하는 데 사용된다. 이 필드를 커스터마이징해 젠킨스와 메이븐이 찾게 될 이 파일의 대체 위치를 지정할 수 있다.
- Global setting file(전역 설정 파일): 이 드롭다운은 사용자가 다음 두 가지 옵션 중 하나를 지정할 수 있도록 한다.
  - Use default Maven global settings(기본 메이븐 전역 설정 사용)
  - Gloal settings file on filesystem(파일시스템의 전역 설정 파일)

포스트 빌드 스텝

젠킨스의 메이븐 프로젝트 유형에는 고유한 포스트 빌드 액션 세트가 있다. 이 기능은 지정된 기준에 따라 조건부로 포스트 빌드 액션을 실행한다. 여기서 사용할 수 있는 옵션은 다음과 같다.

- 빌드가 성공한 경우에만 실행
- 빌드가 성공하거나 불안정 빌드인 경우에만 실행
- 빌드 결과에 관계없이 실행

젠킨스와 메이븐의 통합은 매우 독특하다. 이는 젠킨스가 근본적으로 자바 개발 솔루션을 지원하기 위해 설계됐기 때문이다. 젠킨스와 메이븐에 관련된 추가 정보는 `https://wiki.`

jenkins-ci.org/display/JENKINS/Maven+Project+Plugin에 있는 메이븐 프로젝트 위키 페이지에서 찾을 수 있다.

외부 작업 모니터링

젠킨스 플랫폼은 다양한 프로젝트 유형과 다양한 자동화 솔루션 세트를 갖추고 있다. 젠킨스의 기능 중 덜 알려진 작업 중 하나는 바로 외부 작업이나 프로세스의 완료 상황을 모니터링하는 기능이다. 이 기능을 활용하면 젠킨스를 다른 시스템이나 자동화 또는 젠킨스 에코 시스템 외부에 있는 애플리케이션에 연결해 젠킨스 외부 작업 프로젝트를 모니터해 보고하게 할 수 있다.

외부 프로세스를 모니터링하고 완료 시 반대로 보고하는 젠킨스 작업 구현 방법을 살펴보자. 먼저 메인 대시보드의 New Item 링크를 사용해 새 젠킨스 작업을 만들고 External Job을 작업 유형으로 지정한다. 작업이 생성되고 나면 이 특별한 작업 유형의 경우 상세 구성 옵션이 거의 없다는 것을 알게 된다. 이는 젠킨스 코어에서 작업관련 콜백을 기다리는 것이 이 작업 유형이 상태를 수신하는 방식이기 때문이다.

외부 작업 유형은 젠킨스 코어 자동화 엔진에 의존적이며 명령행에서 프로세스를 실행한 후 젠킨스 시스템으로 상태 보고가 되기를 기다린다. 아래는 젠킨스 커뮤니티에서 제공하는 명령행 예제다.

- 데비안/우분투용

```
$> sudo apt-get install jenkins-external-job-monitor
$> export JENKINS_HOME= http://user:pw@yourjenkinsurl/path/to/jenkins/
$> java -jar /path/to/WEB-INF/lib/jenkins-core-*.jar job name
<program arg1 arg2...>
```

- 윈도우용

```
C:\> SET JENKINS_HOME=http://user:pw@myserver.acme.org/path/to/jenkins/
C:\> java -jar \path\to\WEB-INF\lib\jenkins-core-*.jar job name
cmd.exe /c <program arg1 arg2...>
```

예제를 살펴보면 외부 작업 모니터링 프로젝트 유형은 자바 명령어와 젠킨스 코어 하위 시스템을 이용해 셸 명령 또는 스크립트를 시작한다는 것을 알 수 있다. 일단 셸 명령이 완료되면 젠킨스는 명령행을 통해 작업 이름으로 상태를 보고한다. 이런 유형의 솔루션을 사용해 젠킨스는 다른 빌드 솔루션과 쉽게 연결하고 지정된 작업 상태를 유지관리할 수 있다.

젠킨스의 다중 구성 작업: 메트릭스 작업

젠킨스의 다중 구성 프로젝트는 여러 작업을 갖는 빌드나 자동화 작업이 몇 가지 핵심 피벗 포인트를 제외하고는 대부분 유사한 경우에 유용하다. 또한 다중 구성 프로젝트는 비슷한 특성의 입력 플래그가 여러 개 있을 때 유용하다. 이런 프로젝트는 디버그 또는 릴리스 컴파일러 플래그에 기반하거나 특정 아키텍처(x86 또는 x64)를 기반으로 한다.

젠킨스에서 이런 유형의 프로젝트는 프리스타일 프로젝트에서 사용할 수 있는 커스터마이징의 일부를 사용할 수 없다는 점을 알아두어야 한다. 반면 사용자는 축axis이 되는 작업을 생성해 여러 작업에서 발생하는 중복성을 해결할 수 있다.

구성 메트릭스

구성 메트릭스는 젠킨스의 다중 구성 작업을 정의하는 기능이다. 이 기능을 사용하면 정기적으로 복제될 작업 내의 단계를 지정할 수 있으며, 축을 통해 매개 변수처럼 사용할 수 있다.

젠킨스의 다중 구성 프로젝트의 핵심은 사용자 정의 축이다. Add Axis 드롭다운 메뉴를 사용해 사용 가능한 축 유형을 선택하고 슬레이브 빌드이나 레이블 표현식, 사용자 정의 커스텀 옵션을 정의할 수 있다. 젠킨스 다중 설정 프로젝트의 축을 피벗 포인트로 간주하여, 한 작업에게 많은 일을 시킬 수 있다.

슬레이브

Add Axis 드롭다운의 슬레이브 옵션은 젠킨스 시스템에서 정의된 슬레이브 노드로 병렬 빌드 스텝의 실행을 제한할 수 있는 기능이다. 표시된 입력 부분은 트리 형태이며 체크 박스가 있어서 슬레이브 노드 장치를 실행 풀에 할당할 수 있다. 그림 3-12를 참고한다.

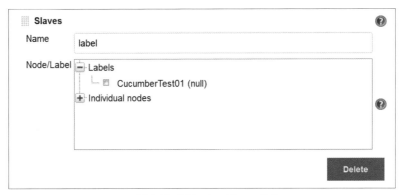

그림 3-12 Add axis - Slaves 옵션

레이블 표현식

레이블 표현 축을 사용하면 작업이 실행될 그룹 이름으로 직접 슬레이브 노드 또는 실행 프로그램을 정의할 수 있다. 이것은 앞서 논의한 프리스타일 프로젝트에서 Restrict where this project can be run(프로젝트가 실행될 수 있는 곳을 제한) 옵션과 비슷하지만, 여기서는 축의 각 항목이 그들이 실행될 슬레이브 장치를 정의할 수 있다.

다음 화면은 레이블이 WindowsSlavesGroup으로 정의된 Label expression 옵션을 보여준다.

그림 3-13 레이블 표현식 정의

사용자 정의 축

사용자 정의 축은 젠킨스의 다중 설정 작업에서 가장 유용한 기능 중 하나다. 이 옵션을 사용하면 작업 단계에서 여러 번 반복하는 데 사용할 값 세트와 키를 지정할 수 있다. 이해를 돕기 위해 앤트ant 명령어로 젠킨스 작업의 중복을 줄이기 위해 축을 사용하는 방법을 살펴보자.

```
#>ant set-target-foo debug compile
#>ant set-target-bar debug compile
#>ant set-target-foo release compile
#>ant set-target-bar release compile
```

130

여러 빌드 스텝 또는 작업을 정의하는 대신 **Add Axis** 기능을 사용해 각 호출에 전달된 고유 매개 변수로 빌드 스텝을 여러 번 호출할 수 있다. 이것은 실행할 때마다 고유값을 단순하게 전달하는 반복자다. **Add Axis** 드롭다운에서 사용자 정의 Axis 옵션을 선택하면 전달된 매개 변수를 정의하는 이름(변수)과 공백 값 세트(캐리지 리턴으로 구분된 값)를 지정할 수 있다.

일단 축 값이 정의되면 다음과 같이 빌드 스텝에서 표준 환경 변수의 매개 변수를 통해 축 값을 액세스할 수 있다.

```
#>ant $target $releasetype compile
```

예제에서 볼 수 있듯이 $release 및 $releasetype에는 위의 공백 값을 통해 설명한 미리 정의된 축 변수가 포함돼 있다.

다중 설정 작업을 정의하고 특정 요구에 적합한 방식으로 올바르게 작동시키려면 약간의 실험이 필요할 수 있다. 입력 및 구성이 제대로 완료됐다면 이제 젠킨스의 매우 중요한 도구 중 하나인 다중 설정 작업을 활용할 준비가 된 것이다.

▌ 뷰 생성

젠킨스의 뷰에서는 작업과 콘텐츠를 탭 카테고리에 정렬할 수 있으며, 이 카테고리는 메인 대시보드에 표시된다. 젠킨스 인스턴스가 확장됨에 따라 적절한 그룹 및 범주에 관련된 뷰를 만들어야 한다. 예를 들어 빌드 뷰를 만들어서 빌드된 작업 내역을 표시하면 사용이 편리할 것이다. 젠킨스에서 뷰를 생성하고 콘텐츠를 필터링하는 방법을 알아보자.

신규 뷰를 구현하려면 그림 3-14에서와 같이 메인 젠킨스 대시보드에 있는 더하기(+) 기호가 있는 탭 아이콘을 클릭한다.

뷰 생성
add description
All
Build Pipeline
+
S
W
Name ↓
Last Success
Last Failure
Last Duration
build.mysoftwareproject.production
6 hr 44 min - #1
N/A
43 ms
deploy.dev.mysoftwareproject
N/A
N/A
N/A
test.dev.smoke.mysoftwareproject
6 hr 43 min - #1
N/A
6 ms
Icon: S M L
Legend
RSS for all
RSS for failures
RSS for just latest builds

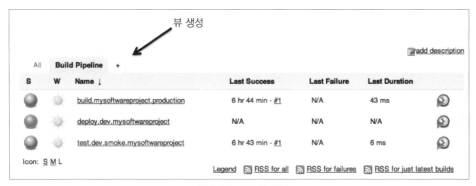

그림 3-14 신규 뷰 생성

더하기(+) 탭을 클릭하면 젠킨스 기본 뷰 설정 페이지로 이동한다. 이 페이지에서 새로운 뷰의 이름과 뷰 유형을 지정해야 한다. 젠킨스의 기본 뷰는 List view(목록 보기)다. 목록 보기 유형은 작업의 목록을 보여주는 유형이다. 뷰 유형을 추가하려면 젠킨스 시스템에서 추가 뷰 유형을 생성해주는 플러그인이 있어야 가능하다. 그렇기 때문에 여기서는 일단 List view 유형으로 설명을 진행한다. 뷰 유형이 정의된 후에는 OK를 클릭해 그림 3-15에 표시된 상세 뷰 구성 페이지로 진행한다.

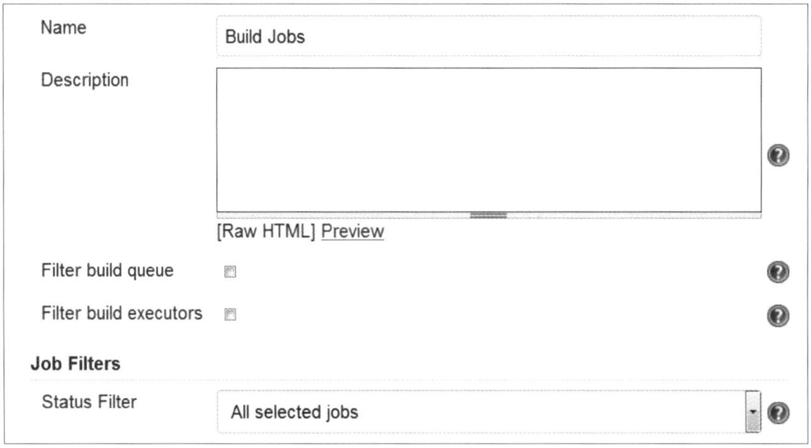

Name
Build Jobs
Description
[Raw HTML] Preview
Filter build queue
Filter build executors
Job Filters
Status Filter
All selected jobs

그림 3-15 상세 뷰 구성 샘플 페이지

상세 뷰 설정 페이지에는 뷰의 외양, 느낌 및 내용을 사용자가 정의하는 데 사용할 수 있는 다양한 옵션이 있다. 사용 가능한 스위치와 항목을 더 잘 이해하기 위해 상세 뷰 설정 페이지내의 각 섹션을 살펴보자.

- **Basic Details**(기본 세부 정보): 상세 뷰 설정 페이지의 기본 세부 정보 섹션 뷰의 헤더 콘텐츠(이름 및 설명)를 정의하는 필드뿐만 아니라 작업에 대한 몇 가지 기본 필터링 옵션(Filter build queue와 Filter build executors)용 필드도 있다.
- **Job Filters**(작업 필터): 상세 뷰 설정 페이지의 작업 필터 섹션에는 탭에 포함될 작업 목록의 범위를 좁히는 데 도움이 될 수 있는 고급 필터 옵션 세트가 있다. 이런 항목에는 상태 필터, 작업 이름별로 필터하기(나열할 작업의 해당 상자를 선택), 정규 표현식을 사용 등이 있다.
- **Column**: 뷰에 나열할 작업이 생겼다면 작업 테이블의 칼럼을 커스터마이징할 수 있다. 이 작업은 열의 상세내용을 보여주는 칼럼 섹션 부분에서 진행한다. 사용 가능한 칼럼은 다음과 같습니다.
  - **Status**(상태)
  - **Weather**(상태)
  - **Name**(이름)
  - **Last success**(마지막 성공)
  - **Last failure**(마지막 실패)
  - **Last duration**(마지막 기간)
  - **Build button**(빌드 버튼)

정규 표현식으로 작업 필터링

뷰 생성 시 활용할 수 있는 중요 기능 중 하나는 정규 표현식 필터링 기능이다. 이 솔루션을 사용하면 뷰에 대한 명명 규칙 필터의 스펙을 지정할 수 있다. 이는 정규 표현식을 사용하며 젠킨스는 입력된 정규 표현식의 맞는 결과에 근거해 작업을 화면에 표시한다. 이 화면은 정규 표현식 필터를 입력할 수 있는 구성 필드를 보여준다.

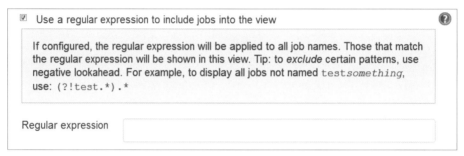

그림 3-16 정규 표현식 필터링

정규 표현식으로 필터링하는 것은 매우 쉽다. 몇 가지 예를 살펴보자.

- `.* MyProjectName. *`: 뷰에 있는 젠킨스 작업 중 `MyProjectName`이라는 텍스트가 포함된 프로젝트를 포함한다.
- `(?! MyProjectName. *). *`: 뷰에 있는 젠킨스 작업 중 `MyProjectName`이라는 텍스트가 포함된 프로젝트를 제외한다.
- `(?! [0-9]. *). *`: 뷰에 있는 젠킨스 작업 중 0~9 사이의 숫자가 포함된 프로젝트를 제외한다.

이상에서 보듯 정규 표현식 필터링을 활용하면 명명 규칙과 젠킨스 인스턴스를 체계적으로 정리하는 데 도움이 된다.

▌ 요약

3장에서는 젠킨스의 대시보드와 뷰, 프로젝트 유형에 대해 배웠고, 이것을 생성하는 데 도움이 되는 여러 툴도 알아봤다. 자바 속성 파일 및 이를 활용해 빌드 데이터를 한 작업에서 다른 작업으로 전달하는 방법도 배웠다.

4장에서는 빌드 작업과 뷰, 대시보드를 관리하는 방법을 알아보자.

04

젠킨스에서 뷰와 작업 관리

젠킨스의 뷰와 작업을 관리하는 것은 일반적으로 젠킨스 관리자가 책임진다. 젠킨스에서는 관리자가 이런 책임을 잘 감당할 수 있도록 수행 중 발생된 이슈들을 디버깅하는 데 활용할 수 있는 다양한 조사도구를 제공한다.

4장에서는 관리자가 사용할 수 있는 젠킨스의 기능들을 살펴본다. 젠킨스의 사용자 인터페이스를 더 잘 사용하는 법과 작업 실패나 슬레이브 노드의 중단이 발생할 때 이를 추적하는 법, 상태 동향을 분석하는 법을 배운다.

탐색을 효율적으로 하고, 젠킨스 인스턴스를 다루는 법을 배우는 것은 시간이 필요한 기술이며 직접 수행한 경험으로부터만 얻을 수 있다. 경험은 교사가 가르쳐 줄 수 없는 것을 가르쳐 줄 수 있다. 지혜는 실천에서 오며 이런 경험을 통해 발전한다. 독자가 젠킨스 기술 연습에 더 많은 시간을 쏟고 노력하면, 어떠한 규모의 젠킨스 인스턴스를 만나도 효과적으로 관리하는 법을 배운다.

들은 것은 잊게 되고, 본 것은 기억하게 되나, 참여한 것은 이해하게 된다.

– 중국 속담

4장에서는 잘 알려지지 않은 몇 가지 기능을 살펴보고 이들 기능을 활용해 젠킨스의 정보를 좀 더 잘 관리하는 방법을 배운다. 또한, 젠킨스의 뷰와 작업 튜토리얼을 여러 개 다루면서 젠킨스 플랫폼의 탐색 방법을 알아본다.

4장에서 다루는 주요 내용은 다음과 같다.

- 젠킨스에서 뷰 관리
- 작업의 프로젝트 페이지 탐색
- 작업의 실행의 반복 학습

젠킨스에서 뷰 관리

뷰는 탭의 형태이며, 메인 대시보드 상단에 위치한다. 탭 하나가 젠킨스의 각 뷰를 나타낸다. 뷰의 주 목적은 정의된 작업의 하위 정보를 조직화된 형식으로 표시하는 것이다. 뷰는 젠킨스의 작업을 카테고리별, 상태별로 정렬할 수도 있고, 정규 표현식으로 분류할 수도 있다. 젠킨스를 설치한 지 얼마 되지 않은 초기에는 잘 정리된 시스템이 필요하지 않을수 있겠지만 작업의 개수가 늘어남에 따라 카테고리별로 분류하는 것이 중요하다. 4장에서는 뷰를 관리하는 방법과 설치된 젠킨스를 최적화하기 위해 활용할 수 있는 팁과 기법을 몇 가지 알아본다.

기본 뷰를 바꾸기

젠킨스 플랫폼의 기본 뷰는 모든 작업을 목록으로 보여준다. 즉 All 탭을 한 번 누르면 현재 젠킨스 내에 정의된 모든 프로젝트를 출력한다. 중단된 작업이 늘어나고 더 이상 활발하게 개발되지 않는 프로젝트는 메인 대시보드 뷰에서 제외시켜 전용 카테고리를 만들어 따로 두는 것이 좋다. 이런 개념의 이해를 돕기 위해 그림 4-1에서는 작업 형태나 파이프라인에 따라 분류한 젠킨스의 카테고리 뷰를 보여준다.

그림 4-1 카테고리 뷰 예제

그림에서 보듯 젠킨스의 뷰 생성은 사용자가 원하는 위치에 빠르게 작업을 배치할 수 있도록 하여 특정 작업으로 젠킨스를 시작할 때 이리저리 헤매지 않도록 한다.

이런 방식은 젠킨스에서 활발하게 개발 중인 작업만을 골라낼 때 도움이 된다. 반면 이런 구성법이 전반적인 방향은 맞지만 예전부터 내려오는 중단된 작업 및 데이터의 목록이 늘어나면 이를 관리하는 데 있어 여전히 문제가 생긴다. 그렇다면 젠킨스 대시보드에서 오래되고 중단된 작업을 관리하는 좀 더 나은 방법은 무엇일까? 가장 좋은 방법은 현재 활발하게 개발 중인 작업만을 보여주는 새로운 기본 뷰를 생성하는 것이다. 기존의 젠킨스내 모든 작업을 보여주는 All 탭은 그대로 둔 채, 진행 중인 작업용 뷰를 별도로 생성한다. 그런 다음 젠킨스에서 보여주는 기본 뷰를 새로 생성한 뷰로 전환하면, 시스템 내에서 현재 진행 중인 작업만을 깔끔하게 볼 수 있다.

다음 그림은 지금까지 설명한 방식을 보여준다. 젠킨스의 기본 뷰로 Active Projects 뷰를 설정했다.

그림 4-2 기본 뷰 바꾸기 예제

일단 새로운 Active Projects가 생성되면, 이를 기본 뷰로 설정해야 한다. 이 작업은 젠킨스의 메인 관리자 설정 페이지의 Default view 구성 옵션에서 할 수 있다. 이 옵션은 시스템 내에 뷰가 한 개 이상 존재할 때만 활성화된다. 기본 뷰를 변경하려면 관리자가 Jenkins ➤ Manage Jenkins ➤ Configure System 페이지로 이동해야 한다.

젠킨스의 메인 구성 페이지로 이동한 후 그림 4-3처럼 Default view 구성 옵션을 찾는다.

그림 4-3 기본 뷰 바꾸기

해당 드롭다운 메뉴에서 옵션을 변경하면 변경된 뷰의 값이 젠킨스의 모든 사용자의 기본 All 뷰로 자동으로 설정된다. 이런 식으로 중단된 작업을 기본 메뉴에서 감추면 불필요하게 차지했던 대시보드의 공간도 절약할 수 있다.

뷰의 기본 내용 변경

앞서 언급한 바와 같이, 뷰는 대시보드의 최상위 섹션에 표시되며 탭의 형태로 표시된다. 뷰의 내용을 수정하려면 뷰부터 클릭한다. 그런 다음 그림 4-4처럼 좌측 부분의 구성 패널에서 Edit View 링크를 클릭한다.

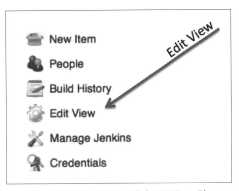

그림 4-4 젠킨스 대시보드상의 Edit View 링크

Edit View 링크를 클릭하면 선택한 뷰의 구성 페이지가 자세히 나타난다. 이 구성 페이지에서 뷰와 관련된 각종 구성을 할 수 있는데, 구체적으로 어떤 것을 사용자가 정의할 수 있는지 알아보자.

Edit View 구성 페이지는 크게 세 카테고리로 나뉜다. 각 카테고리는 일반 구성 옵션 섹션과 작업 필터^{Job Filters}, 출력 열^{Columns}이다. 각 카테고리를 좀 더 살펴보자.

제일 위쪽에 위치한 일반 구성 섹션에서는 뷰의 이름이나 설명, 뷰 안에 출력될 작업에 대한 필터를 지정하는 기본 뷰 필터 등 기본 구성 값을 변경할 수 있다.

Job Filters 섹션은 일반 구성 영역 다음으로 위치한다. 여기서는 뷰가 출력되는 프로젝트를 좀 더 세분화해 필터할 수 있는 기능을 제공한다. 필터 중에서 가장 유용한 것은 정규 표현식 필터 옵션이며 정규 표현식을 이용해 출력될 작업의 목록을 선택할 수 있다.

Job Filters 섹션 바로 아래에는 Columns 섹션이 위치한다. 이 영역은 뷰에서 출력되는 열을 변경할 수 있다. 선택된 열은 프로젝트의 나열뿐만 아니라 관련된 상태 정보도 표시한다. 이 절에서 뷰 안에 출력될 열을 정의할 수 있다. 드롭다운 메뉴를 이용해 열을 추가하거나 Delete 버튼으로 삭제를 하는 등의 변경 작업이 가능하다. 사용할 수 있는 열의 종류는 다음과 같다.

- Status(상태)
- Weather(건강 상태)
- Name(이름)
- Last success(마지막 성공 시각)
- Last failure(마지막 실패 시각)
- Last duration(마지막 지속 시간)
- Last stable(마지막 안정 시각)
- Build button(빌드 버튼)

뷰 콘텐츠의 고급 설정

젠킨스 플랫폼에서는 뷰의 설명description 텍스트 박스를 통한 강력한 콘텐츠 변경 기능을 제공하나, 이 기능은 그리 잘 알려져 있지 않다. 설명 텍스트 박스는 원래 작업이나 뷰의 헤더에 간단한 텍스트 설명을 표시하는 용도로 설계됐다. 젠킨스의 전역 보안 설정을 조정하면 젠킨스에서 헤더 부분에 직접 HTML 콘텐츠를 표시하도록 젠킨스를 설정할 수 있다. 이렇게 하면 뷰의 콘텐츠를 매우 다양하게 활용할 수 있다. 하지만 이 기능을 통해 사용자별로 다양하고 독창적인 설정을 할 수 있는 만큼 어쩔 수 없이 일부분 보안 취약성이 발생할 수 있다는 사실도 알아야 한다. 중요하다. 그러므로 젠킨스 인스턴스가 외부에 공개돼 있거나 외부에서 직접 접속이 가능한 경우에는 사용하지 않는 것이 좋다.

이 기능을 사용하려면 먼저 젠킨스의 보안 설정을 변경해야 한다. 첫 번째 단계는 젠킨스가 HTML 태그를 무시하지 않도록 설정해서 설명 텍스트 박스에서 HTML 콘텐츠를 사용할 수 있게 해야 한다. 다음과 같이 젠킨스 관리 메뉴의 보안 영역 구성 메뉴로 이동하자.

Jenkins ➤ Manage Jenkins ➤ Configure Global Security

전역 보안 구성 페이지가 나타나면 그림 4-5처럼 Markup Formatter 항목의 드롭다운 메뉴에서 Raw HTML을 선택한다.

그림 4-5 Raw HTML 옵션

Markup Formatter 설정이 완료되면 Save 버튼을 눌러 보안 구성 영역의 변경 사항을 저장한다. 이제 젠킨스의 설명 박스에 HTML 요소를 추가할 수 있다.

다른 방법: Anything Goes 플러그인
사용자의 젠킨스 인스턴스의 특성상 앞에서 설명한 방법이 동작하지 않을 경우에는 Anything Goes 플러그인을 이용해서 똑같은 효과를 얻을 수 있다.

그렇다면 이제 뷰의 윗부분에 젠킨스 마스터의 사용량 통계를 출력하는 간단한 CPU load graph를 추가하는 방법을 알아보자. 다음은 Load Statistics(사용량 통계)로써 기능 추가가 완료된 후 젠킨스 메인 대시보드에 출력될 화면이다.

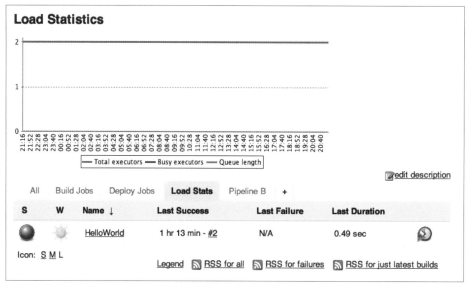

그림 4-6 뷰에 삽입된 HTML 차트

사용량 통계 그래프 개발을 시작하려면 Load Stats라는 이름의 뷰를 새로 만들고, Job Filters 구성 섹션에서 모든 Enabled jobs에 출력되도록 설정해야 한다. 일단 뷰가 생성돼 적당한 작업을 출력하면 뷰를 편집해 설명 상자에 간단한 HTML 태그를 입력한다. 설명 상자에 입력할 HTML 콘텐츠는 다음과 같다.

```
<h2>Load Statistics</h2>
<img src=/computer/(master)/loadStatistics/graph?type=min&width=500&h
eight=200 type=image/svg+xml />
```

설명 상자에 내용을 제대로 채워넣은 후 Save를 클릭한다. 설정이 저장되면 Load Stats 뷰에서 마스터 인스턴스의 Load Statistics를 다이어그램으로 볼 수 있다.

잘 알려지지 않은 기능이지만 상당한 수준의 유연성을 제공한다. 이 기능은 젠킨스 대시보드상의 뷰 콘텐츠를 획기적으로 바꾸고 커스터마이징할 수 있도록 한다. 이 절에서는 한 가지 기능만 구현했다. 하지만 HTML을 활용하면 수십 수백 개로 응용할 수 있다.

▌작업의 프로젝트 페이지 탐색

지금까지의 과정을 통해 젠킨스의 뷰를 관리하는 방법은 확실히 알았으므로 이제 관심의 초점을 작업Jobs으로 돌려본다. 이번 절에서는 작업 개요 페이지를 알아본다. 여기에서는 많은 옵션과 지시자를 이용할 수 있는데, 이를 통해 이슈를 추적하고, 실패한 빌드를 디버깅하며, 관련 정보를 빠르게 식별할 수 있도록 이해하는 것이 중요하다.

작업 개요 페이지에는 특정한 젠킨스 작업용 설정 옵션과 작업 실행 상세가 있다. 인터페이스에는 실행 상태와 빌드 기록, 마지막 실행 시각, SCM 폴링 데이터에 관한 정보가 있다. 좌측 패널에서 선택적으로 사용할 수 있는 설정에는 작업 정의 편집, 젠킨스 시스템 내에 작업을 삭제하는 버튼, 최근 변경된 링크 등이 있다. 이제 작업 개요 페이지와 그 동작 방식을 좀 더 자세히 알아보자.

젠킨스의 작업 개요 페이지로 이동하기 위해 일단 메인 대시보드에서 원하는 작업을 클릭하면 해당 작업의 개요 페이지가 나타난다. 그림 4-9는 HelloWorld라는 이름의 프리스타일 작업의 프로젝트 개요 인터페이스 예를 보여준다.

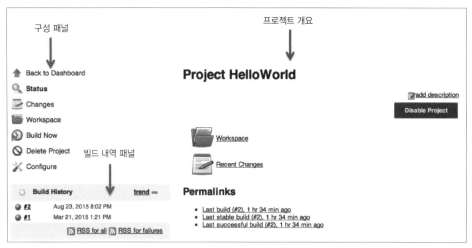

그림 4-7 HelloWorld 프로젝트 개요 페이지

다음 화면에서 보듯이 작업 개요 페이지에는 고유한 출력 패널이 세 가지 있다. 각 패널에는 해당 작업의 구성과 상태와 관련된 프로젝트 정보가 있다.

패널의 구성은 다음과 같다.

- 구성 패널(왼쪽 위)
- 빌드 내역 패널(왼쪽 아래)
- 프로젝트 개요(중앙)

HelloWorld 프로젝트에는 작업의 구성 상세와 기록을 추적할 수 있는 기능이 많이 있다. 계속해서 이용 가능한 옵션과 젠킨스 생태계에서 어떤 역할을 맡고 있는지 간단히 알아본다.

구성 패널

구성 패널Configuration Panel에는 젠킨스 작업 구성을 관리하는 데 도움이 되는 작업 레벨의 기능이 있다. 다음 표는 이들 기능에 대한 아이콘 및 설명을 담고 있다.

아이콘	제목	설명
	Back to dashboard	메인 대시보드로 돌아간다.
	Status	작업 상태 페이지를 새로고침한다.
	Changes	최근 SCM 변경 페이지로 이동한다.
	Workspace	워크스페이스 대화형 브라우저로 이동한다.
	Build now	빌드 일정을 짠다.
	Build with parameters	지정된 매개 변수를 사용해 빌드 일정을 짠다.
	Delete project	젠킨스 시스템에서 현재 프로젝트를 삭제한다.
	GitHub polling log (SCM 폴링이 활성화된 경우)	깃허브 폴링 기록 페이지로 이동한다(이 옵션은 깃허브 플러그인이 설치돼 있으며, SCM 폴링이 활성화된 경우에만 사용할 수 있다).
	Subversion polling log (SCM 폴링이 활성화된 경우)	서브버전 폴링 기록 페이지로 이동한다(이 옵션은 SCM 폴링이 활성화되고, 작업에 사용할 SCM 모듈이 서브버전으로 지정된 경우에만 사용할 수 있다).
	Provices a list of modules (메이븐 프로젝트가 활성화된 경우)	이 옵션은 메이븐 POM에 정의된 모듈의 목록을 제공한다(메이븐 프로젝트만 해당).
	Configure	권한을 가진 사용자가 젠킨스의 작업을 설정하고 상세 작업 설정 정보를 편집할 수 있다.

빌드 내역 패널

빌드 내역Build History 패널은 젠킨스 내에 작업의 생명주기 동안 발생한 빌드의 내역을 시각적으로 보여준다. 메트릭스 작업 유형의 경우 이 옵션은 아래처럼 메트릭스 축으로 이동하는 드릴다운 스타일의 이동 방식을 보여준다. 작업 유형과 관계없이 빌드 내역은 보존 시스템에 의해 개별적으로 관리가 가능하며, 이 기능은 작업의 상세 구성 영역에 위치한 로그 순환 구성 옵션에서 지정할 수 있다.

이 기능에서는 로그 순환 옵션을 변경해 작업의 빌드 내역 보유 정책을 설정할 수 있다. 즉 구성값에 따라 빌드 내역 패널에서 시한일이 만료됐거나 오래된 실행 내역을 젠킨스가 자동으로 삭제한다(예를 들면, 10일간이나 마지막 30개의 빌드).

빌드 내역 패널 상의 숫자 목록은 가장 최근에 실행된 빌드 및 이와 관련된 상태 정보(성공/실패)를 나타낸다. Build History 패널은 빌드 상태와 빌드 실행 시간, 현재 실행 상태의 기본 지표 역할을 한다. 지금부터 빌드 내역 패널을 자세히 살펴보고 젠킨스의 역량을 확장해보자. 그림 4-8은 젠킨스에서 정의된 프로젝트와 연결된 현재의 Build History 패널을 보여준다.

그림 4-8 Build History 패널

그림 4-9에서 보듯 Build History 패널의 헤더는 눈에 띄는 아이콘으로 표시되는데, 젠킨스의 작업의 건강 상태를 과거로부터 추적해서 수치화한 값과 작업과 관련된 세부 정보와 trend 링크 등을 보여준다.

그림 4-9 Build History 헤더

빌드 내역 패널 내에 젠킨스 작업 건강 상태는 날씨 아이콘으로 표현되며, 그 종류에는 맑음, 흐림, 비, 폭풍우 등이 있다. 이런 건강 상태 메트릭은 과거의 성공과 실패를 추세로 변경한 결과에 근거해 정해진다. 작업의 세부 내역에서 헤더 부분에 trend 링크를 클릭해서 상세 타임라인 페이지로 이동할 수 있으며, 이 페이지에서는 작업과 관련된 과거 내역 데이터를 모두 보여준다. 퍼센트 형태인 작업 안정성 부분은 Build History 패널의 건강 상태 날씨 아이콘을 결정하는 데 활용되는 메트릭 중 하나다.

>
> **빌드 내역에서 각 빌드열 항목에 대한 사용자 정의**
>
> 작업이 실행될 때마다 빌드 내역 패널에는 그 결과가 한 줄씩 추가된다. 어떤 빌드의 설명을 변경함으로써 이 빌드열에 사용자가 만든 데이터를 삽입할 수 있다. 이 패널을 좀 더 읽기 쉽게 하려면 버전 정보 같은 유용한 자료를 추가하는 것이 좋다.

젠킨스에는 현재 실행 중인 작업을 실시간으로 출력하는 대화형 사용자 인터페이스가 있다. 다음 화면은 이 인터페이스를 보여준다.

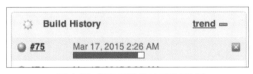

그림 4-10 현재 실행 중인 작업 지시자

위 화면 그림에서 보듯이 작업 상태 지시자는 현재 실행 중인 작업의 프로그레스바를 출력한다. 프로그레스바는 이전 실행 결과의 평균값을 근거로 작업 완료 예상 시간을 추정한다. 작업 실행 중에 다른 실행이 예정돼 있다면 Build History 패널은 그림 4-11처럼 대기 항목을 표기한다.

그림 4-11 예정된 작업 실행

위 그림에서 또 알 수 있는 것은 현재 작업이 실행 중 경우 Build History 패널의 빨간색 X로 표시된 아이콘을 이용해 작업을 중단시킬 수 있다는 것이다. 또한 빌드 내역 패널의 상태바를 클릭함으로써 현재 실행 중인 작업이 출력하는 콘텐츠를 확인할 수 있는 콘솔 출력창으로 바로 이동할 수 있다.

프로젝트 개요: 중앙 패널

프로젝트 개요Project Overview 패널은 작업 및 작업의 가장 최근 실행 결과의 기본 정보를 제공하며, 구체적인 목록은 다음과 같다.

- 워크스페이스 브라우저 링크(현재의 보안 설정에 따라 다름)
- 프로젝트의 SCM 변경 로그 링크
- 설명을 설정하는 옵션
- 향후 실행(목록)에서 프로젝트를 비활성화하는 방법
- 작업에 유용한 몇 가지 RSS 피드 링크
- 테스트 자동화 추세 그래프(사용자가 구성한 경우)

이 절은 매우 간단하지만, 다음 절에서 개별 작업 실행에 대해 자세히 알게 되면 그 중요성이 점점 높아진다.

▍작업 실행

젠킨스에는 작업 실행이 실패하는 경우 그 원인을 자세히 분석할 수 있는 다양한 종류의 툴이 있다. 이런 기능을 제공하는 젠킨스 시스템을 최대한 활용하려면 프로젝트 상태 페이지의 기본 조작에 익숙해서 빌드 정보를 효율적으로 조사하는 방법을 배워야 한다.

작업의 실행 실패를 조사하는 첫 번째 단계는 Build History 패널의 내용을 이해하고 더 조사해야 하는 빌드를 알아내는 것이다. 실패한 빌드는 해당 실행 부분에 구형 아이콘이 빨간색이고, 성공했을 경우에는 greenballs 플러그인이 설치된 경우가 아니라면, 파란색으로 표시된다. Build History 패널의 실행 부분을 클릭하면 그림 4-12처럼 해당 실행 작업의 상세 상태 페이지로 들어갈 수 있다.

그림 4-12 상세 실행 상태 페이지

상세 상태 페이지로 들어가면 작업을 관리하고 조사하는 데 즉시 도움이 되는 패널과 옵션이 여러 개 있다. 구체적으로는 다음과 같은 것들이 있다.

- 작업 실행 설정 패널(왼쪽 패널)
- 상태 패널(중앙 패널)
- 콘솔 출력(아이콘과 링크)
- SCM의 변경(아이콘과 링크)

지금부터는 작업 실행 상태 페이지에서 사용 가능한 옵션을 자세히 알아보자.

▌ 작업 실행 구성 패널

작업 실행 설정 패널에서는 개별 작업의 실행을 관리하고 조사할 수 있는 옵션을 제공한다. SCM의 변경 내용을 확인할 수 있는 링크가 포함돼 있으며, 링크를 클릭해 실행 중인 작업으로 들어가서 콘솔 출력창의 내용을 확인하고, 작업 관련 설명을 편집하거나 시스템에서 아예 작업을 할 수 있다. 작업 실행 설정 패널에서 사용할 수 있는 개별 옵션을 좀 더 자세히 알아보자.

아이콘	제목	설명
	Back to project	프로젝트 상태 페이지로 돌아간다.
	Status	작업 실행 상태 페이지를 새로고침한다.
	Changes	최근 SCM 변경 내역 페이지로 이동한다.
	Console output	작업의 콘솔 출력창으로 이동한다.
	Edit build information	작업 실행에 대해 메모한다.
	Delete build	작업 내역에서 해당 빌드를 삭제한다.

▌ 상태 패널

빌드 넘버의 상태 패널은 작업 실행의 개요를 제공한다. 상태 패널의 정보는 일부러 단순하게 구성해 제공된다. 개요에는 작업의 실행 시간과 SCM 변경 내역(최신 내역 간), 실행

타이밍, 빌드 완료 후 제공되는 설명 등이 포함돼 있다. 다음 화면은 Build #4용 상태 패널의 예를 보여준다.

그림 4-13 상태 패널 예제

▌ 콘솔 출력창

콘솔 출력창Console Output에는 빌드 실패 상태와 관련된 모든 단서를 비롯해 실행 시 출력되는 모든 텍스트 로그가 나타난다. 다음 화면은 간단한 출력 로그가 담긴 콘솔 출력창을 보여준다.

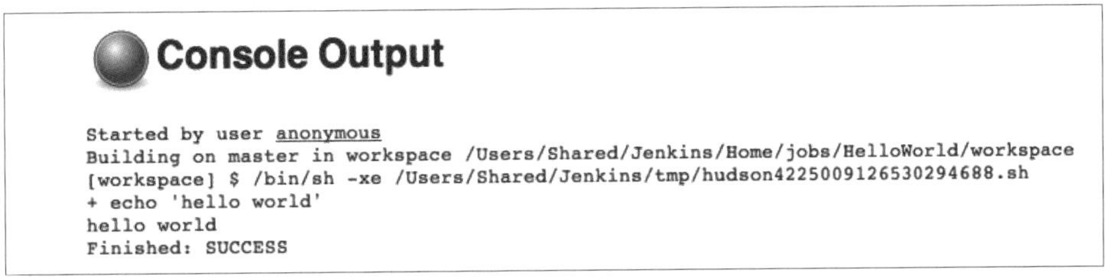

그림 4-14 콘솔 로그 출력창의 예

앞서 설명된 그래픽 콘솔 출력창뿐만 아니라, 젠킨스에서는 일반 텍스트 옵션 기능도 제공하는데, 콘솔에 출력되는 로그에 특수 문자가 포함돼 있거나 로그 크기가 너무 커지는 경우에 활용할 수 있다. 일반 텍스트 콘솔 출력창으로 이동하려면 그림 4-16에서처럼 View as plain text 링크를 클릭한다.

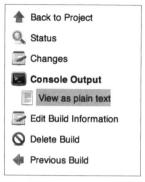

그림 4-15 View as plain text 링크

젠킨스에서는 특정 빌드에 적용된 특정 SCM 변경 내역을 지원하기 위해 광범위한 SCM 변경 로그를 제공한다. 최근 통합된 변경 내역을 보려면 왼쪽 설정 패널에 위치한 Changes 링크를 활용한다.

> **실패한 작업을 비활성화하기**
>
> 일반적으로 빌드 실패가 확인된 젠킨스 작업은 비활성화하는 것이 좋다. 이렇게 하면 실패 상태로 남아있는 작업을 젠킨스가 다시 빌드하려고 시도하지 않으므로 문제를 조사해서 고치는 데 도움이 된다.

▌요약

4장에서는 젠킨스의 작업 및 뷰를 관리하는 방법을 알아봤다. 또한 뷰와 헤더 설명부를 사용자 정의하는 팁과 기법, 실패한 빌드를 제대로 조사하는 방법도 배웠다.

5장에서는 고급 테스트 자동화 기법을 살펴본다. 업계에서 검증된 테스트 인프라를 젠킨스 플랫폼과 통합하는 방법을 배워보자.

05

고급 테스트 자동화

정보 기술과 통신의 눈부신 발전은 세계적인 규모의 인터넷 비즈니스를 탄생시켰다. 이런 발전은 현대 역사에서 가장 복잡하면서도 경쟁력이 있는 경제를 일궈냈다. 클라우드 컴퓨팅과 서비스형 소프트웨어SaaS의 탄생을 만들어낸 것도 이런 경쟁적인 시장 경제를 통해서였다. 벤처 비즈니스는 한때 위험한 시도라고 간주됐지만 지금은 고수익을 기대할 수 있는, 업계에서 입증된 버티컬 마켓으로 변모하고 있다.

버티컬 마켓에서의 성공 사례를 돌아볼 때 흥미로운 점은 혁신적인 아이디어를 도출하는 것뿐만 아니라 소프트웨어 엔지니어링과 품질 보증, 배포와 운영과 관련된 비용을 관리할 수 있는 조직만이 이런 성공을 실현할 수 있다는 것이다. 관련 비용을 줄이기 위한 노력의 일환으로 벤처 기업들은 일반적으로 엄격한 표준, 최첨단 자동화, 강력한 품질 관리 방법을 채택하고 있다.

지속적으로 효율성을 높이려는 노력의 일환으로, 기업들은 식스시그마Six Sigma나 지속적 실천법, 애자일이나 A/B 테스트, 그 밖의 혁신적인 엔지니어링 프로세스 패러다임을 활용하고 있으며, 이를 통해 부가가치가 높은 기능을 찾아내고, 효율성을 높이고, 연구개발에 드는 비용을 절감하고, 생산 프로세스를 개선하고, 고객의 요구에 효과적으로 대응하려고 노력한다. 이 방법들이 혁신적이고 최신 방식이긴 하나 그렇다고 기존 레거시 소프트웨어 솔루션에 이를 활용할 수 없는 것은 아니다. 하지만 레거시 프로젝트에 맞는 혁신적인 자동화된 테스트 전략을 구현하는 것이 하룻밤 사이에 이뤄지는 것도 아니다.

> 느린 성장을 걱정하지 말고, 멈춰있는 것을 걱정하라.
>
> – 중국 속담

미숙한 품질 보증 계획과 확실한 비즈니스 가치를 제공하는 고효율 자동화 솔루션 사이에 벌어진 격차를 메우려면 장기 계획, 즉 로드맵이 필요하다. 병목 문제를 해결하고 비즈니스 가치를 제공하려면 인력과 절차, 상품을 자동화하는 전략 로드맵이 필요하다.

5장에서는 품질 보증 자동화를 집중적으로 알아본다. 즉 젠킨스를 활용해 자동화된 품질 계획을 시작하는 것과 확장 가능한 품질 보증 솔루션을 구축하는 데 필요한 기본적인 실행 방안을 알아본다. 5장에서 다루는 내용은 다음과 같다.

- 품질 보증 계획과 테스트 자동화 용어
- 소프트웨어 개발 생명주기
- 제품 코드와 테스트를 연결하기
- 젠킨스에서의 테스트 자동화
- MSTest를 통한 젠킨스내 단위 테스트
- 테스트 작업 구성
- 분산 테스트 솔루션

품질 보증 계획 및 테스트 자동화 용어

품질 보증이라는 것은 종종 실체는 없이 말로만 미래를 약속하는 신비주의 종교처럼, 제품 판매를 위해 필요하니 적당한 공학적 관점의 품질 승인 도장을 찍어주는 정도로 여겨지기도 한다. 또한 테스트 자동화가 도입되기 전에 수행됐던 기존의 품질 보증 방식은 매우 추상적이고 단순 반복적인 것으로 느껴질 때가 많았다. 사실 품질 보증이라는 것은 시장에서의 신뢰도를 높이고 이를 유지하기 위해 기능 요구 사항을 검증하고 결함을 식별하는 절차다. 불완전하게 동작하는 소프트웨어는 신뢰성이 없으므로 안정적으로 동작하는 다른 제품과 경쟁하는 것은 힘들다.

혁신적이고 자동화된 품질 보증 솔루션을 채택해서 적용한다면 기업의 신뢰성을 높이고 제공되는 소프트웨어 제품에 대한 고객의 의존도를 높이게 되어, 결과적으로 사업의 성공 가능성도 높일 수 있다.

테스트 자동화는 오류가 발생하기 쉬운 수작업 테스트에서 실수 발생 요소를 제거하고, 테스트 계획을 실행하는 데 드는 시간 비용을 줄이며, 실질적인 코드 레벨의 감시 기능을 제공한다. 테스트 자동화 시스템이 제대로 설계됐다면 최종 고객에서 제품을 전달하기 전에 미리 결함을 식별하고, 회귀 오류를 방지하며, 성능의 오류도 찾아낼 수 있다.

그렇다면 자동화를 전제로 품질 보증 계획을 세울 때 고려해야 할 핵심 고려 사항을 알아보자.

- 어디에서 테스트 자동화가 실행되는가? 실행 목적은 무엇인가?
- 테스트 자동화가 개발이나 배포 일정을 방해하거나 또는 효율성을 저하시키는가? 이런 경우 어떻게 해결해야 하는가?
- 언제 테스트 자동화를 실행하는가? 빌드나 단위 테스트의 일부로 실행되는가? 아니면 UI를 대상으로 하는 기능 테스트/사용자 테스트/회귀 테스트인가? 스모크(빌드 검수) 테스트인가? 애플리케이션 성능을 검증하는 스트레스 테스트인가?

- 화이트 박스 테스트인가? 블랙 박스 테스트인가? 블랙 박스 테스트는 배포 환경
  에서 테스트하고 싶은가? 아니면 다른 환경에서 하고 싶은가?
- 테스트 실행의 결과가 데이터에 영향을 주는가? 시스템 리셋은 어떻게 할 것인가?
- 테스트를 실행하기까지 걸리는 시간은 얼마인가? 계속 실행할 만한 가치가 있는
  가? 언제 풀pool에서 테스트를 제거해야 하는가?

이런 질문에 대답을 함으로써 자동화된 품질 보증 계획을 구체화할 수 있는 개념과 아이
디어를 정리할 수 있고, 규약에 필요한 기초 작업도 시작할 수 있다. 테스트 케이스와 시
나리오, 테스트 자동화의 역할 등을 조금만 미리 정의해 두면 향후 제품의 확장성도 높일
수 있고, 사업적 성과도 높일 수 있는 테스트 솔루션을 제공할 수 있다. 지금까지 고수준
의 품질 보증을 위한 고려 사항을 간단하게 살펴봤으니 이어서 품질 보증 및 테스트 자동
화 관련 용어를 정의해보자.

- **단위 테스트**Unit test: 단위 테스트는 빌드 절차 중 빌드 시스템에서 직접 실행되는 테
  스트를 말하며, 클래스 I/O와 메소드, 객체와 함수 검증을 목표로 설계됐다. 단
  위 테스트가 제대로 구성됐다면 소스코드를 직접 검사하는 역할을 한다. 즉, 사
  용되지 않는 코드 영역, 오류가 있는 클래스 및 메소드, 소프트웨어의 불안정한
  부분을 식별하는 데 도움이 된다. 단위 테스트를 설계할 때의 기본은 단위 테스트
  의 실행이 실패하면, 빌드도 실패한다. 그리고 단위 테스트가 실패하면 그 문제
  를 최우선적으로 해결해야 한다. 단위 테스트 솔루션은 복잡하게 구축하지 않는
  것이 좋다. 간단한 설정과 분석을 하는 솔루션으로도 90% 수준에 도달이 가능하
  다. 그림 5-1은 간단한 단위 테스트 세트의 예를 보여준다.

그림 5-1 단위 테스트 구조

- **스모크 테스트**^{Smoke test} / **빌드 검수 테스트**^{BVT, Build Verification Test}: 스모크 테스트는 빌드 검수 테스트로 더 잘 알려져 있으며, 소프트웨어 프로젝트의 기본 동작 여부를 검증한다. 일반적으로 이런 테스트는 단순한 운영상의 실패지만 한 번 발생하면 치명적이거나, 테스트를 지속하는 데 장애를 일으키는 요소를 식별하고 예방한다. 스모크 테스트는 보통 중앙집중형 환경에서 소프트웨어 프로젝트를 배포하거나 설치한 직후에 실행되며 소프트웨어가 최소한의 기능 요구 사항을 충족하는지 확인한다. 이런 테스트는 최소한의 케이스로 신속하게 실행되려고 하며, 어떤 데이터에도 해를 끼치지 않아야 한다. 스모크 테스트 중 하나라도 실패하면 즉각적인 조치를 취해 문제를 해결해야 한다. 그림 5-2는 기본 스모크 테스트 순서도를 보여준다.

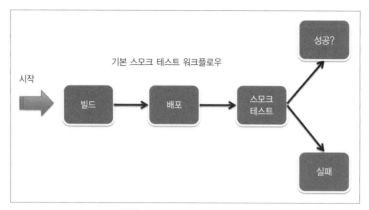

그림 5-2 기본 스모크 테스트 워크플로우

- **기능 테스트**^{Function test}: 기능 테스트 또는 인수 테스트는 소프트웨어 프로젝트의 작동 여부를 확인하고, 소프트웨어의 구현이 기능 요구 사항 및 비즈니스 계획과 일치하는지를 확인한다. 기능 테스트의 가장 좋은 시나리오는 애플리케이션 코드를 작성한 개발자가 기능 테스트 케이스의 작성을 돕는 것이다. 이렇게 하는 이유는 개발자의 코드와 테스트가 일대일로 맞춰져 있는지를 확인해야 하기 때문이며, 본질적으로는 테스트 주도 개발과 유사하다고 할 수 있다.

- **회귀 테스트**^{Regression test}: 회귀 테스트는 현장에서 사용자가 발견한 결함을 재현하는 것을 목표로 한다. 회귀 테스트의 궁극적인 목표는 결함 점검을 자동화함으로써 결함이 나타나지 않도록 하는 것이다. 고급 회귀 테스트 솔루션에서는 개발자가 버그 식별 번호를 기반으로 결함을 시각적으로 재현할 수 있는 기능을 제공해야 한다. 즉, 개발자가 테스트 자동화 케이스 실행 시스템에 버그 아이디를 입력하면, 해당 환경에서 버그를 재현하는 데 필요한 모든 단계를 보여주어야 한다.

- **성능 테스트**^{Capacity test}: 성능 테스트는 애플리케이션 제품군에 대한 스트레스와 부하를 시험하도록 설계된 테스트다. 성능 테스트는 소프트웨어가 실제 환경에서 사용 및 악용되는 것을 견딜 수 있는지 확인하는 데 사용된다. 애플리케이션이 얼마나 부하와 스트레스를 견디는지를 테스트하려면 유즈케이스 시나리오를 잘 구성해야 하는데, 이 시나리오는 여러 개의 시뮬레이터에 복사/분산돼 운영된다.

- **블랙 박스 테스트**^{Black box test}: 블랙 박스 테스트는 소프트웨어의 최종 사용자와 동일한 눈높이에서 실행된다. 소프트웨어 프로젝트나 소프트웨어가 실행되는 시스템의 내부에 대한 정보는 전혀 없으며, 소비자의 관점에서만 소프트웨어를 볼 수 있다. 소프트웨어 프로젝트의 최종 사용자로는 인간 외에도 서비스나 프로세스 또는 다른 자동화 소스가 될 수 있다. 그림 5-3은 블랙 박스 테스트의 개념을 보여준다.

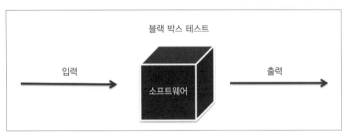

그림 5-3 간단한 블랙 박스 테스트

- **화이트 박스 테스트**^{White box test}: 화이트 박스 테스트는 소프트웨어 애플리케이션의 내부를 들여야 볼 수 있는 테스트이며, 파일 구조와 프로세스 아이디, 또는 내부적으로 사용되는 정보를 확인할 수 있다. 화이트 박스 테스트는 소프트웨어 자체를 하위수준 레벨에서 검토할 수 있으며, 소프트웨어를 실행하고 있는 시스템 내부도 들여야 볼 수 있다. 그림 5-4는 화이트 박스 테스트의 개념을 보여준다.

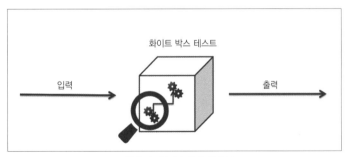

그림 5-4 화이트 박스 테스트

- **A/B 테스트:** 소프트웨어에 추가된 새로운 기능을 고객이 얼마나 사용하고 받아들이는가를 이해하는 것은 오랜 세월에 걸친 비즈니스 장애물이었다. A/B 테스트를 통해 비즈니스 담당자는 최종 사용자에게 새로운 기능을 제공하고, 분석을 통해 사용 데이터를 측정하며, 제안된 기능을 사용했는지에 대한 피드백을 알 수 있다. 이런 실험 기반 테스트 솔루션을 사용하면 데이터에 근거해 신규 기능을 추가할 수 있고, 비즈니스 측면에서도 수익이 창출되는 기능에 집중할 수 있다. 좀 더 발전된 형태의 A/B 테스트에서는 새로운 기능을 사용자에게 노출시키는 빈도를 늘려가면서 실시간 피드백을 수집해 기능 적용 여부를 결정할 수도 있다.

▌ 소프트웨어 개발 생명주기

소프트웨어 개발 생명주기SDLC, Software Development Lifecycle는 소프트웨어 프로젝트의 탄생부터 출시까지의 변환 과정을 말한다. 전통적인 SDLC에는 기획, 개발, 테스트, 릴리스 단계가 있다. 이 단계는 원래 원형 모델로 설계됐으며, 프로젝트의 다음 반복 단계는 본질적으로 이전에 수행된 SDLC 단계의 반복이다. 그림 5-5는 전통적인 SDLC의 개념을 보여준다.

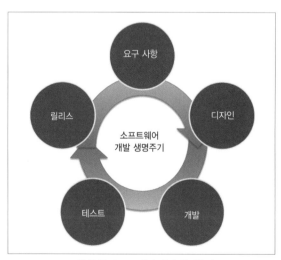

그림 5-5 소프트웨어 개발 생명주기

앞에서 설명한 모델은 소프트웨어 개발에서 전통적인 폭포수 방식이다. 지속적 배포deployment나 인도delivery 모델에서는 반복 주기가 훨씬 작고, 파이프라인 자동화도 동적인 테스트 자동화와 결합된 빠른 속도의 릴리스를 지원할 수 있어야 한다. 앞에서 언급된 최신의 지속적 실천법을 지원하기 위해서는 SDLC는 지속적인 통합, 인도, 배포로의 전환을 반영하도록 확장돼야 한다. 이를 고려한 변형 SDLC를 그릴 때는 사전 프로덕션 환경과 인도 단계, 테스트 버킷이 포함돼야 할 것이다. 또한 SDLC는 각 배포 단계마다 점차 증가하도록 한 테스트 세트의 실행 절차를 적절히 반영해야 할 것이다. SDLC를 이렇게 변경하는 것이 혼란스러울 수 있지만 걱정할 필요는 없다. 이 책에서는 단계별로 다룬다. 그림 5-6은 확장 SDLC의 예로써 짧은 증분 주기를 갖는 지속적 테스트와 배포의 예를 보여준다.

그림 5-6 지속적 소프트웨어 개발 생명주기

앞에서 설명한 확장 SDLC는 인도 파이프라인을 더욱 잘 캡슐화하려는 의도가 있다. 따라서 이런 확장 SDLC 모델은 지속적인 인도나 배포에 더 적합하며 폭포수 방식 개발에는 적합하지 않을 수 있다. 앞에서 보여준 개념도는 조직의 크기나 성숙도에 따라 다르기는 하지만 확장했거나 축소한 SDLC도 지원할 수 있다. 앞에서 설명한 배포 및 테스트 단계는 조직의 논리적 비즈니스 요구 사항 및 규모에 맞게 삽입되거나 제거할 수 있다.

지속적 통합 또는 지속적 배포 방식을 채택하는 경우, 상용전 배포 단계마다 각기 다른 테스트 자동화 세트가 실행되도록 구성해야 한다. 이는 SDLC의 각 단계마다 소프트웨어 프로젝트의 품질을 점진적으로 검증하려는 노력의 일환이다. 점진적인 테스트 버킷의 목록은 다음과 같다.

- 단위 테스트
- 기능 테스트
- 회귀 테스트
- 인수 테스트
- 성능/용량 테스트
- BVT/스모크 테스트(배포할 때마다)

지금까지 SDLC의 기본 개념을 살펴보고 자동화된 테스트 솔루션의 발전에 따라 확장하는 방법을 배웠으니, 최상의 결과를 얻는데 도움이 되는 몇 가지 모범 사례를 나열하면 다음과 같다.

- 자동화된 테스트 솔루션을 구현할 때는 구현되는 기술의 수가 최소한으로 유지되도록 한다.
- 사전 프로덕션 환경과 목적을 정의한다. 프로덕션이 웹 프로젝트에 국한될 필요는 없다는 점에 유의한다.
- 자동화된 배포 기술을 결정한다.
- 각 사전 프로덕션 환경(기능, 회귀, 용량 등) 전용 테스트 버킷을 식별한다.
- 백로그 및 위기관리전략을 위한 반복 가능한 엔지니어링 프로세스를 만든다.
- 빌드 프로세스부터 테스트 실행 및 테스트 알림 시스템, 배포, 서버 프로비저닝에 이르기까지 모든 것을 자동화한다.

- 비상사태로 인해 프로세스가 영향받지 않도록 한다. 오류를 프로세스의 일부로 받아들이고 신속하게 복구할 수 있는 메커니즘을 구축한다.

다음 절에서는 지속적 통합이나 지속적 인도 또는 지속적 배포를 지원하는 테스트 자동화 및 개발 패턴의 모범 사례를 간략히 설명한다. 젠킨스는 모범 사례를 잘 지원할 뿐만 아니라 훌륭한 확장형 아키텍처도 제공한다.

▍ 제품 코드와 테스트를 연결하기

학창시절 우리는 모두 과학적 방법과 관련된 개념을 배웠을 것이다. 과학적 방법이란 가설을 세우고, 이를 뒷받침하는 증거를 수집해 가설을 검증하는 방법을 말한다. 소프트웨어 프로젝트의 성숙도가 올라감에 따라 자동화된 테스트에 과학적 방법을 적용하는 것이 점점 더 중요해진다. 이 원칙을 실제로 적용하는 것은 매우 간단하다. 코드 변경 또는 기능을 가설이라 하면, 가설을 검증하는 것은 증명이 가능한 테스트를 의미한다. 테스트 주도 개발TDD 모델에서는 코드를 변경하기에 앞서 테스트를 작성하는 것이 표준이다. 이는 눈에 띄는 장점을 지닌 매우 강력한 모델이다. 그러나 구현 전에 테스트를 작성하도록 엄격하게 강제하는 TDD 모델은 프로토타이핑 작업에는 오히려 제한을 초래할 수 있으며, 모든 경우에 효과적으로 동작하는 것은 아니다. 반드시 지켜야 할 것은 커밋이 필요한 변경사항이 발생할 때마다 일관되게 테스트를 작성해야 한다는 것이다.

대다수 기업이 기존 개발 리소스를 하이브리드형 교차 기능 팀(데브옵스나 데브퀄옵스 등)을 재배치해 소프트웨어 개발을 촉진하고, 품질 및 유효성을 장려하며, 소프트웨어 솔루션의 지속적인 유지보수를 돕고자 했다. 테스트 주도 개발에서는 엔지니어링 프로세스의 한 부분으로써 코드라는 가설의 기능 검증을 목적으로 한다. 그림 5-7은 바이너리와 테스트를 함께 패키지하고, 빌드하는 단계를 추가한 테스트 주도 개발의 기본적인 접근법을 보여준다.

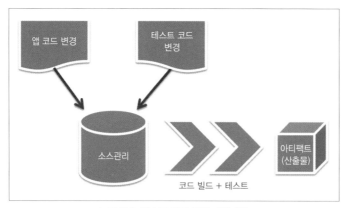

그림 5-7 테스트 주도 개발 패러다임

신속하게 피드백 되도록 설계된 테스트 실행 시스템을 구축한 후 테스트 주도 개발 방식을 적용하면 소프트웨어 프로젝트가 성장하는 데 탄탄한 기반이 된다. 그렇다고 이 시스템이 모든 문제를 해결하는 만능 해법silver bullet은 아니지만 개발 부문과 품질 보증, 운영 인력을 통합하는 데 도움이 될 수 있다. 즉 일단 이 시스템을 적용하게 되면 개발 부문에서는 기존처럼 엔지니어링 부문에서 임의로 정한 마감일 대신에 전략적으로 정한 일정 또는 선호하는 마감일을 지정할 수 있다.

이처럼 매력적인 비즈니스와 개발 패러다임은 실제로 소프트웨어의 개발과 테스트, 배포와 관련된 운영 효율성과 일상의 개발 문화를 바꾸게 된다. 점점 더 많은 그룹이 이런 접근법을 사용하고 소프트웨어를 개발하는 데 있어 표준화와 각 단계별 융합을 강조하게 된다. 결과적으로 조직 전체적으로 제품 개발에 있어서 협력적 접근법을 추구하게 된다. 이는 표준과 규약을 만든다는 것을 말한다. 이런 노력의 결과 고품질의 솔루션을 더 빠르게 개발 및 배포할 수 있게 되어, 결과적으로 경쟁사를 넘어설 수 있다.

테스트 주도 개발로 인해 조직이 얻는 가치는 손쉽게 정량화할 수 있다. 개발자는 좀 더 테스터처럼 생각하게 될 것이며, 자신이 짠 코드를 검증하는 데 있어 새롭고 창의적인 방법을 찾고자 할 것이다. 반대로 테스터는 좀 더 개발자처럼 생각할 것이며, 테스트에 들어가는 수고를 덜 수 있는 새롭고 혁신적인 접근법을 찾아낼 것이다. TDD를 처음 도입할 때는 단기적으로는 기능 구현 속도와 종료되는 프로젝트의 수의 감소를 가져오지만, 장기적으로는 소프트웨어 프로젝트의 결함을 줄이고 생성된 코드의 품질 수준을 높인다.

▌ 품질 좋은 제품 만들기

테스트 자동화 개발은 제품기반 소프트웨어 개발과 여러 면에서 유사하다. 테스트 자동화 솔루션의 최종 목표는 다른 소프트웨어 프로젝트의 실행 가능성을 검증하는 것이다. 차이점이 하나 있다면 솔루션이 만들어내는 대상 고객이다. 제품 코드가 표준과 품질의 엄격한 기준을 준수하는 것처럼 테스트 도구와 테스트 케이스에도 그러한 기준을 적용해야 한다. 이렇게 되면 제품 코드와 동일한 방식으로 테스트 코드를 관리할 수 있다. 또한 이렇게 변화된 사고 방식은 소프트웨어 프로세스 및 아키텍처가 중요하다는 인식을 불러온다. 솔루션을 테스트할 때 준수해야 할 몇 가지 모범 사례를 확인해보자.

- 모든 테스트 코드는 소스 관리 도구에 커밋해야 한다. 테스트할 제품 바로 옆에 테스트 디렉토리를 생성한다. 이렇게 하면 테스트 코드가 제품 코드와 함께 다니게 된다. 일부 소프트웨어 프레임워크에서는 이미 이런 방식을 지원하고 있으며, 예로는 루비온레일즈나 자바 메이븐, Play나 Ember.js 등이 있다.
- 테스트 코드는 컴파일될 수도 있고, 아닐 수도 있다. 하지만 빌드 프로세스 중에 구문 오류가 발생했다면 반드시 확인해야 하며, 그 외 사소한 오류들도 빌드 실패의 원인이 될 수 있다는 점을 주의한다.
- 테스트 코드의 버전 관리도 제품 코드와 동일하게 이뤄져야 한다. 이렇게 해야 소프트웨어 프로젝트의 버전을 테스트 자동화 버전과 일치시킬 수 있다. 일단 이런 방식의 솔루션을 구현해두면 조직 내 누구라도 특정 시점의 릴리스에서 진행된 테스트의 상태를 즉시 확인할 수 있다.
- 테스트는 바이너리 결과물과 함께 패키징돼야 한다. 데브옵스 방식을 적용하는 경우 제품 패키지가 기존 환경에서 새로운 환경으로 이동할 때가 있는데, 패키징을 함께 해두면 새로운 환경에서도 테스트 케이스의 동작에 문제가 없다.

효율적인 테스트 자동화 아키텍처

테스트 자동화 생성함으로써 모든 소프트웨어 프로젝트에 높은 가치를 더할 수 있다. 제대로 설계된 테스트 자동화는 사람의 개입을 최소화하면서 QA 사이클을 신속하게 촉진하는 데 도움을 준다. 그 반대의 경우에는 소프트웨어 릴리스에 있어 큰 골칫거리가 된다. 일반적으로 테스트 자동화가 완료되는 72시간 이상이 걸린다면 테스트 자동화 솔루션의 가치는 없다고 할 수 있다.

소프트웨어 배포를 지연시키지 않으면서도 고객에게 비즈니스 가치를 제공하도록 테스트 환경을 조직하는 것이 모범적인 방법이다. 최선의 방법은 각 테스트에 들어가는 비용을 도출하고, 테스트가 릴리스 절차에 적용될 때 속도에 미치는 영향을 파악하는 것이다. 테스트 자동화 솔루션의 구조를 설계할 때는 다음 피라미드를 통해 상대적인 테스트 비율을 고려해 볼 수 있다.

그림 5-8 테스트 커버리지 피라미드

소프트웨어 개발 커뮤니티에서 보면 테스트 자동화에 대한 중요성은 모두 동의하지만 세부 절차에 대해서는 종종 의견이 엇갈린다. 이런 이유로 모범 사례와 구현 가이드라인을 만드는 데 있어 의견 분열이 발생하기도 한다. 하지만 구현 세부 사항과 관계없이 테스트 종료와 실행 시기를 고려해야 하며, 이는 결과적으로 확장성에 직접적인 영향을 미친다.

지속적 배포에 명시된 추천 모범 사례에 따르면 품질 요구 사항은 소프트웨어 프로젝트의 출시가 다가옴에 따라 점점 증가해야 한다. 이 사례에 가장 잘 부합하는 솔루션은 테스트 버킷이며, 이를 통해 스모크 테스트를 제외하고 테스트 자동화를 중복으로 실행하지 않는 것을 보장한다. 배포 또는 배포에 이어지는 테스트가 실행되는데 너무 오래 걸리게 되면 신속 피드백 루프를 구현해 얻는 가치도 퇴색된다. 이런 문제를 예방하려면 테스트 자동화 버킷을 명확히 정의하고, 점진적인 배포 및 테스트 시스템을 구현해야 한다. 테스트 버킷 개념의 이해를 돕기 위해 그림 5-9에서는 명시적으로 정의된 테스트 버킷이 있는 테스트 자동화 파이프라인을 보여준다.

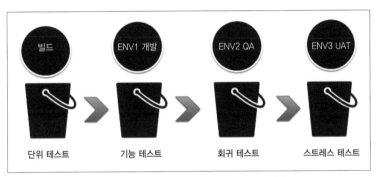

그림 5-9 버킷이 포함된 샘플 테스트 파이프라인

위 다이어그램에서 테스트 세트는 테스트 버킷으로 구성되어, 소프트웨어가 사전 프로덕션 환경으로 배포된 이후에 실행된다. 이렇게 하면 테스트 실행이 중복되는 것을 막고 테스트 자동화의 실행 효율성을 높일 수 있다.

스모크 테스트 팁

간단한 스모크 테스트셋을 생성해 배포한 직후 실행하는 것이 매우 중요하다. 스모크 테스트는 배포 시 문제가 없다는 것을 증명할 뿐만 아니라 추가 테스트를 해야 하는지를 결정할 때는 반드시 필요하다.

이상으로 우리가 만들려는 아키텍처의 일반적인 내용을 살펴보았다. 지금부터는 이들 내용을 어떻게 젠킨스에서 구체적으로 적용할 수 있는지 알아보자.

▌ 젠킨스의 테스트 자동화

젠킨스 커뮤니티에서는 테스트 자동화 도구와 패턴 및 리포트 솔루션을 지원하는 수많은 플러그인을 개발했다. 이런 플러그인의 다양성으로 인해 젠킨스는 이상적인 자동 테스트 도구로 자리매김했다. 다양한 솔루션에는 각기 고유한 장점과 단점이 있다. 젠킨스에서 자동화 솔루션을 구현하기 전에 이런 사항을 신중하게 고려해야 한다. 기본 테스트 자동화 리포트는 프로세스가 직관적이고 간단해야 한다. 그래야만 젠킨스에서 테스트 자동화 리포트를 분석하고, 성공 또는 실패 여부를 그래프로 표시하며, 회귀 오류를 판단하는 등의 지원을 할 수 있다. 이런 지원을 통해 소프트웨어 프로젝트의 품질 상태를 파악할 수 있다.

테스트 자동화를 구현하는 일반적인 방법 중 하나는 JUnit 또는 xUnit 리포트 방식을 갖는 기술을 활용하는 것이다. 게다가 이들 포맷은 젠킨스에 바로 붙일 수 있다. 그 외에 다른 리포트 포맷이 필요하다면, 플러그인 사이트에서 찾을 수 있다. 먼저 젠킨스가 지원하는 인기 있는 솔루션을 몇 가지 살펴보자.

- WATIR(JUnit)
- WATIN(NUnit)
- Node.JS + Grunt(xUnit)
- Ember Test(embtest xUnit)
- CPPUTest(xUnit)
- Ruby Unit Tests(CI Report gem)
- RSpec(행동중심개발BDD 테스트 프레임워크)
- Jasmine(BDD 테스트 프레임워크)

- TestNG
- QUnIT

테스트를 자동으로 실행하고, 그 결과를 보고하는 기능을 하는 테스트 프레임워크는 많이 있다. 테스트 프레임워크의 목록을 보려면 다음 URL에서 젠킨스 플러그인 설명서를 활용한다.

```
https://wiki.jenkins-ci.org/display/JENKINS/Plugins
```

젠킨스의 리포팅 솔루션 중에서 가장 많이 사용되는 JUnit 및 xUnit 포맷은 좀 더 자세히 알아야 한다. 지금부터는 테스트를 실행하고 테스트 보고서를 JUnit 및 xUnit 형식으로 게시하는 방법을 알아보자.

JUnit 및 xUnit 테스트 결과는 XML DOM 구조로 구성되며, 다음과 같은 정보를 중첩neste XML 트리 형식으로 보여준다.

- 테스트 모음과 해당 이름
- 테스트 모음 내 테스트의 수
- 실행된 테스트 케이스의 수
- 생략된 테스트 케이스의 수
- 실패한 테스트 케이스의 수
- 테스트 실행 시간
- 오류 및 예외 데이터

결과를 보여주는 XML 기본 구조는 원래 데이터 콘텐츠와 매우 유사하다. 다음 xUnit 리포트 형식과 JUnit 리포트 형식을 통해 확인해보자.

- xUnit

```
<?xml version=1.0 encoding=UTF-8?>
<testsuite name=myXUnitTests tests=1 errors=1 failures=0
skip=0>
    <testcase classname=test_suite.TestA
            name=test_A time=0>
        <error type=exceptions.TypeError
message=SomeException>
        Traceback (most recent call last):
        ...
        TypeError: SomeException message
        </error>
    </testcase>
</testsuite>
```

- JUnit

```
<?xml version=1.0 encoding=UTF-8?>
<testsuites>
    <testsuite name=JUnitExampleReport errors=0 tests=0
failures=0 time=0 timestamp=2015-05-24 10:23:58 />
    <testsuite name= JUnitExampleReport.constructor errors=0
skipped=1 tests=3 failures=1 time=0.006 timestamp=2013-
05-24T10:23:58>
        <properties>
            <property name=project.jdk.classpath value=jdk.
classpath.1.8 />
        </properties>
        <testcase classname=JUnitExampleReport.constructor
name=should default value to an empty string time=0.006>
        <failure message=test failure>Assertion failed</
failure>
        </testcase>
        <testcase classname=JUnitExampleReport.constructor
name=should default consolidate to true time=0>
        <skipped />
```

```
      </testcase>
      <testcase classname=JUnitXmlReporter.constructor
name=should default useDotNotation to true time=0 />
    </testsuite>
</testsuites>
```

테스트를 통해 산출된 결과 데이터를 좀 더 쉽게 파싱하고 렌더링할 목적으로 젠킨스에서는 xUnit과 JUnit 리포트 파싱 목적의 플러그인을 제공한다. 이들 플러그인의 이름은 다음과 같다.

- JUnit Plugin(젠킨스 기본 설치 시 함께 제공됨)
- xUnit Plugin

JUnit 플러그인은 젠킨스에 미리 설치돼 있으므로 명시적으로 설치할 필요가 없다. 반대로 xUnit 플러그인을 사용하려면 Jenkins Administration > Plugins 메뉴에서 직접 지정해서 설치해야 한다.

플러그인을 설치한 후에는 테스트 실행에서 산출된 테스트 리포트를 올바르게 식별하고 사용할 수 있도록 빌드 작업을 구성해야 한다. 이렇게 하려면 젠킨스 UI에서 원하는 작업으로 이동한 후 구성Configure 링크를 클릭해 작업에 대한 자세한 구성 페이지를 불러야 한다. 이 화면은 그림 5-10과 같다.

그림 5-10 젠킨스 작업 구성 페이지

xUnit 플러그인은 빌드 스텝이나 포스트 빌드 액션으로 테스트 리포트 파일을 파싱할 수 있는 옵션을 제공한다. 이는 결과를 처리하기 전이나 처리한 후에 발생하는 액션을 처리하는 데 있어 약간의 유연함을 제공하고자 한다. 즉, 개발자에게 테스트 리포트를 이메일로 전송하거나 테스트 실패로 빌드까지 실패하는 일이 없도록 구성할 수 있다. 젠킨스에서 메인 빌드 프로세스 중에 xUnit 결과도 파싱하도록 구성하려면 젠킨스 작업 구성에서 Process xUnit test result report 빌드 스텝을 추가한다.

젠킨스에서 JUnit 또는 xUnit 결과를 포스트 빌드 액션으로 파싱하도록 구성하려면 그림 5-11에서 설명한대로 구성 페이지의 맨 아래에 있는 Add post build action 단추를 클릭해 포스트 빌드 액션 스텝을 추가한다.

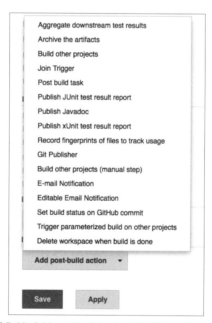

그림 5-11 Add post-build action으로 테스트 리포트 발행

빌드 스텝 또는 포스트 빌드 액션이 제대로 추가됐다면 젠킨스에서 그 결과를 어디에, 어떻게 처리할지에 관한 옵션 구성 화면이 나타난다.

174

그림 5-12와 그림 5-13은 xUnit 또는 JUnit 포스트 빌드 스텝을 추가한 후에 나타나는
구성 패널의 예를 보여준다.

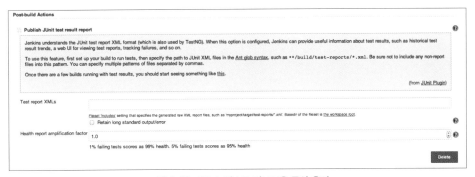

그림 5-12 xUnit 테스트 리포트용 구성 옵션

위의 xUnit 구성 화면에서 볼 수 있듯이 PASS/FAIL 임곗값과 생략된 테스트 임곗값, 파
싱된 xUnit 결과에 대한 여유 시간 등을 구성할 수 있다.

Post-build Actions

Publish JUnit test result report

Jenkins understands the JUnit test report XML format (which is also used by TestNG). When this option is configured, Jenkins can provide useful information about test results, such as historical test result trends, a web UI for viewing test reports, tracking failures, and so on.

To use this feature, first set up your build to run tests, then specify the path to JUnit XML files in the Ant glob syntax, such as **/build/test-reports/*.xml. Be sure not to include any non-report files into this pattern. You can specify multiple patterns of files separated by commas.

Once there are a few builds running with test results, you should start seeing something like this.

(from JUnit Plugin)

Test report XMLs   [   ]

Fileset 'includes' setting that specifies the generated raw XML report files, such as 'myproject/target/test-reports/*.xml'. Basedir of the fileset is the workspace root.
☐ Retain long standard output/error

Health report amplification factor   1.0

1% failing tests scores as 99% health. 5% failing tests scores as 95% health

Delete

그림 5-13 JUnit 테스트 리포트용 구성 옵션

위의 JUnit 리포트 파싱 옵션에서 보듯이, 플러그인에서는 테스트 결과의 파일 검색 위치나 건강 상태 보고서 증폭률amplification factor을 지정할 수 있다. 증폭률을 활용하면 실패한 테스트의 비율을 정할 수 있으며, 이를 통해 소프트웨어 프로젝트의 건강 상태를 측정하고 실패한 테스트가 작업의 PASS/FAIL 상태에 적절한 영향을 미치는지 여부를 확인할 수 있다.

xUnit 또는 JUnit 파싱을 구현하도록 구성을 마친 후에는 젠킨스 작업을 실행해 젠킨스가 테스트 자동화 결과를 제대로 발행하는지 확인해야 한다. 작업이 성공하면 그림 5-14와 같이 젠킨스 프로젝트 개요 페이지 중간에 신규 Test Result 링크가 나타난다.

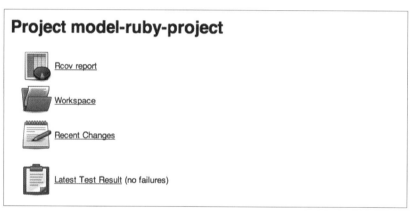

그림 5-14 최신 테스트 결과 개요

Latest Test Result 링크를 클릭하면 그림 5-15와 같이 최신 테스트 실행에 대한 상세한 보고서를 보여준다.

Test Result : (root)

0 failures (±0)

2 tests (±0)
Took 0 ms.

All Tests

Class	Duration	Fail	(diff)	Skip	(diff)	Pass	(diff)	Total	(diff)
Calculator#add	0 ms	0		0		1		1	
Calculator#sub	0 ms	0		0		1		1	

그림 5-15 샘플 테스트 상세 보기

계속해서 테스트를 여러 번 실행하면 젠킨스에서는 추세 정보를 수집해 프로젝트 페이지에 그래프로 결과를 보여준다. 이 그래프 위젯은 매우 유용한 기능으로 그동안 수행된 테스트와 연관된 추세를 보여준다. 그래프에는 품질 메트릭스와 회귀 오류 분리, 새로 발생한 오류를 상세히 보여주는 기능도 있다.

그림 5-16은 젠킨스의 테스트 자동화 그래프 기능의 예를 보여주며, 녹색과 빨간색으로 보여지는 것은 greenballs 플러그인을 사용했기 때문이다.

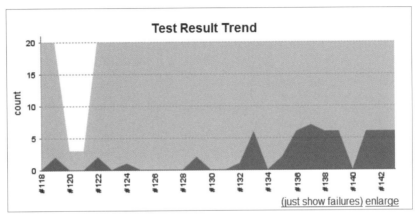

그림 5-16 테스트 결과 추세

xUnit과 JUnit을 사용해 테스트 자동화 결과를 얻고 이 정보를 그래프로 표시하는 방법을 알아봤다. 이제는 MSTest 및 Unit 테스트를 알아보자. 이것은 특히 마이크로소프트 윈도우와 닷넷 사용자에게 매우 유용하다.

▌ MSTest를 통한 젠킨스의 단위 테스트

앞에서 언급했듯이 단위 테스트는 개발자에게 코드 작성 규격을 제공할 수 있고, 더불어 코딩 방법도 개선할 수 있다.

단위 테스트는 프로그램의 기능을 단위별 테스트가 가능한 동작으로 분류한 것으로써, 표준값이나 경계값, 데이터 입력의 응답을 확인해 코드가 정상으로 동작하는지를 알아내는 작업을 반복해서 실행하는 테스트다.

테스트 주도 개발[TDD]이나 테스트 우선 개발[TFD, Test First Development]은 앞에서 설명했듯이 개발자가 다음 세 가지 활동을 반복적으로 수행하는 개발 기법이다.

- **테스트**: 자동화 테스트 케이스 만들기
- **코딩**: 테스트를 통과하기 위한 최소한의 코드 작성
- **디자인**: 외부 규약을 변경하지 않고 내부 구현을 개선하는 코드 리팩토링

이 글을 쓰는 시점에도 이미 활용할 수 있는 많은 단위 테스트 프레임워크가 있다. 가장 주목할만한 것으로는 MSTest와 JUnit, CUnit, NUnit 등이 있으며, 닷넷과 자바, 리눅스와 윈도우에서 사용할 수 있다. 다음 절에서는 MSTest 기반 단위 테스트를 실행하고 젠킨스에서 결과를 발행하는 방법을 알아본다.

MSTest 에이전트 설정 방법

젠킨스와 MSTest를 통합하려면 젠킨스 빌드 서버나 슬레이브에 비주얼 스튜디오 테스트 에이전트부터 설치해야 한다. 테스트 에이전트를 설치할 때 개발자 워크스테이션에서 사용되는 것과 동일 버전의 비주얼 스튜디오를 설치해야 한다는 점을 주의한다. 설정 작업을 위해 다음 링크 중 하나를 사용해 에이전트를 다운로드한 후 설치한다.

- 마이크로소프트 비주얼 스튜디오 2013용 에이전트

  http://www.microsoft.com/en-gb/downloads/details.aspx?id=40750
- 마이크로소프트 비주얼 스튜디오 2015용 에이전트

  https://www.microsoft.com/en-us/download/details.aspx?id=48152

MSTest.exe가 설치되면 빌드 서버의 다음 위치에 파일이 생긴다.

`C:\Program Files (x86) \Microsoft Visual Studio 12.0\Common7\IDE\MSTest.exe`

일단 설치되면 커맨드라인에서 테스트를 실행하는 데도 사용할 수 있다. 다음 절에서는 이를 수행하는 데 필요한 기본 매개 변수와 커맨드라인 항목을 살펴본다.

MSTest를 통한 테스트 자동화 실행

MSTest.exe 프로그램에는 테스트 실행 시 동작을 구성하는 옵션이 몇 가지 있으며, 옵션의 전체 목록을 보려면 MSTest /h나 /?를 입력한다.

MSTest.exe를 실행할 때는 /testmetadata 옵션 또는 /testcontainer 옵션을 각기 사용해 테스트 메타 데이터 파일이나 테스트 컨테이너를 지정해야 한다.

- /testmetadata:[파일 이름] 옵션은 명령별로 한 번만 사용할 수 있으며 하나의 테스트 메타 데이터 파일을 지정한다.
- /testcontainer:[파일 이름] 옵션은 명령별로 여러 번 사용할 수 있으며 여러 테스트 컨테이너를 나타낸다. 메타 데이터 파일이나 테스트 컨테이너가 상주하는 폴더의 경로를 포함해야 한다.
- /category:[테스트 카테고리 필터] 옵션을 사용하면 실행할 범주에 속한 테스트를 선택할 수 있다.
- /resultsfile:[파일 이름] 옵션을 사용하면 테스트 실행 결과를 지정한 파일 이름으로 저장할 수 있다.

명령 끝부분에는 실행하고자 하는 테스트가 포함된 바이너리 파일을 지정해야 한다. 기본 값인 ***test*.dll을 사용하면 빌드 에이전트가 작업 디렉토리내 binaries 폴더에 있는 *test*.dll이라는 패턴에 맞는 모든 .DLL 파일을 찾을 수 있다. 다음 예제를 통해 알아보자.

MSTest 실행 예제

다음은 MSTest 실행 예제다.

```
C:\>cd C:\Program Files (x86)\Microsoft Visual Studio 12.0\Common7\IDE
C:\Program Files (x86)\Microsoft Visual Studio 12.0\Common7\IDE>MSTest.
exe /testcontainer":C:\Program Files (x86)\Jenkins\jobs\Build.
ExampleProj\workspace\source\ExampleProj \bin\Release\ExampleProj.Tests.
dll" /resultsfile:"C:\Program Files (x86)\Jenkins\jobs\Build.ExampleProj\
workspace\source\Build\Tests.Results.trx"
```

MSTests 실행 및 젠킨스 내에서의 결과 보고

단위 테스트를 젠킨스에 통합하는 목적은 생성된 코드가 작동되는지 여부를 즉각 알려주고, 코드 기반의 감사를 진행하며, 개발주기 초기에 잠재적인 문제 및 결함을 알아내는 데 도움이 되기 때문이다.

비주얼 스튜디오의 .SLN 파일에 정의된 테스트 프로젝트는 비주얼 스튜디오 솔루션이 빌드될 때마다 컴파일된다. 이것은 단위 테스트의 컴파일이 실패하면 전체 빌드도 실패한다는 의미다. 일단 테스트 DLL이 빌드되면 젠킨스에서도 이 DLL을 실행해야 한다. 이를 통해 PASS/FAIL 흐름을 추적하고, 코드 커버리지 측정 항목을 알아낼 수 있다. 다음 순서대로 젠킨스에서 단위 테스트를 실행해보자.

1. 매개 변수가 있는 MSTest.exe를 실행하고, 미리 빌드해둔 test dll을 자동으로 배치하는 MSbuild 스크립트를 작성한다.

   ```
   <?xml version=1.0 encoding=utf-8?>
   <Project DefaultTargets=ExecuteMSTest xmlns=http://schemas.
   microsoft.com/developer/msbuild/2003>

           <PropertyGroup>
               <MsTestExePath>C:\Program Files (x86)\Microsoft Visual
   ```

```
            Studio 10.0\Common7\IDE\mstest.exe</MsTestExePath>
                <MsTestResultPath>$(WORKSPACE)\MyResults.trx</
        MsTestResultPath>
                <Configuration>Release</Configuration>
            </PropertyGroup>

            <Target Name=ExecuteMSTest>

                <ItemGroup>
                    <MSTestAssemblies Include=$(WORKSPACE)\**\
        bin\$(Configuration)\*.Test.dll/>
                </ItemGroup>

                <PropertyGroup>
                <MsTestCommand>$(MsTestExePath) @
        (MSTestAssemblies->'/testcontainer:%(FullPath)', ' ') /
        resultsfile:TestResults\Results.trx</MsTestCommand>
                </PropertyGroup>
                <Exec Command=$(MsTestCommand) ContinueOnError=true />

            </Target>

        </Project>
```

2. 젠킨스 작업 구성에서 포스트 빌드 액션으로 Execute Windows batch command 를 지정한다.

그림 5-17 Execute Windows batch command 창

3. 배치 명령을 업데이트해 다음 예제를 포함시킨다.

```
C:\Program Files (x86)\Microsoft Visual Studio 12.0\Common7\
IDE>MSTest.exe" /testcontainer:"C:\Program Files (x86)\Jenkins\
jobs\Build.ExampleProj\workspace\source\ExampleProj \bin\Release\
ExampleProj.Tests.dll" /resultsfile:"C:\Program Files (x86)\
Jenkins\jobs\Build.ExampleProj\workspace\Tests.Results.trx
```

위의 예제에서는 ExampleProj.Tests.dll 테스트 바이너리 내에 위치한 MSTest 테스트 케이스를 실행하며, 테스트 결과는 젠킨스 워크스페이스에 자동으로 저장한다.

젠킨스에서 테스트 결과 발행

MSTest 플러그인을 사용해 MSTest 결과를 젠킨스와 통합한다. MSTest 플러그인을 통해 MSTest 포맷의 테스트 결과를 젠킨스용 포맷(Junit XML 결과)으로 변경할 수 있다. MSTest 플러그인은 Manage Plugins 화면(젠킨스 > 젠킨스 관리 > 플러그인 관리 > Available 탭 클릭)에서 사용한다.

플러그인이 설치되면 작업 구성의 Post-build Actions 섹션에 새로운 항목이 나타난다. Post-build Actions에서 Publich MSTest test result report 항목을 선택하고, 다음 그림처럼 결과 출력 위치에 앞에서 지정한 대로 **/*.trx라고 입력한다.

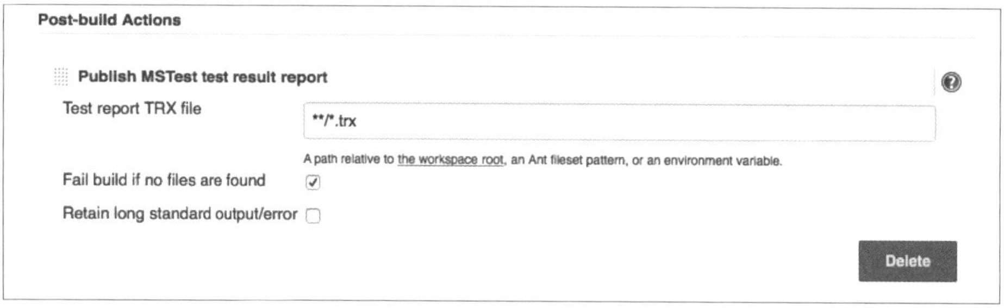

그림 5-18 Post-build Actions의 Publish MSTest test result report 항목

젠킨스에서 빌드 작업을 다시 실행해 보면, 새로운 Test Result 영역이 실행 요약 화면에 출력된다.

Test Result 링크를 클릭하면 결과 파일에서 추출된 결과 보고서를 보여주는 페이지로 이동한다. 여기에는 실행 중인 모든 테스트의 정보와 실행 시간이 포함된다. 테스트 정보 외에 왼쪽에는 History for the build라는 이름의 새 메뉴가 나타난다. 이 버튼을 클릭하면 실행 시간 및 테스트 회수의 그래프를 비롯해 테스트 실행에 관한 이력 정보 등이 표시된다.

테스트 작업 구성

젠킨스에서 구축한 테스트 환경이 점점 많아지게 되면, 이들 시스템이 체계적으로 유지되도록 관리해야 한다. 그래야만 초보 사용자도 쉽게 정보를 탐색하고 관리할 수 있다. 시스템이 잘 관리되도록 하는 쉬운 방법 중 하나는 테스트 자동화 작업의 명명 규칙을 정하는 것이다.

예를 들면 다음과 그림과 같은 방식이다.

그림 5-19 파이프라인을 기반으로 한 테스트 작업 명명 규칙

명명 규칙을 정할 때, 뷰와 정규 표현식을 활용하면 통일된 방식으로 작업을 표시할 뿐만 아니라 규칙도 강화할 수 있다. 테스트 작업의 필터링은 뷰와 정규 표현식으로 구성할 수 있다. 명명 규칙을 잘 유지한다면 한 단계 높은 수준의 확장도 가능하다.

카테고리 뷰 플러그인을 활용하는 방법도 있는데, 이 플러그인은 작업을 중첩하거나 유사 작업을 그룹화하기가 쉽다. 카테고리 뷰 플러그인에 대한 자세한 내용은 다음 인터넷 주소를 참조한다.

https://wiki.jenkins-ci.org/display/JENKINS/Categorized+Jobs+View

이런 방법은 명명 규칙을 사용해 소프트웨어 테스트와 배포를 할 때 좀 더 확장 가능한 방식을 쓰도록 하는 한 가지 예일 뿐이다. 중요한 것은 독자가 속한 조직에 가장 적합한 방식을 채택하는 것이다.

▌ 분산형 테스트 솔루션

젠킨스에서 단순한 독립 실행형 테스트 작업을 구현하는 것은 어렵지 않지만, 이런 경우 대부분 확장성을 간과하기 쉽다. 장기간 실행되는 테스트, 또는 상당량의 컴퓨팅 리소스를 사용하는 테스트의 경우에는 확장성이 더 높은 테스트 자동화 솔루션이 필요하다. 다행히도 이를 달성하는 방법은 여러 가지가 있다. 젠킨스 완전정복의 이번 절에서는 테스트 자동화 솔루션을 확장할 때 도움이 되는 기법을 몇 가지 배워본다.

셀레늄 그리드

셀레늄 그리드(웹 드라이버)는 확장 및 병렬 테스트를 효과적으로 수행할 수 있는 테스트 자동화 솔루션 중 하나다. 이 솔루션은 2005년 팻 라이트바디와 함께 넬슨 스프롤과 댄 파불리히가 고안했다. 하지만 우리가 알고 있는 기능을 수행하는 셀레늄 그리드는 2008년에 등장했다. 이는 현재도 많이 쓰이는 유명한 제품인 셀레늄 웹드라이버를 훨씬 강화한 것이다. 이 솔루션은 이베이, 구글, 머크, 야후 등의 유명 기업에서도 사용하고 있으며, 그리드로 연결된 컴퓨터에 테스트 세트를 배포해 수십만 건의 테스트를 실행할 수 있다. 일반적으로 셀레늄은 웹 애플리케이션 테스트를 자동화하도록 설계됐지만, 모바일과 임베디드 제품용 테스트 자동화 솔루션에도 적용할 수 있는데, 이 경우에는 셀레늄 그리드를 사용해야 한다. 셀레늄 그리드를 생성하고 설정하는 자세한 방법은 다음 링크에서 찾을 수 있다. 또한 9장, '젠킨스와 다른 기술의 통합'에서도 자세히 다룬다.

http://docs.seleniumhq.org/docs/07_selenium_grid.jsp

일단 그리드가 설치돼 동작 가능한 상태가 되면, 자동화된 테스트를 실행하는 여러 가지 방식 중에서 선택할 수 있다. 일부는 소스 관리툴에서 테스트를 체크아웃하는 방식을 선호하고, 일부는 패킹 메소드를 활용하기도 한다. 하지만 더 과학적인 방법은 자동 테스트를 빌드 결과물과 함께 패키징한 후, 이를 아티팩트 리포지토리에 저장하는 방법이다. 이렇게 컴파일된 코드와 테스트를 패키지로 묶어 자동화하면 패키지 생성 및 자동화 단계 모두에서 테스트 기록을 유지할 수 있다. 즉 빌드가 만들어지는 시점에서 어떻게 테스트 자동화가 동작하는 지를 간단한 알 수 있다. 또한 나중에 개발 테스트 정보를 얻으려고 소스 관리툴을 뒤지거나 의존성 문제를 해결하려고 고생할 필요도 없다. 물론 이 방법이 유일한 방법은 아니며, 다양한 방법 중 하나라고 할 수 있다.

패키지나 소스 관리툴에 있는 테스트를 실행하려면 패키지(또는 테스트)를 그리드 허브로 가져오는 자동화를 생성한 후 테스트 툴을 호출한다. 솔루션의 확장성을 높이려면 그리드 허브를 슬레이브 노드로 만들어 젠킨스 마스터에 연결한다. 그러면 Surefire 리포트나 TestNG 리포트 같은 평범한 도구로도 테스트 결과를 출력할 수 있다. 게다가 그리드 노드는 웹 인터페이스가 있는 어떤 컴퓨터나 장치에 사용할 수 있으므로, 더 크게 확장할 수도 있다. 셀레늄 테스트 솔루션을 구현할 때 기억해야 할 것은 더 많은 기기가 그리드에 연결될수록, 솔루션의 확장성이 더 좋아진다는 것이다.

셀레늄 그리드 솔루션을 최대한 활용하기 위해 적용할 만한 흥미로운 방법이 몇 가지 있다. 그 중 재미있는 한 가지 방법은 직원이 오프라인 상태거나, 외근 중일 경우 자신의 업무용 컴퓨터를 셀레늄 그리드에 연결하도록 권장하는 것이다. 이를 통해 셀레늄 그리드가 수십 배 확장되고 그리드에 연결된 시스템에서 병렬 테스트를 실행할 수 있다.

병렬 다운스트림 작업

아쉽게도 셀레늄 그리드가 내게 맞는 테스트 툴이 아니라고 해서 좌절할 필요는 없다. 젠킨스는 그리드와 유사한 기능을 제공하도록 구성할 수 있다. 젠킨스의 마스터/슬레이브 구조와 일부 다운스트림 작업을 결합하면 분산형 테스트 도구를 구현할 수 있다.

다음과 같은 준비물이 필요하다.

- 젠킨스 마스터 인스턴스
- 자동 테스트(Cucumber나 JUnit, xUnit, CPPUnit 등)를 실행할 수 있는 기능을 갖춘 마스터 및 여기에 연결된 최소 두 개 이상의 슬레이브 노드
- 특정 테스트 셋을 지정해서 실행할 수 있도록 커맨드라인 옵션이 제공되는 테스트 자동화 셋
- 미리 설치된 젠킨스 Join 플러그인

이것들을 사용해 구성할 기본 구조는 매우 단순한데, 기본 구조는 그림 5-20과 같다.

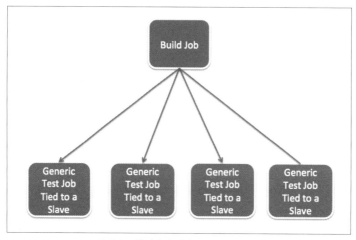

그림 5-20 분산형 슬레이브 테스트 아키텍처

시스템의 기본 흐름은 다음과 같다. 다운스트림 프로젝트를 실행해, 향후 실행할 테스트와 관련된 세부 정보를 테스트 실행 환경에 전달한 다음, 그 결과를 업스트림 작업에서 분석하는 것이다. 이 솔루션의 핵심 기술은 다운스트림 작업들을 동시에 실행하는 것이다.

이를 구현하려면 최상위 부모 작업 내에서 각 다운스트림 작업을 콤마로 분리한 목록으로 지정한다. 이런 지정은 작업 구성 메뉴에서 정의하며, **Build other projects**를 실행하는 포스트 빌드 스텝을 추가한다. 이 화면은 그림 5-21에서 볼 수 있다.

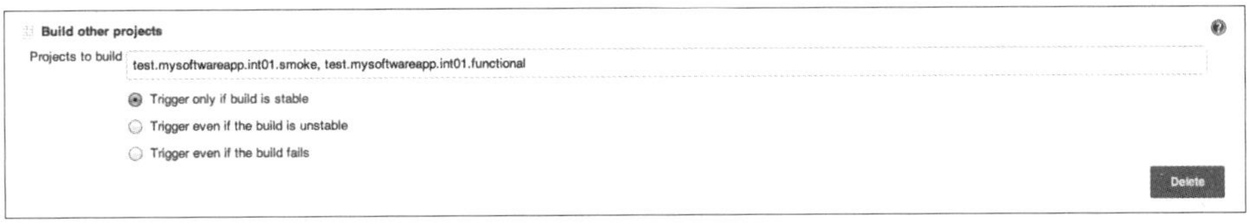

그림 5-21 다른 프로젝트 빌드(Build other projects)

한 개의 부모 작업이 제대로 구성되면 그다음 단계는 각기 다른 슬레이브 노드에 연결된 논리 다운스트림 작업을 만드는 것이다. 그러면 여기에서 테스트 리포트가 생성된다. 이런 작업은 Build Flow Test Aggregator 플러그인에서 수행한다. 이 플러그인에 대한 상세한 내용은 다음 링크를 찾아본다.

https://wiki.jenkins-ci.org/display/JENKINS/Build+Flow+Test+Aggregator+Plugin

구성이 완료됐다면 마지막 단계로 솔루션을 검증하고 그 결과가 정확하게 수집되는지 확인한다.

▌ 요약

확장성이 뛰어난 테스트 솔루션을 구현할 때 핵심 키워드는 표준화다. 이는 소프트웨어 프로젝트의 공통 핵심 기술, 프로세스 및 유효성 검증 기준을 단순화하고 강화시킨다. 실제로 아무도 없는 조직에 표준을 도입하는 것은 힘든 전투를 치르는 것과 같다. 젠킨스는 복잡한 시스템을 구현할 때 필요한 모든 도구를 제공한다. 하지만 구성이 단순할수록 성공 가능성이 높은 게 사실이다. 성공적인 테스트 솔루션의 핵심은 사용자에게 꼭 맞도록 각종 변형을 가한 솔루션보다는 사용자 정의가 필요한 부분은 제거하고, 오히려 표준 기반 위주로, 반복 가능하며, 널리 쓰이는 소프트웨어 엔지니어링 테스트 프로세스와 자동화를 중심으로 구성하는 것이다.

5장에서는 젠킨스의 테스트 자동화 솔루션을 살펴보고, 확장성이 뛰어난 단위 테스트 솔루션을 만드는 방법을 배웠다. 그리고 분산 테스트 장비 구현 방법과 테스트 버킷 설계 방법도 다뤘다. 또한 MSTest에서 테스트 자동화를 구현하는 방법을 배웠고, A/B 테스트도 간략히 다뤘다.

6장에서는 배포 및 인도를 자세히 다룬다. 젠킨스 플랫폼을 통해 소중한 소프트웨어 자산을 자동으로 배포 및 인도하는 창의적인 방법을 배워보자.

06

소프트웨어 배포 및 인도

사물 인터넷이 확산됨에 따라 네트워크에 연결된 기기 수가 급증하면서, IT 운영자들은 기존 인프라로 이런 확장에 대응해야 하는 동시에 급속한 확장으로 인한 장애 없이 소프트웨어를 배포하는 방법도 찾아야 하는 어려움을 겪고 있다. 한편 소프트웨어 엔지니어들은 협업을 강화하고, 비용도 제어하며, 서비스 배포 실패율도 낮출 수 있는 새롭고 창의적인 기법을 발굴하느라 바쁘다. 얼핏 보기에도 만만치 않은 이들 어려움을 극복하는 과정에서 릴리스 엔지니어링 분야가 크게 발전하게 시작했다.

릴리스 엔지니어링 분야의 최근 경향은 분리돼 운영되던 IT와 개발인력을 하이브리드형의 데브옵스 팀과 합치는 것이다. 데브옵스 팀은 기존 운영 요원과 품질 엔지니어, 소프트웨어 엔지니어들 사이에서의 격차를 줄이는 것뿐만 아니라 최신의 배포 방식 채택과 소프트웨어 릴리스 간소화를 목표로 한다. 이들 교차 기능 팀을 통하면 고품질의 확장성 높은 소프트웨어 배포 절차 구현이 가능하다.

'그 일은 불가능 해'라고 말하는 사람은, 그 일을 하고 있는 사람을 방해해서는 안 된다.

– 중국 속담

6장에서는 배포 자동화와 관련된 주요 동향을 다룬다. 또한 자동 배포 솔루션을 구현할 때 활용할 수 있는 전술과 구체적인 방법을 설명한다. 6장에서 다루는 내용은 다음과 같다.

- 빌드 출력 표준화
- 패키지 스킴 설계
- 공인 미디어 라이브러리DML, Definitive Media Library 구현
- DML에 애셋 발행하기
- 젠킨스 아카이브 아티팩트 포스트 빌드 액션
- 메이븐으로 발행하기
- 아티팩토리로 발행하기
- 도커 컨테이너로 발행하기
- 자동 배포
- 빌드 아티팩트 및 패키지 검색
- 아티팩트 보관 및 아티팩트 가져오기
- 아티팩토리에서 아티팩트 가져오기
- 메이븐에서 아티팩트 가져오기
- 패키지 무결성 검증
- 커스텀 c# 태스크로 MSBUILD
- 리눅스/유닉스 BASH
- 배포 자동화 실행
- 배포용 젠킨스 슬레이브 노드 활용

6장을 마칠 쯤이면 젠킨스의 여러 기능을 활용해 자동 배포를 구현하고, 설계하는 방법을 확실히 이해하게 될 것이다. 아키텍처나 플랫폼, 기술과 상관없이, 또한 소프트웨어 솔루

션이나 웹사이트, 임베디드나 데스크톱 프로그램에 상관없이 소프트웨어 개발 생명주기의 가장 중요한 단계는 배포 단계라고 할 수 있다. 그 이유는 간단하다. 소프트웨어를 배포해야만 사용자가 그 소프트웨어를 접할 수 있고, 이를 통해 향후 릴리스의 방향이 정해지기 때문이다. 성공적인 배포는 비즈니스의 출발이며, 엔지니어링 노력의 결과라고 할 수 있다.

▌ 빌드 출력 표준화

빌드 프로세스(특히 패키징 및 발행 단계)는 배포 자동화의 기본 요소다. 이런 이유로 일반적인 빌드 프로세스의 기본 생명주기를 먼저 이해하는 것이 중요하다. 빌드 프로세스의 목적은 일반적으로 소스코드의 컴파일 품질 검증을 자동화하고, 실행 결과물의 생성을 자동화하며, 판매가 가능한 소프트웨어 제품을 제공하는 것이다. 사용하는 기술은 조직마다 다를 수 있지만 일반적인 빌드 프로세스는 유사한 자동화 패턴을 따른다. 일반적인 빌드 프로세스의 기본 흐름을 살펴보자.

1. 소스 관리툴에서 소스코드의 복사본clean copy을 가져온다.
2. 의존성이 있는 파일을 가져온다(가능하면 아티팩트 리포지토리에서).
3. 필요한 코드에 버전 스탬프를 한다(기술 스택에 따라 사전 컴파일 또는 사후 컴파일 단계도 가능).
4. 소스코드를 컴파일하고 구문 오류도 확인한다.
5. 단위 테스트(개체, 메소드, 클래스의 단위 기반 유효성 검사)를 실행한다.
6. 컴파일된 객체와 바이너리 또는 산출물을 공통 출력 디렉토리에 모은다.
7. 바이너리와 결과물을 포함하는 패키지를 만든다.
8. 버전을 붙인 산출물을 아티팩트 리포지토리에 게시한다.

논쟁의 여지가 있으나 이들 프로세스 중 마지막 두 단계가 배포 및 인도의 측면에서 가장 중요한 단계라고 할 수 있다. 즉 배포가 가능하도록 패키지를 설계하고, 이 패키지를 쉽게 자동화할 수 있는 위치에 배치하는 것이 가장 중요한 단계다. 그럼에도 불구하고 남는 문제가 있는데, 그것은 패키지에 어떤 아키텍처를 사용할 것인지를 어떻게 알 수 있는가라는 것이다. 좀 더 알아보자.

기본 빌드 시스템은 소프트웨어 프로젝트의 여러 단계에서 자동화를 하는 데, 여기에는 컴파일 자동화뿐만 아니라 코드 베이스와 관련된 사항에 대한 해법도 제시한다. 빌드 시스템과 관련된 사항 및 해법은 다음과 같다.

- 소스 관리 시스템은 빌드 머신 및 적절한 사용자에게 접근할 수 있는가?
- 소스 관리 시스템에 있는 코드는 기본적인 표준 구조를 충족하는가?
- 코드 베이스에 커밋한 소스코드는 빌드가 시작되면 컴파일 되는가? 아니면 구문 오류가 발생하는가?
- 빌드 환경은 제대로 운영되는가?
- 소프트웨어가 기본적인 단위 테스트를 통과하는가?

젠킨스 및 프리릴리스나 프로덕션 환경으로의 자동 배포를 살펴볼 때, 반드시 다음과 같은 질문이 생길 텐데, 자신이 설계하는 절차와 자동화는 이런 질문에 답변을 할 수 있어야 한다.

- 사전 프로덕션 및 프로덕션 환경이 사용 가능한 상태인가?
- 소프트웨어 프로젝트가 설치되는가?
- 소프트웨어 프로젝트가 품질 보증 기준을 충족하는가?
- 엔지니어가 통합 개발 환경을 테스트할 수 있는 곳은 어디인가?

위 질문에 답할 때 자동화를 활용한다면 개발자나 품질 담당자, 관리자도 현재 제공되는 소프트웨어 솔루션의 개발 상황과 제품의 품질을 쉽게 이해할 수 있다. 또한 프리 릴리스 환경에서 소프트웨어 프로젝트의 배포를 자동화하면, 언제든 즉시 테스트가 가능한 상용 바로 전 단계의 버전을 제공할 수 있다.

젠킨스에서 자동 배포 솔루션을 설계하고 구현하는 것은 복잡한 작업이다. 더군다나 엔지니어링 프로세스가 징의되지 않은 채로 C#과 C++, 자바와 루비온레일즈 등의 다양한 기술 스택을 섞어서 사용하고 있다면 배포 구현 작업은 사실상 불가능할 수도 있다. 이런 경우 빌드 프로세스의 결과물을 통합 패키지로 표준화하면 배포와 관련된 복잡도를 90% 가량 낮출 수 있다. 이를 위해서는 플랫폼과 아키텍처, 기술 스택과 상관없이 적용되는 일련의 기본 표준과 규약을 정해야 한다. 표준과 규약을 정하면 어느 정도는 유연성을 희생하게 되겠지만 오히려 예측 가능하며 자동화도 가능한 구조를 얻게 될 것이다. 그렇다면 이를 어떻게 구현할지 잠시 배워보자.

패키징 방법 설계

인도delivery 패키지 아키텍처를 구현하는 법을 이해하려면 소스코드 레벨부터 시작해야 한다. 소프트웨어 코드(배포 자동화 및 테스트, 관련 도구 포함)는 소스코드가 보관된 소스코드 리포지토리에서 관리해야 하며, 릴리스 시 프로덕트와 동기화되도록 빌드 프로세스 과정 중에 패키지 작업을 해야 한다. 이렇게 하면 소프트웨어 프로젝트의 코드 베이스가 시간이 지나며 점점 확장돼도, 배포 자동화와 자동 테스트 솔루션, 테스트 케이스와 관련 인프라 코드도 문제없이 발맞추어 확장된다는 확신을 가질 수 있다.

미리 정의한 구조 속 동일 소스 라인에 프로덕트 코드와 테스트, 자동화 정보를 저장함으로써 최종적으로는 빌드 프로세스 중에 소프트웨어 솔루션의 출력물을 모두 패키징할 수 있다.

즉, 바이너리 파일과 배포 자동화 코드, 데이터베이스 변경 사항 및 테스트가 모두 들어간 스냅샷을 바로 생성할 수 있다. 이 방식의 소프트웨어 개발 패턴을 사용할 때 많은 장점들은 다음과 같다.

- 최종 배포 패키지에는 해당 환경에서 컴포넌트와 소프트웨어 프로젝트를 설치하는 데 필요한 모든 것이 담겨 있으므로, 재해 발생 시 간편하게 복구할 수 있다.
- 최종 배포 패키지에는 단계별 품질 검증 절차를 통과하는 데 필요한 모든 테스트 도구와 데이터베이스 스키마 스크립트가 담겨 있으므로, 과거의 패키지로의 이동 및 테스트 실행이 가능하다.
- 버전별 패키지 내의 자동화 절차만 수행하면 프로젝트를 쉽게 앞뒤로 롤백할 수 있다.

다음 그림은 패키지형 소스 관리의 개념을 시간별로 간단하게 정리한 것이다. 프로덕트 코드와 자동화 코드, 테스트가 함께 패키징돼 진행되는 상황을 보여준다.

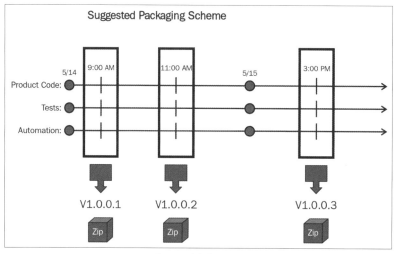

그림 6-1 패키징 스킴 제안

패키징 솔루션의 개념을 쉽게 이해하는 방법 중 하나는 창고형 마트에서 파는 압축포장된 전자제품 박스를 떠올리면 쉽다. 이들 박스에는 일반적으로 제품을 설치해서 구동하는 데 필요한 모든 것이 들어있다. 당연히 전자제품 외에도 사용 설명서도 있고, 종종 품질 확인을 표시하는 스티커도 들어있다. 앞에서 제안하는 솔루션도 이런 개념으로 이해할 수 있다.

빌드 및 배포 모범 사례

모든 빌드 시스템의 목표는 반복해서 배포할 수 있게 패키지를 생성하는 것이다. 줄여서 말하면 '빌드는 한 번, 배포는 여러 번'이다.

앞서 설명한 패키징 방식의 솔루션은 배포 자동화 코드와 테스트 케이스를 별도의 소스 관리 리포지토리에 단순히 저장하는 방법에 비하면 장점이 많으며, 구체적으로는 다음과 같다.

- 배포 전에 코드나 테스트를 재빌드하거나 재최소화, 재컴파일할 필요가 없다.
- '관심사 분리' 원칙 및 모범적인 지속적 인도 사례를 유지하며, 검증된 릴리스용 소스를 제공한다.
- 테스트만 업그레이드된 채로 이전 릴리스나 빌드를 테스트할 경우 발생하는 오류 가능성을 감소시킨다.
- 개발 팀의 산출물을 단일 솔루션으로 통합함으로써 협업을 촉진한다.

보관용 패키지 객체를 시각화하는 데 도움이 되도록, 예제를 통해 통합 표준 패키지를 좀 더 살펴보자. 다음 화면은 애플리케이션 및 테스트, 배포 자동화 코드 및 문서가 포함된 ZIP 패키지에 폴더 구성을 보여준다. 이들 콘텐츠는 여러 담당자가 참여해 개발한 최종 배포 패키지를 의미한다.

Name	Kind
▼ MyWebApplication-1.0.0.19.zip	Folder
▼ app	Folder
hellojenkins.html	HTML text
index.html	HTML text
▼ automation	Folder
deploy.rb	Ruby script
provision.rb	Ruby script
▶ documentation	Folder
▼ tests	Folder
▶ functional.tests	Folder
▶ regression.tests	Folder
▶ smoke.tests	Folder
▶ stress.tests	Folder

그림 6-2 패키지 콘텐츠

그림에서 보듯이 패키지의 파일 이름과 포맷도 표준을 따른다. 앞의 예에서의 최종 출력은 `AppName-#.#.#.#.zip`이라는 명명 규칙을 사용하는 ZIP 파일이다. 패키지를 구현하는 방식은 설계에 따라 Zip이나 Tar 등으로 달라질 수 있다. 최종 출력 및 결과 패키지는 단일 버전의 산출물이어야 하며, 자동 배포될 모든 소프트웨어 프로젝트에 적용된 것과 같은 패턴을 유지해야 한다.

 스냅샷과 릴리스 팁

패키지 시스템을 구현할 때 두 개 이상의 동일한 패키지를 만드는 것도 고려해야 한다. 하나는 마지막 빌드를 나타내는 스냅샷이고, 다른 하나는 마지막 릴리스 버전을 나타내는 추가 아이템이다.

이는 자동 배포 및 종속성 관리를 수행할 때 유용할 수 있는데, 패키지는 버전 번호를 지정하지 않고도 쉽게 검색할 수 있으며 간단한 정적 URL을 통해 가져올 수 있기 때문이다.

엄격하게 정의된 표준은 자동 배포와 자동 테스트, 그리고 추적성을 위한 기반을 제공한다. 엄격하게 정의되지 않는 것은 자동화할 수 없다.

공인 미디어 라이브러리 구현

공인 미디어 라이브러리DML, Definitive Media Library는 ITILIT Information Library에서 정의한 용어로써 회사내 소프트웨어 자산과 의존성 파일 및 서드파티 라이브러리 등을 안전하게 보관하는 단일 장소를 의미한다. DML은 소프트웨어 자산의 백업, 체크섬을 통한 검증, 지속적 관리를 보증한다. 버전별 패키지나 의존성 파일, 도커 컨테이너를 효율적으로 관리하는 아티팩트 리포지토리 또는 바이너리 자산 관리 시스템을 운영하면, 소프트웨어 개발 결과물과 지적 재산권 및 릴리스를 효과적으로 구성하고 보여줄 수 있다.

이런 유형의 솔루션은 통상 중앙에 집중된 서버에 소프트웨어 자산을 구축한다. 또한 아티팩트 관리 솔루션은 배포용 엔티티 및 서드파티 의존성 라이브러리 작성에 필요한 도구도 제공한다. 또 다른 이점 중 하나는 최신 DML 솔루션은 필요시 라이선스 검증 기능도 제공하기 때문에 개발자가 라이선스를 위반하지 않고, 법과 규정을 준수할 수 있도록 한다는 것이다. 그러므로 조직에서 아티팩트 관리 솔루션을 잘 활용하면 조직 내에서 개발 및 릴리스하는 것을 잘 이해할 수 있다.

이 책을 쓰는 시점에도 여러 개의 유명한 아티팩트 관리 솔루션이 있다. 그 중 관심을 끌만큼 알려진 바이너리 자산 관리 솔루션으로는 Artifactory와 Nexus, Origin 등이 있다. 이들은 모두 구현 절차 및 자산 관리가 쉽다는 것이 장점이다. 각 제품의 링크는 다음과 같다.

- 젠킨스 디렉토리(아티팩트 보관)
- 아티팩토리(Artifactory): `http://www.jfrog.com`
- 넥서스(Nexus): `http://www.sonatype.com`
- 아카이바(Archiva): `http://archiva.apache.org`
- 오리진(Origin): `http://www.exeterstudios.com`

젠킨스와 바이너리 자산 관리 솔루션을 결합하면 확장성이 뛰어난 인도 파이프라인의 기초를 마련할 수 있다. 쉬운 자동화 솔루션으로 패키지를 얻을 수 있다면 자동 배포에 필요한 기반을 제공할 수 있다. 그렇다면 소프트웨어 자산을 DML에 발행하는 방법에 대해서 알아보자.

자산을 DML에 발행하기

공인 미디어 라이브러리에 패키지를 발행할 때 사용하는 용어는 '배포deply'다. 이를 간단히 정의하면 패키지(또는 종속성 파일)를 아티팩트 리포지토리에 업로드하고 저장하는 프로세스라고 할 수 있다. 소프트웨어 솔루션을 기기나 시스템에 실제로 설치하지 않기 때문에,

'배포'라는 단어는 부적절한 명칭으로 보일 수도 있다. 그래서 조금 혼란스러울 수도 있지만 사실 '배포'는 위와 같은 작업을 묘사할 때 일반적으로 사용되는 용어다. DML 솔루션마다 아티팩트를 DML에 발행하는 고유한 방식이 있다. 지금은 젠킨스 및 잘 알려진 다른 기술을 사용해 패키지를 발행하는 방법을 살펴본다. 지금 다룰 DML 옵션에는 다음과 같은 인기 있는 아티팩트 관리 솔루션이 포함된다.

- Jenkins directly(아티팩트 보관)
- Jenkins Artifactory 플러그인(젠킨스 플러그인으로 설치 가능)
- Maven deploy(아파치 메이븐과 넥서스, 아티팩토리, 아카이바, 오리진이 필요)
- Docker registry(푸시 풀이나 젠킨스 플러그인)

젠킨스의 Archive the artifacts 포스트 빌드 액션

젠킨스의 기능 중 하나는 사용이 쉬운 내장형 아티팩트 관리 솔루션이다. 젠킨스는 이 기능을 활용해 빌드 패키지를 캡처하고 바이너리의 디지털 지문을 관리하며 다운스트림 작업 배포를 용이하게 하고 의존성을 관리하는 등의 작업을 수행할 수 있다. 지금은 이 기능을 알아보고 빌드 아티팩트를 저장하고 추적하는 방법을 배워본다.

젠킨스는 아티팩트를 내부적으로 캡처하고 저장하기 위해 내장 파일 글로빙globing 시스템을 가지고 있는데, 이를 통해 아티팩트를 찾아 저장하는 파일 마스크mask를 지정할 수 있다. 이 편리한 기능은 상세 작업 구성 페이지 내에서 Archive the artifacts라는 이름의 포스트 빌드 액션에서 찾을 수 있다. 그림 6-3에서 Archive the artifacts 포스트 빌드 액션을 볼 수 있다.

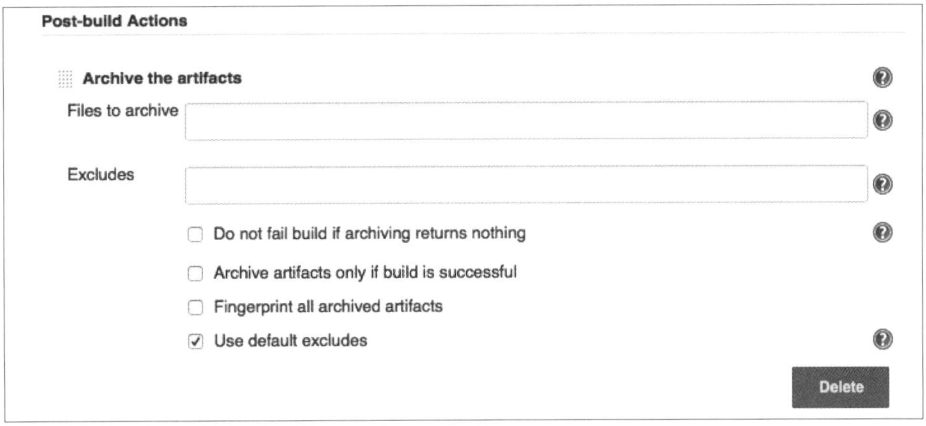

그림 6-3 Archive the artifacts 포스트 빌드 액션

Archive the Artifacts 포스트 빌드 액션에서 사용할 수 있는 옵션을 처음 보면 몇몇 핵심 설정 필드와 다양한 토글을 볼 수 있다. 사용 가능한 옵션을 살펴보고 예제를 통해 옵션이 수행하는 동작도 알아보자.

이름	예제	설명
Files to archive (보관할 파일)	폴더/foo/bin/**/*.zip	젠킨스에서 아티팩트를 캡처하고 보관하는 데 사용할 상대 워크스페이스 폴더와 파일 마스크
Excludes (제외)	폴더/foo/bin/**/ 예외*.zip	젠킨스에서 보관할 때 무시할 상대 워크스페이스 폴더 및 파일 마스크
Do not fail the build if archiving returns nothing (아카이브의 반환값이 nothing이라면 빌드를 계속 진행)	확인/전환	젠킨스는 파일 마스크 검색에서 no files found 형이 반환돼도 이를 무시한다.
Fingerprint all archived artifacts (보관된 모든 아티팩트의 지문을 출력)	검사	캡처된 아티팩트의 CRC 무결성을 추적하는 젠킨스 MD5 지문을 허용한다.
Archive artifacts only if build is successful (빌드가 성공한 경우에만 아티팩트를 보관)	검사	빌드가 성공한 경우에만 이 단계를 실행하도록 젠킨스를 설정한다.
Use default excludes (기본 제외 항목 사용)	검사	젠킨스가 일반적인 소스 관리 파일을 무시하도록 설정한다.

앞의 표에서 볼 수 있듯이 Archive the artifacts 솔루션은 매우 유용하다. 앞의 표에서 설명한 옵션 중 가장 유용한 것을 꼽으라면 핑거프린팅 시스템이다. 이 기능은 찾아낸 모든 아티팩트를 추적할 수 있는 CRC 체크섬을 제공하며 젠킨스가 보관하는 아티팩트를 검증할 수 있는 트러스트 체인을 생성한다.

 아티팩트 아카이빙 사용 시 로그 순환 옵션 활성화하기

젠킨스의 Archive the artifacts 솔루션을 사용할 때는 로그 순환(log rotation) 기능을 사용하는 게 중요하다. 이 기능은 상세 작업 구성 페이지의 상단에서 활성화할 수 있다. 이 구성을 통해 젠킨스는 오래된 빌드를 지정된 로그 순환 설정에 따라 삭제한다. 또한 젠킨스내 디스크 공간이 과도하게 사용되는 것을 예방한다.

Archive the artifacts 포스트 빌드 구성을 완료하면, 젠킨스는 (다음 빌드 실행 시) 자동으로 프로젝트의 워크스페이스에서 정의된 파일 마스크를 검색하고 설정된 파일 마스크 범위에 맞는 파일이 발견되면 이를 캡처한다. 아티팩트들은 각 젠킨스내 각 빌드 유저인터페이스를 통해 직접 이용할 수 있다.

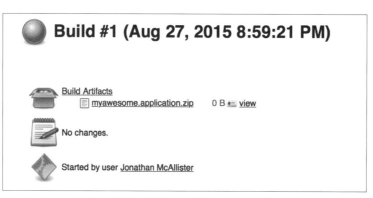

그림 6-4 젠킨스 작업 유저 인터페이스에서 아티팩트 보관

마스터 및 슬레이브 노드 솔루션 구성과 함께 Archive the Artifacts 포스트 빌드 액션을 구현하면, 식별 및 보관된 아티팩트는 자동으로 젠킨스 마스터 인스턴스에 복제된다. 이는 젠킨스가 보관한 아티팩트를 검색하기 위해 다운스트림 작업을 설정할 때 매우 유용하다. 일단 한 세트의 빌드 아티팩트가 보관되면 직접 다운로드할 수 있다.

다운로드 링크의 표준적인 형태는 다음과 같다.

```
http://<JenkinsURL>/job/<JobName>/<BuildNumber>/artifact/<PATHTOFILE>/FileName.ext
```

아티팩토리로 발행하기

소프트웨어 프로젝트를 배포하기에 앞서 패키지를 아티팩토리 리포지토리에 업로드하거나 배포하는 법을 알아야 한다. 아키텍처를 좀 더 잘 이해할 수 있도록 젠킨스에서 아티팩토리의 아티팩트 리포지토리로 버전을 부여한 아티팩트를 발행하는지 알아보자. 그림 6-5는 젠킨스와 관련된 기본 업로드 아키텍처를 보여준다.

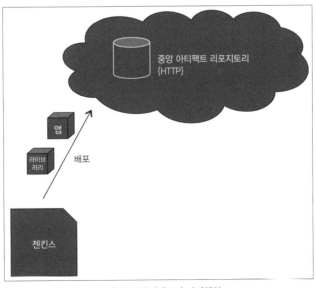

그림 6-5 아티팩토리 아키텍처

앞서 설명한 아키텍처를 활용하기 위해 Jenkins Artifactory 플러그인을 설치해야 한다. 이 플러그인은 Jenkins의 플러그인 관리 페이지에서 누구나 다운로드할 수 있다.

Jenkins Artifactory 플러그인은 **Published Artifacts**라는 이름의 파일 마스크 매칭 시스템을 통해 작동되며, 작업의 상세 작업 구성 페이지에서 설정할 수 있다. 이 솔루션을 사용하면 발행할 아티팩트의 기준을 정할 수 있다. 젠킨스는 조건에 따라 아티팩트를 검색하고 조건에 맞는 모든 항목을 지정된 아티팩토리 리포지토리에 업로드한다. 젠킨스에서 파일 마스크로 검색하는 구성을 할 수 있도록 그림 6-6에서는 구성 페이지의 예를 보여준다. 즉 파일 마스크는 *.zip이며 검색 대상 폴더는 /Build/Artifacts이다. 이 폴더는 $WORKSPACE 위치에 있는 작업의 상대 경로다.

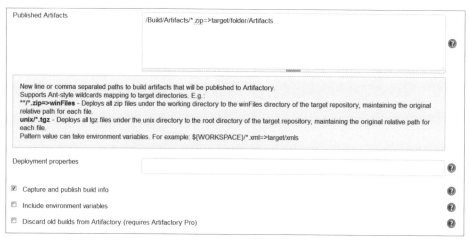

그림 6-6 아티팩토리에 아티팩트 발행

젠킨스 작업과 Artifactory 플러그인의 통합이 제대로 구성되면 조건에 맞는 아티팩트를 찾아내어 이를 자동으로 아티팩트 리포지토리에 업로드하는 것을 수행하는 시스템이 생성된다. 구현이 완료되면 작업의 콘솔 출력 로그에는 다음과 같이 아티팩트 검색을 수행하는 내용이 나타난다.

```
For pattern: /Build/Artifacts/*.zip 2 artifacts were found Deploying
artifact: http://artifactory.mycompany.com:8080/artifactory/target/
folder/Artifacts/myPackage-1.0.0.0.zip Deploying artifact: http://
artifactory.mycompany.com:8080/artifactory/target/folder/Artifacts/
myPackage-1.0.0.0.zip Deploying build info to: http:// artifactory.
mycompany.com:8080/artifactory/api/build Archiving artifacts
```

메이븐으로 발행하기

메이븐을 활용하는 자바 개발 팀에게는 앞서 설명한 조건에 맞는 빌드 결과물을 찾아 배포하는 것은 메이븐 빌드 아티팩트를 배포하는 것만큼 단순하다. 아티팩트는 소나타입 Sonatype의 넥서스나 아파치Apache의 아카이바, 엑세터Exeters의 오리진 등 여러 DML 솔루션으로 발행할 수 있고, 그 외의 경우는 메이븐 아키텍처 내에 내장된 간단 배포 타겟을 통해 가능하다. 이 솔루션은 젠킨스 플러그인을 필요로 하지도 않고, 자동화를 구현하기 위한 추가 설정도 필요치 않다. 메이븐이 아티팩트를 이들 툴에 배포하도록 구성하려면 메이븐 POM.XML을 변경해 distributionManagement 요소를 XML 문서에 추가해야 한다. 다음은 메이븐을 구성해 아티팩트를 넥서스 같은 아티팩트 리포지토리 솔루션에 발행하는 방법을 설명한다. 이 예제는 소나타입의 넥서스를 nexus.mycompany.com에서 운영한다고 가정한다.

```
<distributionManagement>
    <repository>
        <id>deployment</id>
        <name>Company Artifacts</name>
<url>http://nexus.mycompany.com/nexus/content/repositories
    /Artifacts/</url>
    </repository>
</distributionManagement>
```

일부 아티팩트 리포지토리는 배포 시 인증을 요구한다. 이런 경우에는 다음과 같이 인증 데이터를 ~/.m2/settings.xml 파일에 지정할 필요가 있다. 다음은 XML 설정 문서에 이를 입력하는 예제다.

```xml
<servers>
  <server>
    <id>deployment</id>
    <username>mydeployautheduser</username>
    <password>password123</password>
  </server>
</servers>
```

최초 구성 및 POM 설정을 업데이트했다면, 메이븐에서 아티팩트를 리포지토리에 발행하는 것은 배포 작업을 시작하는 것만큼이나 쉽다. 다음은 이 작업을 시작하는 명령어다.

```
$> mvn deploy
```

메이븐에서 아티팩트를 배포하는 데 사용 가능한 옵션은 다양하다. 이에 대한 설명을 담고 있는 문서는 https://maven.apache.org/plugins/maven-deploy-plugin/에서 찾아볼 수 있다.

도커 컨테이너 푸시하기

도커 사용자에게는 빌드 결과물이 미리 만들어진 가상화 컨테이너일 수 있다. 이 유형의 솔루션은 자동화를 통해 실제 환경에 빌드할 때 기능이 많은 독특한 방법을 제공한다. 즉 개발 팀 컨테이너를 구현한 다음 이를 검증하도록 품질팀에 직접 보낼 수 있다. 이 솔루션으로 애플리케이션에 대한 논리적 분석이 가능할 뿐만 아니라 배포 환경이나 방법이 달라져서 생기는 모호성을 없애준다. 도커 컨테이너 솔루션에 대한 상세 문서는 도커의 웹 사이트 http://www.docker.com에서 찾아볼 수 있다.

도커를 사용할 때는 솔루션을 관리하는 컨테이너나 레지스트리, 빌드 방법이나 배포 자동화의 표준을 공식화하는 것이 점차 중요해진다.

일단 컨테이너가 생성되면, 젠킨스를 활용해 중앙 레지스트리 내의 컨테이너를 저장하는 것은 꽤 쉽게 수행할 수 있다. 다음은 컨테이너를 도커 레지스트리로 풀링^{pulling}과 빌딩, 푸싱하는 것을 자동화하는 셸 스크립트 예제다.

```
$> docker pull ubuntu
$> docker run -I -t ubuntu /bin/bash
$> docker commit
$> docker push yourregistryurl.com/ubuntu
```

위 예제에서 볼 수 있듯이 컨테이너와 콘텐츠는 소스코드와 거의 같은 방식으로 관리된다. 이는 의도적으로 설계된 것이다. 컨테이너의 시간 따른 변화를 추적하는 데 최적이며, 이를 위해 도커는 태깅 솔루션을 활용한다.

도커 컨테이너를 관리하는 데는 단순한 셸 스크립트만으로는 충분하지 않기 때문에 젠킨스 커뮤니티에서는 Docker build-step 플러그인을 제공한다. Docker build-step 플러그인은 젠킨스 작업 내에서 직접 다양한 도커용 기능들을 사용할 수 있다. 이 플러그인은 다음 젠킨스 커뮤니티 웹사이트에서 찾을 수 있다.

```
https://wiki.jenkins-ci.org/display/JENKINS/ Docker+build+step+plugin
```

Docker build-step 플러그인은 젠킨스의 관리 영역에 있는 예전 플러그인 관리 영역 내에서 설치할 수 있다.

플러그인이 젠킨스 시스템에 성공적으로 설치되면 모든 프리스타일 작업의 상세 작업 구성 페이지 안에 Execute Docker container 빌드 스텝이 나타난다. 그림 6-7은 이 빌드 스텝을 보여준다.

그림 6-7 Execute Docker container 빌드 스텝

Docker Command 드롭다운에서 선택할 수 있는 것은 다음과 같다.

- Commit changes in a specified container(지정된 컨테이너에 변경 사항을 커밋)

- Create a new container from image(이미지에서 신규 컨테이너 생성)

- Create an image from Docker file(도커 파일에서 이미지 생성)

- Create the exec command(실행 명령어 생성)

- Kill container(s)(컨테이너 종료)

- Pull image from a repository(리포지토리에서 이미지 풀)

- Push image to a repository(리포지토리로 이미지 푸시)

- Remove container(s)(컨테이너 제거)

- Remove all containers(컨테이너 모두 제거)

- Restart container(s)(컨테이너 재시작)

- Start container(s)(컨테이너 시작)

- Stop container(s)(컨테이너 종료)

- Stop all containers(컨테이너 모두 종료)

- Start/stop all containers created from specified image(지정 이미지에서 생성된
  모든 컨테이너 시작/종료)

- Start the exec command(실행 명령어 시작)

206

최근 도커의 인기가 상승세다. 도커는 마이크로 서비스 아키텍처를 구축하고 서비스할 때 많이 선택되는 도구가 됐다. 도커는 여러 환경에 대응하기 쉬우며, 소프트웨어를 개발 및 제공할 때 필요한 기능을 다양하게 제공하는 솔루션이다. 유의해야 할 점은 이 책을 쓰는 시점에는 도커가 철저히 리눅스 기반의 가상화 솔루션이라는 것이다. 도커측에서는 도커 컨테이너 아키텍처를 윈도우용으로 제공하는 것에 대해서 마이크로소프트와 공개적인 논의를 하고 있으나 구체적인 구현 안은 확정한 바가 없다.

▌ 배포 자동화

이제 패키지 솔루션을 설계하고 DML을 활용해 배포용 소프트웨어 프로젝트 준비 방법을 확실하게 이해했으므로, 인도^{delivery} 시스템을 정의해야 한다.

최신 소프트웨어 빌드와 인도에서 가장 많이 사용되는 방법은 생산 조립라인 패러다임을 소프트웨어 릴리스 절차에 적용하는 것이다. 이 방법론은 무수히 많은 소프트웨어 엔지니어링 조직에서 흔히 볼 수 있으며, 애자일이나 린, 폭포수 방식 등이 있다. 또한 리눅스나 윈도우, 맥, iOS, 안드로이드나 임베디드, 펌웨어 등 수많은 기술 스택에 걸쳐 보편적으로 사용된다.

소프트웨어 릴리스의 조립라인 방식에서 조립라인을 따라온 프리빌드된 패키지(또는 컨테이너)는 담당자들의 검사를 거친 후, 판매를 위해 사업 담당 부서로 전달된다. 패키지는 전통적으로 개발 환경에서 시작해 여러 단계의 품질 관리 그룹을 거치면서 빌드 불량이나 결함 솔루션이 제기된다. 이런 흐름을 통해 최종적으로 릴리스가 된다. 조립라인에서 결함 발견되거나 문제가 생기면 조립라인은 중단되고 실패의 원인을 수정하게 된다. 결함이 모두 해결되면 조립라인 흐름이 재설정되며 다시 가동된다. 그림 6-8은 소프트웨어 인도에 대한 어셈블리 라인 방식을 보여준다.

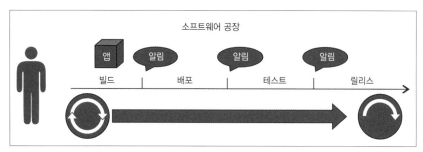

그림 6-8 소프트웨어 조립라인의 예

자동 배포 솔루션을 구현할 때 배포 자동화 단계를 가능한 한 많이 표준화해야 한다. 목표는 엄격한 릴리스와 배포 절차, 기술 규칙을 만들어서 이를 통해 자동화될 수 있도록 하는 것이다. 젠킨스에서는 이를 통해 인도 측면에서 조율하고 배포를 수행할 수 있다. 자동화는 잘 정의돼 공개된 것만 가능하다는 사실을 명심해야 한다. 다음은 배포 자동화를 만들기 위해 템플릿으로 사용할 수 있는 기본 배포 단계 목록이다.

1. 젠킨스 배포 작업이 시작된다. 이 작업이 최종적으로 배포의 책임을 진다.
2. 젠킨스는 패키지를 목표 환경에 푸시하거나 (슬레이브 노드를 통해) 목표 환경 자체에서 다음 단계를 수행해야 한다. 즉 배포 작업은 다음 액션을 실행해야 한다.
   ○ 배포할 소프트웨어 버전을 확인한다.
   ○ DML에서 해당 버전에 맞는 패키지를 다운로드한다.
   ○ 배포 가능한 엔티티의 CRC 핑거프린트를 확인한다.
   ○ 패키지의 내용을 배포 환경 내 임시 폴더에 추출한다.
   ○ 소프트웨어를 설치하기 위해 패키지 내 배포 자동화를 실행한다.
   ○ 기본 동작 테스트를 통해 배포가 성공했는지를 확인한다.
3. 젠킨스는 리턴 코드를 확인해서 배포가 성공했는지 실패했는지 여부를 결정해야 한다.

소프트웨어 릴리스의 조립라인 접근법을 통해 담당자들은 중요한 소프트웨어 빌드 결과를 통보 받고, 문제가 발생한 빌드를 테스트하는 시간을 낭비하지 않으며, 갑작스레 문제가 발생하지는 않는다는 것을 확신하게 된다. 이 조립라인 솔루션의 최근 구현 방식은 한 그룹에서 다른 그룹으로 빌드를 빠르게 전달하기 위해 디지털 인증 절차를 활용하는 것이다. 이런 조립라인 형태를 구현하는 첫 번째 단계는 배포 가능한 엔티티를 DML에서 검색하는 것을 자동화하는 것이다.

다음 절에서는 각 배포단계를 수행하고 젠킨스와 관련 도구를 사용해서 구현하는 방법을 알아본다.

빌드 아티팩트 및 패키지 검색

대상 시스템에 소프트웨어 프로젝트를 배포하려면 빌드 작업에서 생성된 아티팩트에 접근해야 한다. 앞서 언급했듯이 아티팩트는 다양한 모양과 크기로 생성된다. 일부 아티팩트는 단순 라이브러리나 의존성 파일이며, 나머지는 완전한 배포 패키지다.

배포 작업을 통해 DML에서 아티팩트를 검색하는 것은 쉽게 수행할 수 있다. 아티팩트 검색을 자동화할 때 젠킨스 내에서 저장된 아티팩트를 직접 활용하거나 서드파티 아티팩트 관리 솔루션을 활용해야 한다. 이들 중 어떤 솔루션을 선택하든 DML 아키텍처에 크게 의존한다. 가능한 각 접근법을 자세히 살펴보고 아티팩트 검색을 자동화하는 방법을 알아보자.

아카이브 아티팩트를 통해 아티팩트 가져오기

다운스트림 작업이 젠킨스 시스템 자체에 저장된 아티팩트를 검색해야 하는 경우 젠킨스는 몇 가지 옵션을 제공한다. 젠킨스의 작업은 다른 프로젝트에서 아티팩트를 복사하는 간단한 빌드 스텝을 제공한다. 빌드 스텝은 작업의 상세 작업 구성 페이지에서 사용할 수 있다. 그림 6-9는 아티팩트를 복사하는 빌드 스텝을 보여준다.

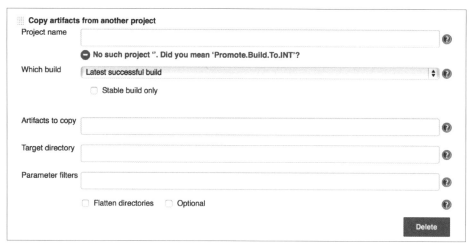

그림 6-9 아티팩트 복사 빌드 스텝

앞의 그림에서 아티팩트 복사 빌드 스텝에서 사용할 수 있는 여러 가지 설정 옵션이 있음을 알 수 있다. 가용한 설정 옵션을 자세히 살펴보자. 다음 표에서 가용한 옵션을 자세히 설명하고 간단한 예제도 제공한다.

옵션 이름	예제 값	기술
Project name (프로젝트 이름)	build.myproject-production	빌드 아티팩트를 검색할 젠킨스 작업의 이름을 입력한다.
Which build (빌드 선택)	마지막으로 성공한 빌드 (Lastest successful build)	사용자가 정의한 대로 아티팩트 검색을 위해 드롭다운으로 선택 옵션을 제공한다. 최신 빌드(Lastest) 등을 선택할 수 있다.
Artifacts to copy (복사할 아티팩트)	module/dist/**/*.zip	가져올 이슈를 찾을 때 젠킨스가 사용할 파일 마스크를 지정한다.
Target directory (대상 디렉토리)	Foo/bar/libhome/	복사된 아티팩트가 놓일 디렉토리를 젠킨스 워크스페이스의 상대 경로로 지정한다.
Parameter filters (매개 변수 필터)	BUILD_MODE = release	특정 매개 변수와 일치하는 빌드만 선택하도록 작업을 필터링할 수 있다.

아티팩트 빌드 스텝 복사를 구현한 후 젠킨스는 지정된 대상 디렉토리에 지정된 아티팩트를 자동으로 가져와서 제공한다. 이 솔루션은 하나의 작업에서 다른 작업으로 아티팩트를 끌어 올 수 있는 쉽고 기능이 많은 메커니즘을 제공한다.

이 솔루션을 마스터 및 슬레이브 노드 젠킨스 시스템에서 구현할 때, 이 옵션은 젠킨스 내에서 대상 슬레이브 노드에 패키지나 의존성 파일을 배포할 수 있는 확장성이 뛰어난 솔루션이다. 이런 유형의 구현과 관련된 몇 가지 팁과 기법은 '배포를 위해 젠킨스 슬레이브 노드 활용' 부분에서 설명한다.

아티팩토리에서 아티팩트 가져오기

아티팩트 리포지토리는 빌드 패키지와 의존성 파일 및 바이너리 라이브러리 등의 신뢰성과 확장성이 높은 저장소 역할을 한다. 아티팩트 관리 시스템은 자동화를 쉽게 할 수 있고 업로드와 다운로드, 바이너리 애셋 검색 등을 프로그래밍 방식의 접근할 수 있는 API도 제공한다.

다음 그림은 아티팩트 저장소의 기본 아키텍처를 설명하고 자동 배포 작업을 처리하는 데 활용하는 방법을 보여준다.

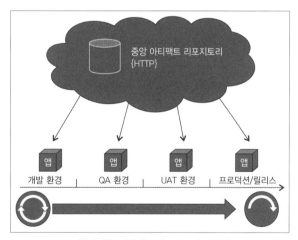

그림 6-10 아티팩트 리포지토리 자동화

자동화를 통해 아티팩토리 저장소에서 패키지를 다운로드하는 것은 어려운 일이 아니다. 자동화를 통해 저장된 패키지를 다운로드하는 다양한 방법을 설명하기 위해 리눅스와 윈도우, 맥 OSX에서 각각 패키지 가져오기를 자동화하는 몇 가지 기본 커맨드라인 예제를 참고해보자.

리눅스에서 WGET 사용

```
#> wget -O $WORKSPACE/binarypackagefoo-1.0.0.0.tar.gz http://artifacts.
mycompany.com:8081/Artifactory/simple/binarypackagefoo-1.0.0.0.tar.gz
```

리눅스에서 CURL 사용

```
#> curl -o $WORKSPACE/binarypackagefoo-1.0.0.0.tar.gz -remote-name
http://artifacts.mycompany.com:8081/Artifactory/simple/binarypackagefoo-
1.0.0.0.tar.gz
```

마이크로소프트 윈도우에서 파워셸 사용

```
C:\> powershell -Command (new-object System.Net.WebClient).
DownloadFile('http://artifacts.mycompany.com:8081/Artifactory/simple/
binarypackagefoo-1.0.0.0.zip','C:\%WORKSPACE%\binarypackagefoo-
1.0.0.0.zip')
```

윈도우에서 MSBUILD + Extension Pack 사용

```
<WebDownload FileName=$(WORKSPACE)\binarypackagefoo-1.0.0.0.zip
  FileUri= shttp://artifacts.mycompany.com:8081/artifactory/simple/
  binarypackagefoo-1.0.0.0.zip>
```

맥 OSX에서 CURL 사용

```
#> curl -o $WORKSPACE/binarypackagefoo-1.0.0.0.tar.gz -remote-name
http://artifacts.mycompany.com:8081/Artifactory/simple/binarypackagefoo-
1.0.0.0.tar.gz
```

메이븐을 통해 아티팩트 가져오기

아티팩트 리포지토리는 메이븐 의존성을 해결할 수 있는 확장 가능한 솔루션을 제공한다. 메이븐에서의 의존성 해결은 POM 파일을 업데이트함으로써 간단히 해결할 수 있다. 이 개념을 더 잘 설명하기 위해 다음과 같은 예제를 참고한다.

```xml
<repositories>
    <repository>
        <id>central</id>
        <url>http://[host]:[port]/artifactory/libs-release</url>
        <snapshots>
            <enabled>false</enabled>
        </snapshots>
    </repository>
    <repository>
        <id>snapshots</id>
        <url>http://[host]:[port]/artifactory/libs-snapshot</url>
        <releases>
            <enabled>false</enabled>
        </releases>
    </repository>
</repositories>
<pluginRepositories>
    <pluginRepository>
        <id>central</id>
        <url>http://[host]:[port]/artifactory/plugins-release</url>
        <snapshots>
            <enabled>false</enabled>
        </snapshots>
    </pluginRepository>
    <pluginRepository>
        <id>snapshots</id>
        <url>http://[host]:[port]/artifactory/plugins-snapshot</url>
        <releases>
            <enabled>false</enabled>
        </releases>
    </pluginRepository>
</pluginRepositories>
```

위 예제에서 아티팩토리 기반 메이븐 리포지토리의 포인터를 만들었지만, 아카이바나 넥서스 또는 기타 유사한 바이너리 리포지토리 솔루션에서도 이런 방식의 해법이 동작한다.

지금까지 DML을 통해 바이너리를 업로드하고 다운로드할 때의 기본 사항을 살펴봤으므로, 이제는 대상 배포 시스템에 패키지를 가져온 후 발생하는 단계를 살펴보자.

패키지 무결성 확인

배포 자동화의 다음 단계는 CRC 체크섬을 통해 다운로드한 패키지의 무결성을 확인하는 것이다. 유명 DML 솔루션은 MD5 및 SHA1 체크섬 파일을 생성하거나 젠킨스 내에서 직접 핑거프린트를 제공함으로써 핑거프린팅 검증을 지원한다. 핑거프린트는 DML에 저장된 각 바이너리와 연관된다. 체크섬 파일과 핑거프린트는 바이너리 항목의 해시 연산된 CRC를 제공한다.

다운로드한 패키지의 CRC를 검증하기 위해 이전에 핑거프린트 식별이 완료된 콘텐츠와 대상 바이너리에 대해 새로 계산된 것과 비교해야 한다. 이를 검증하는 방법은 간단하다. MD5나 SHA1 연산을 지원하는 대부분의 프로그래밍 언어에서는 쉽게 MD5와 SHA1를 검증하는 코딩을 할 수 있다. 아래는 리눅스용 BASH와 마이크로소프트 윈도우용 .NET MSBUILD에서 젠킨스의 핑거프린팅으로 패키지의 무결성을 확인하는 예제를 보여준다.

젠킨스 핑거프린트

젠킨스에서는 아카이브 아티팩트 포스트 빌드 스텝에서 핑거프린팅을 활성화한 경우, 내부에 저장된 아티팩트의 MD5 핑거프린트를 자동으로 계산한다. 내부에 저장된 아티팩트는 아카이브 아티팩트 포스트 빌드 액션을 통해 캡처된 것이다. 즉 핑거프린팅이 활성화되면 젠킨스는 자동으로 작업이 실행돼 캡처된 모든 아티팩트의 핑거프린트를 자동으로 계산하며, 이들 각각의 MD5 체크섬은 사용자 인터페이스를 통해 사용할 수 있다.

보관된 아티팩트의 핑거프린팅이 성공적으로 진행된 경우 젠킨스에서는 핑거프린트를 볼 수 있는 니프티Nifty 유저 인터페이스를 제공한다. 이 옵션은 젠킨스 작업에서 지정된 빌드 번호를 클릭한 후, 왼쪽 편에 있는 See Fingerprints 메뉴를 통해 이용할 수 있다. 그림 6-11에서 이 기능을 자세히 보여준다.

그림 6-11 기록된 핑거프린트

젠킨스 핑거프린팅 기능의 또 다른 이점은 여러 젠킨스 작업에 걸쳐 아티팩트 사용 여부를 추적할 수 있다는 것이다. 어떤 작업이 지정된 아티팩트를 사용했는지 여부를 판별할 때 유용하다. 핑거프린팅 기능을 사용하려면 포스트 빌드 액션에서 Record fingerprints of files to track usage(사용성 추적을 할 파일의 핑거프린트 기록하기)를 설정해야 한다. 그림 6-12 는 이를 위한 포스트 빌드 액션을 보여준다.

그림 6-12 사용성 추적을 할 파일의 핑거프린트 기록하기

포스트 빌드 액션을 구현하면 젠킨스는 캡처된 아티팩트를 사용하는 모든 작업을 추적한다. 추적 정보는 그림 6-11에서 설명한 Recorded Fingerprints 페이지에서 확인할 수 있다.

Custom C# task를 통한 MSBUILD

```
<UsingTask TaskName="MD5Verification" TaskFactory="CodeTaskFactory" As
semblyFile="$(MSBuildToolsPath)\Microsoft.Build.Tasks.v4.0.dll">
   <ParameterGroup>
      <MD5PackagePath ParameterType="System.String" Required="true" />
      <MD5FileContents ParameterType="System.String" Required="true" />
      <MD5RequiredHASH ParameterType="System.String" Required="true" />
   </ParameterGroup>
   <Task>

      <Using Namespace="System.IO" />
      <Using Namespace="System.Text.RegularExpressions" />
      <Using Namespace="System.Security.Cryptography"/>
      <Using Namespace="Microsoft.Build.Framework" />
      <Code Type="Fragment" Language="cs">

             <![CDATA[

      // -- 각 아이템마다 MD5 값 가져오기
      FileStream file = new FileStream(MD5PackagePath.ToString(),
   FileMode.Open);
      String MD5Required = MD5RequiredHASH.ToString();
      MD5 md5 = new MD5CryptoServiceProvider();
      byte[] retVal = md5.ComputeHash(file);
      file.Close();

      StringBuilder MDHASH = new StringBuilder();
      for (int i = 0; i < retVal.Length; i++)
      {
         MDHASH.Append(retVal[i].ToString("x2"));
      }

      Log.LogMessage(MessageImportance.Normal, "------------------
   -----------------------------------");
      Log.LogMessage(MessageImportance.Normal, "Verifying MD5
   CheckSums ");
```

```
        Log.LogMessage(MessageImportance.Normal, "-----------------
------------------------------------");
        Log.LogMessage(MessageImportance.Normal, "Package Location:
"+ MD5PackagePath +" \nFresh MD5: " + MD5FileContents + "\nArtifactory
MD5: " + MDHASH + "\nUser Specified MD5:" + MD5Required);

        int MD5Compare = String.Compare(MD5FileContents.ToString(),
MDHASH.ToString());
        int MD5REQCompare = String.Compare(MD5Required.ToString(),
MDHASH.ToString());
        if ((MD5Required != null)  && (((MD5REQCompare == 0) &&
(MD5Required != "OFF"))  || (MD5REQCompare != 0) && (MD5Required ==
"OFF")) && (MD5Compare == 0)) {

        Log.LogMessage(MessageImportance.Normal, "MD5 Verified
Successfully");

    } else {

        Log.LogMessage(MessageImportance.High, "MD5 Verification FAILED!");
        throw new Exception("Could not verify the MD5's the
package downloaded is corrupt.");
    }

        ]]>

        </Code>
    </Task>
</UsingTask>
```

리눅스/유닉스 배시 스크립트

```
#!/bin/bash
echo "Calculating MD5 comparisons"
if [ -z $2 ]; then
    echo "file + sum file needed"
```

```
        echo "usage: 0? "
        exit
fi

export fsum=$(cat $2)
export csum=$(md5sum $1 | awk '{print $1}')

echo "MD5 File CheckSum Value: $fsum"
echo "MD5Sum Calculated Value: $csum"

if [ "$csum" == "$fsum" ]; then
        echo "MD5 Verification Successful!";
else
      echo "MD5 Verification Failed!"
fi
```

배치 자동화 실행

앞 절에서는 패키지 아키텍처의 기본 접근법을 몇 가지 살펴봤다. DML을 구현하는 방법과 DML을 활용해 패키지를 발행하고 검색하는 방법을 설명했다. 또한 CRC 체크섬을 통해 패키지 무결성을 보장하는 방법을 배웠다. 이제 모든 사전 배포 단계가 완료됐으므로 배포용 자동화를 실행해 배포 작업을 완료한다.

배포 자동화는 다양한 형태로 제공될 수 있다. 사용자가 윈도우만 사용한다면 배시 스크립트 활용법은 전혀 의미가 없을 것이다. 반대로 리눅스 사용자라면 배포를 위해 MSBuild를 시도할 필요가 없다. 최소한 시스템 흐름을 중단하지 않고 배포 자동화를 용이하게 하려면 적정한 개수의 젠킨스 작업을 생성해야만 할 것이다. 추가로 이들 작업의 성공과 실패 여부도 올바르게 결정해야 한다. 또한 버튼 클릭 한 번으로 특정 버전의 대상 소프트웨어를 배포하는 기능도 제공해야 할 것이다.

젠킨스에서 배포 작업을 구현할 때는 (다중 배포를 지원하기 위해) 사용자가 지정한 버전 번호를 분석하여 이들 입력에 따라 실행해야 한다. 여기서는 빌드 매개 변수가 큰 가치를 제공할 수 있다. 다음 화면은 사용자가 버전 번호 및 아티팩트 리포지토리를 입력할 수 있도록 하는 젠킨스 배포 작업 내에 매개 변수 기본 집합을 보여준다.

그림 6-13 젠킨스 배포 작업 내에 기본 매개 변수 집합

이들 요소가 정의된 후, 사용자 입력을 통해 작업이 실행될 때마다 환경 변수를 통해 VERSION 및 ARTIFACTREPO 변수를 자동화에 사용할 수 있다. 이렇게 하면 지정 버전의 배포 패키지를 좀 더 쉽게 가져올 수 있다.

빌드 또는 다른 업스트림 작업을 통해 배포 작업을 호출할 때 버전 또는 아티팩트 리포지토리와 같은 작업 간에 변수를 전달하는 것이 중요해진다. 이 기능은 trigger/call parameterized builds on other project 메뉴를 통해 수행할 수 있다. 이 플러그의 설치 및 세부 사항은 다음 주소에서 찾을 수 있다.

https://wiki.jenkins-ci.org/display/JENKINS/Parameterized+Trigger+Plugin

플러그인이 설치됐다면 다운스트림 젠킨스 작업을 시작해서 VERSION이나 ARTIFACTREPO 같은 변수를 전달하는 방법은 간단하다. 이 플러그인은 빌드 과정에서 생성되는 프로퍼티 파일을 통해 매개 변수를 전달하는 기능을 제공한다. 자바 프로퍼티 파일은 키/값 데이터를 관리하는 고유의 방법을 제공하며 trigger/call parameterized builds on other project를 사용해 한 작업에서 다른 작업으로 전달할 수 있다.

프로퍼티 파일 및 형식 요구 사항에 대한 자세한 내용은 다음 사이트에서 자바 설명서를 참고한다.

```
http://docs.oracle.com/cd/E23095_01/Platform.93/ATGProgGuide/html/
s0204propertiesfileformat01.html
```

다운스트림 배포 젠킨스 작업을 초기화할 때, 배포 자동화는 실행 시 정의된 값이나 또는 프로퍼티 파일이나 다른 파일에서 전달된 데이터를 포함해 배포 수행 시 필요한 모든 데이터를 가지고 있어야 한다.

배포를 위해 젠킨스 슬레이브 노드 활용

배포 환경이 상당히 큰 것이 아니라면 젠킨스 슬레이브를 활용해서 대상 시스템에 자동 배포를 하는 것이 좋다. 젠킨스에서 슬레이브 시스템을 구축하고 설정하는 방법은 2장, '분산 빌드: 마스터/슬레이브 모드'에서 이미 다뤘다. 하지만 이번 절에서 자동 배포용 솔루션을 다시 한 번 더 짚어본다.

이번 절에서는 특히 자동 배포를 위해 이용할 수 있는 독특한 방법을 알아본다. 이 방법을 사용하면 젠킨스 마스터를 사용해 연결된 슬레이브 기기에 소프트웨어를 제어하고 배포할 수 있다. 이 방법은 데스크톱용 클라이언트 애플리케이션이나 임베디드 솔루션을 배포할 때 특히 유용하다. 물론 이들 외에 다른 아키텍처 유형에서도 사용할 수 있다.

배포 자동화를 작성하는 것은 사용자에게 달렸지만 원격 기기와의 연결은 젠킨스가 관리한다. 이외에도 젠킨스는 저렴한 비용으로 배포 노드를 관리하는 기능도 할 수 있다. 이런 솔루션의 아키텍처는 그림 6-14에 나와 있다.

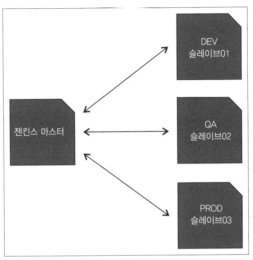

그림 6-14 마스터-슬레이브 배포 아키텍처

마스터 및 슬레이브 노드 배포 솔루션을 사용하는 경우, 젠킨스 시스템에 정의된 여러 배포 작업은 대상 배포 시스템이나 기기(슬레이브)에 명시적으로 연결돼야 한다. 작업을 특정 장치에 연결하는 것은 해당 작업의 상세 작업 구성 페이지에 있는 restrict where this job can run 옵션을 통해 수행된다. 각 배포 작업의 자동화는 배포 패키지를 가져와서, 체크섬을 검증하고, 내용을 추출하고, 정의된 배포 단계를 실행한다. 그러면 젠킨스는 자동화의 성공 또는 실패 여부를 보고한다. 일단 구현되면 프로모티드 빌드 플러그인을 사용해 프로모션 스텝으로 쉽게 연결된다.

젠킨스 슬레이브 노드 배포 시스템을 구축할 때, 젠킨스는 디스크 공간이나 스왑 공간, CPU 로드 등 모니터링할 수 있는 유용한 내장 기능을 많이 제공한다. 이들 기능은 시스템이 중단되면 안 되는 환경에서 특히 유용하다.

젠킨스 작업을 특정 슬레이브 세트에 연결하는 일은 쉽다. 다음 화면처럼 작업 구성 페이지에서 Restrict where this project can be run(이 프로젝트의 실행 영역을 제한) 옵션을 통해 수행할 수 있다.

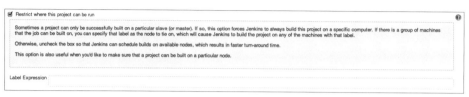

그림 6-15 젠킨스 작업을 슬레이브에 연결하기

여러 슬레이브상에서 자동화를 실행하는 것도 간단하게 구현할 수 있다. Execute Shell 이나 Execute Windows Shell build step은 대상 배포 노드의 자동화 작성 및 실행할 수 있는 간단한 방법을 제공한다.

1. DML에서 배포 패키지를 다운로드한다(젠킨스를 DML로 사용하는 경우 이 단계에서 아티팩트를 복사할 수 있음).
2. 다운로드한 패키지의 CRC 체크섬을 확인한다.
3. unzip이나 tar 등으로 배포 패키지의 압축을 푼다.
4. 패키지에 포함된 배포 스크립트를 실행한다.
5. 애플리케이션 시작 단계를 실행한다.

이들 단계는 기본 가이드라인일 뿐이며, 다양한 기술 스택과 설정에 따라 변경될 수 있다. 하나의 작업에서 다른 작업으로 버전 정보를 전달하는 방법은 7장, '빌드 파이프라인'을 참고한다. 그 외 마스터 및 슬레이브 설정의 추가 정보는 2장, '분산 빌드: 마스터/슬레이브 모드'를 참고한다.

▌요약

최근에는 소프트웨어 프로젝트의 자동 배포를 쉽게 하는 다양한 기술이 등장하고 있다. 어떤 기술을 사용하더라도 이를 젠킨스에 연결하는 창의적인 방법이 존재하며 이를 배울 수 있다. 젠킨스에 배포 기술을 더함으로써 과거의 단순 빌드 도구에 머물렀던 것을 자동화 컨트롤용 플랫폼 수준으로 변화시킬 수 있다. 어떤 방법으로 자동 배포를 구현하더라도 아래의 모범 사례 방식을 적용하는 것을 추천한다.

- 어떤 버전의 소프트웨어 솔루션 배포도 한 번의 버튼 클릭으로 가능하게 한다.
- 시간순으로 롤백이나 롤포워드도 한 번의 버튼 클릭으로 가능하게 한다.
- 환경 구성을 코드 형태로 관리한다.

6장에서는 소프트웨어 배포의 새로운 방식을 다뤘고 자동 배포를 위한 기술을 살펴봤다. 테스트뿐만 아니라 테스트 스크립트에 버전을 붙이고 패키징하는 방법을 배웠다. 아티팩트 리포지토리를 살펴봤고 확장성있는 배포 솔루션을 가능케 하기 위해 이슈 리포지토리를 활용하는 방법을 다뤘다. 마지막으로는 마스터 및 슬레이브 솔루션을 활용해 추가 배포 시나리오를 가능케 하는 방법을 배웠다.

7장에서는 빌드 파이프라인을 알아본다. 젠킨스의 빌드 파이프라인은 여러 작업을 연결하고, 작업 간 데이터를 전달할 수 있는 확장 기능을 제공한다. 이 기능을 사용해 빌드 작업을 연결해 배포하고, 이를 자동 테스트 검증과 연결하는 방법을 알아본다.

07

빌드 파이프라인

2012년 제즈 험블과 데이빗 팔리의 공저 『지속적 인도Continuous Delivery』라는 책에서 처음으로 빌드 파이프라인 개념을 소개했다. 혁신적인 내용을 다룬 이 책이 발간된 이후 수많은 기술 회사들이 자사의 소프트웨어 인도 절차를 개선하기 위해 빌드 파이프라인을 구현했다. 빌드 파이프라인이 소프트웨어 엔지니어링의 새로운 개념이긴하나, 완전히 새로운 개념은 아니다. 빌드 파이프라인은 원래 제조업의 공장 조립라인으로 더 잘 알려져 있다. 생산 분야에서 회사는 엔지니어링 및 납품 비용을 효과적으로 절감함으로써 경쟁력을 높일 수 있었다. 효율성 높은 자동화가 적용된 최신 생산 프로세스는 제품 조립과 배송에 드는 인력을 줄일 수 있다. 이는 기업의 운영 비용을 줄이고, 이윤은 증가시키는 결과를 낳는다.

"아무리 흐린 잉크라도 좋은 기억력보다 낫다."

– 중국 속담

젠킨스에서 빌드 파이프라인을 구현하려면 신중한 아키텍처 전략 계획이 필요하고, 모든 엔지니어링 분야에 적용되는 효과적인 자동화도 필요하다. 빌드 파이프라인 솔루션을 구현하려면 회사는 다음 분야에 노력을 기울여야 한다.

- 규약 및 표준(단순 구성 수준을 넘어선 규약)
- 자동화
- 효율적인 테스트 자동화
- 파이프라인 규약 및 구조 정의

7장에서는 젠킨스를 활용해 고효율 빌드 파이프라인을 설계하는 방법을 알아본다. 이는 효과적으로 소프트웨어를 인도하고 출시 전에 소프트웨어 결함을 파악해 기업의 비용을 절감하고자 함이다. 젠킨스에서 빌드 파이프라인이 제대로 구현되면 협업을 촉진하고 업무 처리량도 늘리며 품질에 대한 피드백을 제공한다. 빌드 파이프라인은 본질적으로 애자일이나 폭포수 모델 같은 소프트웨어 개발 방법론을 넘어선다. 관리자는 이를 통해 소프트웨어의 개발 및 인도 절차를 직접볼 수 있으며, 언제든 제품을 릴리스할 수 있다. 젠킨스 전문가가 빌드 파이프라인 방법을 익히면 젠킨스를 완벽한 소프트웨어 개발 생명주기 관리 도구로 활용할 수 있으며, 소프트웨어 인도 프로세스의 반복성을 보장할 수 있다.

7장에서는 다루는 내용은 다음과 같다.

- (경영진을 설득하는 데 필요한) 빌드 파이프라인의 사업 가치 제안
- 빌드 파이프라인 설계
- 젠킨스에서 빌드 파이프라인 구현

사업 자본을 비효율적인 소프트웨어 조립라인에 묶어 두면 시장에서의 생존력도 낮아지고, 운영 자본을 감소시키고, 경쟁 역량이 제한된다. 불투명하거나 고비용의 개발 및 릴리

스 패러다임을 자동화와 규칙, 효율성으로 대체하면 휴먼에러가 많이 발생하는 프로세스를 효율적으로 바꿀 수 있다.

▌ 빌드 파이프라인의 가치 제안

소프트웨어 회사에게 있어 결함의 비용은 매우 비싸다. 확인된 결함을 수정하기 위해 엔지니어링과 품질 보증, 관련 팀에서 소비한 시간은 초기에 개발 및 전략부서에서 낭비한 시간 및 자원과 같다고 할 수 있다. 이는 본질적으로 일대일 비율이다. 즉 빌드 파이프라인을 사용해 소프트웨어 개발 생명주기 초기에 결함을 확인하고 해결하면 시간과 자원을 많이 절약할 뿐만 아니라 비즈니스의 신뢰성도 강화할 수 있다.

지난 수년간 버그 수정, 소프트웨어 아키텍처, 프로젝트 관리 등 소프트웨어 개발 노력과 관련된 상대적 비용을 더욱 정확히 측정하기 위해 수많은 독립적인 연구들이 수행됐다. 그 중 결함 분석에 있어서 가장 주목할 만한 연구는 배리 보엠Barry Boehm의 2007년 연구로써 그림 7-1에 설명되어 있다.

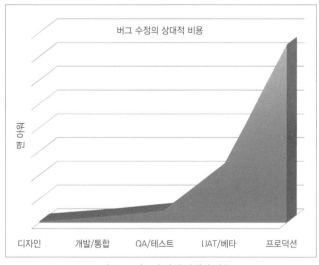

그림 7-1 버그 수정의 상대적 비용

보엠의 연구는 미국 DARPA(방위고등연구계획국) 조사에서 파생됐는데, 소프트웨어 개발 생명주기 측면에서 결함을 수정하는 것과 관련된 상대적 비용을 설명한다. 이 연구는 SaaS 엔지니어링 조직의 경우 놀라울 정도로 잘 들어맞는다. 이 연구는 소프트웨어 개발주기 내에서 소프트웨어 결함이 해결되는 데 점점 더 많은 비용이 드는 단계를 설명한다.

빌드 파이프라인의 가치 제안은 소프트웨어 개발 리소스와 품질 보증 인력, 관련 팀이 사전 프로덕션 환경에서 완벽한 소프트웨어 프로젝트를 작성하고 배포, 테스트한 후 잘 만들어진 결과를 자동으로 릴리스해야 한다는 것이다.

자동화로 이런 유형의 솔루션을 개발하면 회사는 회사 신뢰성에 위험을 초래하거나 재앙을 부르는 결함을 미리 식별할 수 있다. 그림 7-1을 좀 더 잘 이해하기 위해 비효율적이고 위험한 개발 사례가 비즈니스에 끼치는 영향을 간단히 살펴본다.

소프트웨어 솔루션의 최종 사용자나 고객, 소비자가 발견한 결함은 비용이 많이 들고 비즈니스 및 제품 명성에 손상을 준다. 소프트웨어 프로젝트가 공개된 후에 결함이 많이 확인된다면 비즈니스의 신뢰성이 떨어지고, 새로운 고객 확보도 점점 어려워진다.

결점 해결에 얼마나 많은 비용이 들어가는지 관련 범위와 비용을 통해 잠시 살펴보자. 릴리스된 소프트웨어 프로젝트에서 식별된 결함은 수많은 이해 관계자가 검토 및 관리한다. 예를 들어 릴리스 이후 식별된 결함은 아마도 다음과 같은 업무 절차를 따를 것이다.

1. 결함을 발견한 고객은 회사의 지원 담당자에게 지원 요청을 한다(보고 1건당 1시간).
2. 고객 지원 담당자는 고객과 함께 문제를 확인하고 해결책을 찾는다(1시간).
3. 문제가 결함으로 판명되면 QA 담당자에게 버그 검토를 요청하고, 처리 우선순위를 정한다(1시간).
4. QA 담당자는 버그를 재현한 후, 버그 리포트를 만들어 개발부서에 전달한다(1시간).
5. 개발부서는 버그 리포트의 우선순위를 판별하고, 문제를 해결한 후 QA 담당자에게 검토 및 테스트를 요청한다(2시간).

6. 운영 팀은 업데이트된 소프트웨어를 배포 또는 릴리스한다(1시간).

7. 지원 담당자는 문제가 제대로 해결됐는지 확인한 후 고객에게 알린다(1시간).

이상의 업무 흐름을 보면 결함 하나에 얼마나 많은 인력과 시간이 소모되는지를 알 수 있다. 문제 해결에 많은 비용이 소요된다는 의미다. 또한 회사 내에 많은 부서가 결함을 해결하는 데 적극적으로 참여해야 한다는 것도 알 수 있다. 엔지니어링 팀에서 해결한 버그한 개당 금액을 산정할 수 있을까? 잠시 시간을 내서 소프트웨어 프로젝트의 결함 해결과 관련된 비용을 금액으로 정의할 수 있는지 살펴보자.

다음 다이어그램은 엔지니어링 자원에 부과된 달러 금액으로 표시된 예를 보여준다.

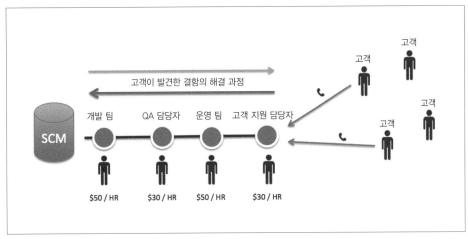

그림 7-2 고객이 발견한 결함의 해결 과정

위 데이터를 근거로 했을 때 결함 하나는 시간당 최소 220달러에 해당하는 인력을 낭비한다는 사실을 알 수 있다. 이 비용의 산정 방법을 알아보기 위해 그림 7-3의 단일 결함에 대한 시간당 인력을 달러로 환산한 예와 계산 비용을 살펴보자.

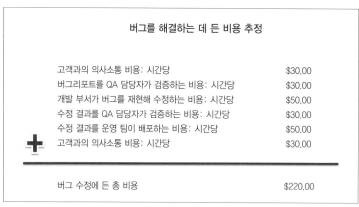

버그를 해결하는 데 든 비용 추정	
고객과의 의사소통 비용: 시간당	$30.00
버그리포트를 QA 담당자가 검증하는 비용: 시간당	$30.00
개발 부서가 버그를 재현해 수정하는 비용: 시간당	$50.00
수정 결과를 QA 담당자가 검증하는 비용: 시간당	$30.00
수정 결과를 운영 팀이 배포하는 비용: 시간당	$50.00
고객과의 의사소통 비용: 시간당	$30.00
버그 수정에 든 총 비용	$220.00

그림 7-3 버그 수정 비용 샘플

빌드 파이프라인을 구현함으로써 엔지니어링 프로세스의 초기 단계에서 결함을 파악하는 것이 아이디어의 핵심이다. 결함을 빨리 파악할수록 결함을 수정하는 데 투입되는 인력을 줄일 수 있기 때문이다. 빌드 파이프라인은 이런 노력을 지원하는 검증 단계 및 사전 릴리스 절차가 윤곽을 보여줌으로써 엔지니어링의 불만을 해결하는 것을 목표로 한다. 이런 결함이 빨리 발견될수록 이를 관리하고 해결하는 데 드는 인력 낭비를 막아 결과적으로 조직의 노력과 시간, 비용을 절약할 수 있다. 소프트웨어 프로젝트의 실패는 필연적으로 발생할 수밖에 없지만, 그렇다고 큰 비용을 치를 필요는 없다.

소프트웨어의 결함을 조기에 발견할 수 있으려면 출시 전에 통합 시험과 부하시험, 출시 결함을 테스트하고 식별할 수 있는 사전 프로덕션 환경을 잘 만들어 도입해야 한다. 사전 프로덕션 환경이 도입되는 경우 프로덕션 또는 릴리스 시스템의 구성 및 구현과 가능한 가깝도록 일치시켜야 한다.

 먼저 프로덕션이라는 용어는 포괄적으로 사용된다는 점을 기억하면 좋다. 웹서버나 데이터베이스 서버, 임베디드 기기나 데스크톱 시스템을 나타낸다. 뿐만 아니라 CDN이나 제조를 의미하기도 한다. 반대로 '릴리스'라는 용어는 고객이 사용할 수 있도록 준비된 상태로 정의할 수 있다.

이런 전체 솔루션에 대한 아이디어를 더 잘 이해하기 위해 빌드 파이프라인을 설계하는 방법과 그의 개별 컴포넌트는 무엇인지 살펴본다.

▌ 빌드 파이프라인 설계

빌드 파이프라인은 개발과 품질 관리, 배포 단계의 논리적인 진행이라고 할 수 있다. 이들 단계에서는 소프트웨어 프로젝트를 개발하고, 배포하고, 검증하는 방법을 정의한다. 빌드 파이프라인을 구현함으로써 빌드 패키지나 컨테이너가 반복적인 배포 프로세스를 따라 연속적으로 진행되는 솔루션을 만들게 된다. 파이프라인에 게이트를 추가해 품질 측정 데이터를 수집하고, 통합 결함을 식별한다. 이렇게 파이프라인에 정의된 각 게이트에서는 다음 단계로의 진행 여부를 결정한다. 최종으로 자동화 솔루션은 전체 파이프라인을 통해 빌드를 검토하고 프로덕션이나 릴리스 상태로 출시한다.

앞에서도 말했듯이 클라우드 기반 소프트웨어나 랙장착형 서버에 항상 프로덕션을 적용할 필요는 없다. 빌드 파이프라인의 프로덕션이나 릴리스 상태는 단지 최종 목표를 나타낼 뿐이다. 임베디드 솔루션이나 포장되어 팔리는 패키지 소프트웨어의 경우, 파이프라인 구축을 통해 높은 가치를 제공할 수 있으며, 마케팅 전략에 따라 언제든 출시 가능한 상태를 유지함으로써 회사의 사업 계획에 큰 도움을 줄 수 있다.

젠킨스에서 빌드 파이프라인을 설계하는 목표를 달성하기 위해 일단 배포 솔루션을 구성하는 방법을 살펴보자. 이를 위해 빌드 파이프라인을 세그먼트로 나눠서 진행한다. 각 세그먼트는 5장, '고급 자동화 테스트'에서 설명한 SDLC의 배포 및 테스트 반복 부분을 나타낸다.

빌드 파이프라인의 첫 번째 세그먼트

빌드 파이프라인의 첫 번째 세그먼트는 약간 독특하다고 할 수 있는데, 여기에는 빌드 프로세스와 소스코드 검증, 단위 테스트와 정적 코드 분석, 패키징과 초기 통합 배포 단계, 자동 테스트 실행 등이 포함되기 때문이다. 특정 구현의 성숙도는 각기 다를 수 있는데, 초기에는 정적 코드 분석처럼 고급 기능의 경우 일부가 부족한 것은 정상이라고 할 수 있다. 빌드 파이프라인의 첫 번째 세그먼트 예제를 통해 자동화 흐름과 통합 이니셔티브 및 흐름을 간단히 살펴보자. 그림 7-4에 자세히 나타나 있다.

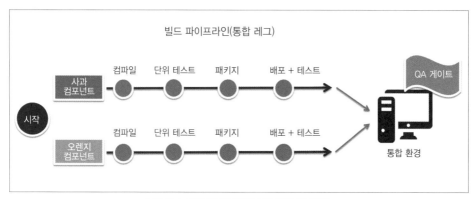

그림 7-4 빌드 파이프라인의 첫 번째 세그먼트

위 예에서는 반드시 상호작용해야 하는 두 개의 기본 소프트웨어 컴포넌트를 묘사했다. 이처럼 컴포넌트는 각기 통합 환경으로 들어가는 빌드 파이프라인을 가지고 있다. 앞의 그림 7-4에서는 별개의 두 컴포넌트(사과와 오렌지)에서 사과와 오렌지 컴포넌트가 각각 자체 빌드 프로세스를 거쳐 연속적으로 통합 환경Integration Environment으로 유입된다는 사실을 알 수 있다. 통합 환경은 컴포넌트의 상호작용과 호환성을 테스트할 수 있는 통일된 사전 프로덕션 통합 환경을 제공하도록 설계됐다. 컴포넌트가 배치되고 자동 테스트 툴로 테스트된 다음에, 품질 게이트를 지난다.

초기 통합 빌드 파이프라인 세그먼트는 연결된 컴포넌트가 품질 관리로 넘어가기 전에 개발자가 품질과 상호작용을 검토할 수 있는 기회를 제공한다. 통합 환경을 구현함으로써 개발 조직은 개별 컴포넌트와 시스템에 설치된 다른 컴포넌트의 상호작용에 대한 통찰력을 얻을 수 있다. 프로덕션 환경에 가까운 통합 환경에 자동 배포를 설정함으로써 통합 결함을 찾아내고, 더 나은 아키텍처를 구현하며, 나쁜 아티팩트가 품질 보증 담당자에게 노출되지 않도록 할 수 있다.

확인된 결함을 신속하게 복구하려면 각 논리 파이프라인 세그먼트가 완료된 후에 빌드 파이프라인 알림(피드백 루프) 솔루션을 구현해야 한다. 예를 들어, 단위 테스트와 빌드 과정이 완료된 후(또는 실패한 후)에는 각 이해 관계자에게 알림이 전송돼야 한다. 통합 환경의 배포와 테스트가 완료되면 다른 알림이 전송돼 배포 상황 및 배포 품질과 관련된 성공/실패의 비율 정보를 제공해야 한다. 논리적으로는 이런 알림이 파이프라인 세그먼트가 진행됨에 따라 계속돼야 한다.

파이프라인의 실패(DEV 코드, QA 테스트 코드 또는 자동화 코드)

특정 자동화가 실패한 경우 가장 좋은 방법은 실패 사실을 식별하고 즉시 시정 요청을 하는 것이다. 즉 실패가 문제인 것은 아니다. 실패는 파이프라인에서 프로덕션 이전에 결함을 발견했다는 것을 의미한다.

핵심은 애플리케이션 코드와 테스트 코드, 자동화 코드, 알림 시스템을 지속적으로 개선하는 것이며, 최종 목표는 자동화를 통해 SDLC 초기에 결함을 잡는 것이다.

빌드 파이프라인의 첫 번째 세그먼트는 확실히 가장 많이 이용되는 단계다. 개발과 품질 관리, 데브옵스와 관련 팀들이 동일한 소스 리포지토리내 메인라인에 코드를 커밋하면 그 결과로 젠킨스에서는 파이프라인이 실행된다. 젠킨스의 각 파이프라인 세그먼트에는 완전한 빌드와 배포, 테스트 솔루션이 포함돼야 한다. 커밋 빈도가 높을수록 협업 수준이 높아지며 소프트웨어 아키텍처도 더욱 똑똑해진다.

빌드 파이프라인의 첫 번째 레그의 아키텍처를 이해했다면 추가 레그를 만드는 것도 가능하다. 논리적으로 추가되는 각 레그는 이전 레그의 오른쪽에 위치한다. 빌드 파이프라인에서 추가 레그를 구현하는 것은 첫 번째 단계와 유사하며 일부 단계만 생략된다. 다음 절에서는 추가 파이프라인 세그먼트를 구현하는 방법을 살펴본다.

추가 파이프라인 세그먼트

추가 세그먼트 생성은 첫 번째에서 빌드와 단위 테스트만을 제외한 것과 유사한 방식으로 수행된다. 각 추가 파이프라인 세그먼트는 사실상 확장된 대상을 가지며 배포 절차에 추가 리소스를 포함한다. 빌드 파이프라인에 세그먼트를 추가할 때는 이들 후속 세그먼트들을 정의한 목적과 가치가 명확해야 한다. 빌드 파이프라인에 추가된 세그먼트는 사용자의 유효성 검사 범위를 확장하거나 테스트 기능을 확장할 수 있어야 한다. 추가 파이프라인 세그먼트의 설계를 더 잘 할 수 있도록 그림 7-5a에서 기본 흐름을 설명한다.

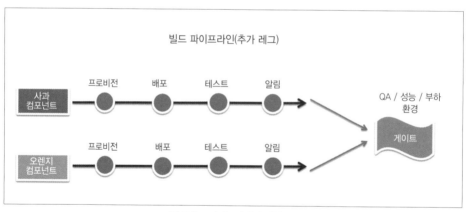

그림 7-5a 파이프라인의 기본 흐름

이후 각 레그가 실행된 후 파이프라인에 추가된 세그먼트는 이전 세그먼트의 오른편에 논리적으로 연결된다. 이런 유형의 구현의 경우 지나치게 커스터마이징하지 않고 다양한 세그먼트에서 활용할 수 있는 공통 자동화 셋이 필요하다(테스트와 배포 위치 영역은 제외). 이

부분을 좀 더 명확하게 하기 위해 다음 개념도에서는 빌드 파이프라인의 전체 개요를 보여준다.

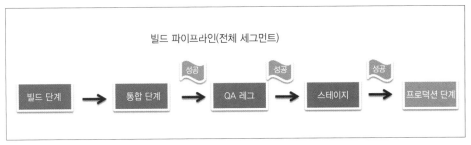

그림 7-5b 상위레벨 관점에서의 빌드 파이프라인

위 그림에서 빌드가 빌드 단계Build Phase, 통합 단계Integraion Phase, QA 레그Leg, 스테이지Stage 및 프로덕션Production으로 전달됨을 알 수 있다.

> ℹ️ 일련의 표준화된 환경을 구현할 때는 스테이징 환경도 만드는 것이 가장 좋다. 스테이징 환경은 프로덕션 환경과 동일해야 하며, 엔지니어링 담당자의 출입을 제한해야 한다. 스테이징 환경은 배포 자동화 실패 또는 불일치를 잡아낼 수 있는 마지막 기회이므로 완벽한 상태로 유지해야 한다.

추가로 생성된 파이프라인 섹션은 최소한 다음을 자동화해야 한다.

- 어느 버전이든 생성 가능한 자동화된 지속적 푸시 버튼 배포(AND/OR)
- 초기 버전의 스모크 테스트와 함께 배포 완료 후, 기본 동작 상태를 검증하기 위한 자동 환경 테스트
- 파이프라인 세그먼트의 각 담당자에게 실패와 성공을 알려주는 완벽한 알림 솔루션(피드백 루프)

파이프라인의 완성

빌드 파이프라인의 목표는 수도배관을 통해 물이 흐르는 것과 유사한 방식으로 빌드가 지속적으로 흐르도록 하는 것이다. 최종 목표는 빌드 내에 바뀐 부분을 포함시켜 프로덕션으로 배포 또는 릴리스하는 것이다. 프로덕션이란 용어는 웹 기반 소프트웨어에서는 분명한 의미를 갖지만 포장돼 판매되는 솔루션이나 임베디드형 제품의 경우는 어떨까? 이들도 역시 프로덕션으로 릴리스될 수 있다. 포장 방식의 솔루션이나 임베디드형 기술을 제공하는 소프트웨어 기업의 경우에도 최종 목적은 릴리스가 가능한 패키지를 생산하는 것이고 CDN 같은 방식처럼 사업적 목적에 따라 결과물을 선택할 수 있다. 소프트웨어 프로젝트가 클라우드 설치형 다중 서버에 배포되든, 임베디드형 생산 기업에 릴리스가 되든 관계없이, 빌드 파이프라인은 자동화된 배포 및 검증을 위한 일련의 프로세스를 제공한다.

소프트웨어 프로젝트가 배송된다는 의미는 소프트웨어 개발의 마지막 단계이자 개발 비용, 즉 투자 회수가 시작된다는 의미다. 소프트웨어 프로젝트에 결함이나 미해결 문제 등 품질 문제가 있다면 사업의 수익성과 투자 회수율이 떨어지게 된다. 빌드 파이프라인을 구현함으로써 프로세스 흐름을 촉진하고, 효과적인 개발 패턴을 지키며, 고품질의 릴리스와 확장형 자동화 기능을 확보하게 된다. 비즈니스 경쟁에서 있어 경쟁자보다 민첩할수록 수익성 높은 비즈니스를 차지할 가능성이 높아진다.

최종 파이프라인 시각화

이제 사전 프로덕션 자동화 아키텍처 및 각 레그의 설계 방법을 알게 됐으므로, 완성된 빌드 파이프라인을 살펴본다. 소프트웨어 프로젝트의 프로덕션 배포는 사전 프로덕션 배포와 동일한 방식으로 자동화된 스모크 테스트, 기능 테스트, 검증을 포함해 설계 및 구현돼야 한다.

프로덕션 출시 솔루션을 위한 파이프라인의 구현 및 정의의 최종 레그는 프리프로덕션 환경에서 이미 수행된 작업을 논리적으로 진행하고 그대로 복제하는 것이다.

기본 배포 워크플로우를 설명하기 위해 처음부터 끝까지 전체 빌드 파이프라인의 예제를
살펴보자. 그림 7-6은 아키텍처나 기술 스택, 개발 프로세스에 따라 논리적으로 확장되
거나 축소될 수 있는 통합 컴포넌트 기반 파이프라인의 예를 보여준다.

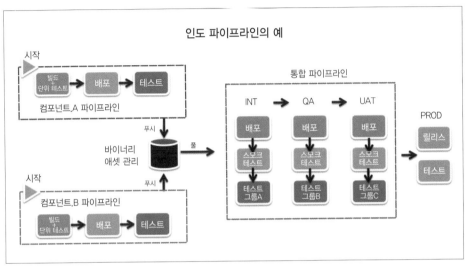

그림 7-6 프로덕션 출시 예제 흐름도

포장 판매 및 임베디드형 프로젝트용 변환

임베디드 및 포장 판매형 소프트웨어 프로젝트의 경우 클라우드나 서버 인프라에 배포하
는 방식과는 다르다. 오히려 사업부 소유의 저장소인 CDN 또는 DML에 릴리스되거나 대
량 생산을 위해 제조사에 직접 전달된다. 빌드 파이프라인은 이런 유형의 개발 영역에서
도 가치를 잃지 않는다. 빌드 파이프라인을 사용하면 릴리스용 빌드가 항상 준비되기 때
문에 릴리스를 준비하느라 언제나 엔지니어링 부서에 의존할 필요가 없게 된다. 그림 7-7
은 이런 릴리스 활동의 개요를 보여준다.

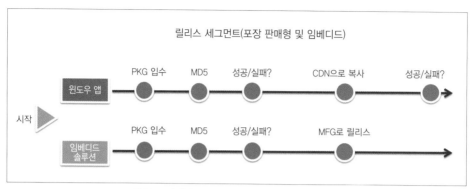

그림 7-7 임베디드 및 포장 판매형 소프트웨어의 릴리스

임베디드 및 포장 판매형 소프트웨어의 프로세스는 특정 하드웨어나 소프트웨어를 요구하는 경우도 있다. 앞에서 언급했듯이 CDN이나 DML 저장 솔루션에 릴리스를 할 때는 배포 전에 자동화 테스트를 통해 주의 깊게 다뤄야 한다.

젠킨스에서 빌드 파이프라인 구현

지금부터는 빌드 파이프라인의 아키텍처를 확실히 이해해야 한다. 이제 젠킨스에서 빌드 파이프라인을 구현할 때 도움이 되는 몇 가지 유용한 전략과 젠킨스 플러그인, 사례를 살펴본다.

젠킨스에서 빌드 파이프라인 구축시 자유롭게 커스터마이징이 가능하기 때문에 동일한 목표를 달성하는 데는 여러 가지 방법이 있다. 대부분의 저수준 자동화 구현은 기술 스택과 조직, 플랫폼에 크게 의존한다. 그렇기 때문에 7장에서는 모든 사람을 위한 포괄적인 설명보다는 플러그인을 활용한 젠킨스 중심의 가이드와 적용 가능한 팁, 기법과 가이드라인을 다루고자 한다.

다음 절은 주제별로 구성되어 있으며, 모든 빌드 파이프라인의 모든 구현에 적합한 것은 아니다. 가장 적합한 솔루션과 이에 맞는 플러그인, 유용한 기법 등을 다루려고 했지만, 독자가 원하는 솔루션이나 구현 방식을 고려해 필요한 것만 취하는 것을 추천한다.

업스트림 작업: 트리거 방식으로

다운스트림 작업(지정된 작업이 완료된 후에 실행되는 작업)을 실행하는 가장 널리 사용되는 방식은 젠킨스에서 제공하는 기본 기능을 사용하는 것이다. 즉, 다른 작업에 종속된 작업을 실행하는 방식이다. 이 방식을 사용하면 젠킨스가 다른 작업의 상태와 실행 기준에 따라 작업을 자동으로 실행할 수 있다. 이는 상세 작업 구성 메뉴 내에 Build Triggers 섹션에서 쉽게 설정할 수 있다. 그림 7-8은 종속된 다른 작업이 완료될 때 다운스트림 작업을 실행하는 예제다.

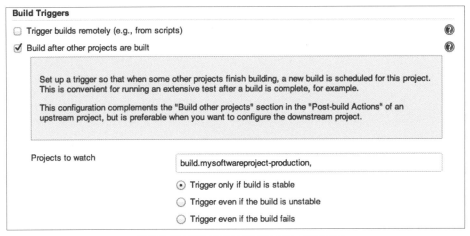

그림 7-8 업스트림 작업을 기반으로 빌드 트리거 생성

이 솔루션은 빌드 안정성에 따라 트리거링을 건너뛰는 기능도 추가로 제공한다. 위 화면에 표시된 라디오 버튼은 대상 빌드 작업이 안정성 요구 사항을 충족시키지 않는 경우 트리거를 건너뛸 수 있는 간단한 방법을 제공한다.

구성이 저장되면 다운스트림 작업은 종속된 업스트림 작업을 자동으로 식별하고 트리거 이벤트를 수신한다. 또한 다음 화면과 같이 작업 개요 페이지를 통해 작업 링크가 표시된다.

그림 7-9 작업 링크

다운스트림 작업: 포스트 빌드 액션을 통해

젠킨스 시스템은 기본적으로 포스트 빌드 스텝에서 작업 실행에 대한 연결 솔루션을 제공한다. 다운스트림 작업 솔루션을 사용하면 현재 작업이 완료된 후에 다른 작업을 시작할수 있다. 이를 구현하려면 현재 작업의 상세 작업 구성 페이지에서 포스트 빌드 액션을 정의해야 한다. 예를 들면, foo 작업 후에 bar 작업을 시작하게 하려면 foo 작업의 상세 작업 구성 페이지의 포스트 빌드 액션에서 링크를 정의한다. 그림 7-10은 `bar.project`를시작하는 포스트 빌드 액션 설정을 보여준다.

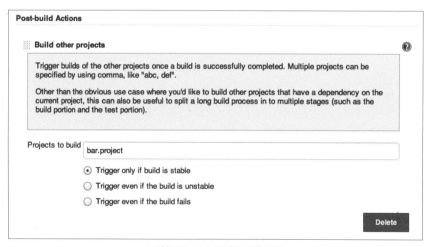

그림 7-10 포스트 빌드 스텝 설정

구성이 완료되면, 젠킨스에서는 포스트 빌드 액션에서 지정된 범주에 따라 각 실행이 끝날 때마다 다운스트림 작업을 시작한다.

업스트림 작업과 유사한 방식으로, 다운스트림 작업을 시작하는 포스트 빌드 액션 단계가 지정된 젠킨스 작업은 작업 개요 페이지 내에 다운스트림 작업으로 직접 연결되는 링크를 제공한다. 이는 그림 7-11에 나와있다.

Downstream Projects

◉ Sample Maven Project ▾

Permalinks

- Last build (#7), 8.7 sec ago
- Last stable build (#7), 8.7 sec ago
- Last successful build (#7), 8.7 sec ago
- Last failed build (#3), 7 days 23 hr ago
- Last unsuccessful build (#3), 7 days 23 hr ago

그림 7-11 다운스트림 작업에 대한 직접 링크를 제공하는 젠킨스 작업

업스트림 및 다운스트림 작업을 구현할 때 선택할 수 있는 기능 옵션은 제한이 없다고 할 수 있다. 다만, 작업 간 의존성의 문제가 생기지 않도록 시스템을 체계적으로 잘 정리해 두어야 한다.

파라미터라이즈드 트리거 플러그인

젠킨스에서 가장 가치 있는 플러그인 중 하나가 파라미터라이즈드 트리거(parameterized trigger) 플러그인이라는데는 이견이 없을 것이다. 이 플러그인은 다른 젠킨스 작업을 시작하고 변수 기반의 매개 변수를 전달하는 데 있어 확장성이 높은 기능을 제공한다. 이는 버전 정보 또는 빌드나 배포 패키지의 세부 정보를 대상 다운스트림 작업에 전달할 때 더욱 유용하다. 이 플러그인의 홈페이지 링크는 다음과 같다.

https://wiki.jenkins-ci.org/display/JENKINS/Parameterized+Trigger+Plugin

파라미터라이즈드 트리거 플러그인이 젠킨스 시스템에 설치되면 다음 상세 작업 구성 옵션을 통해 사용할 수 있다.

- 젠킨스 프로젝트 내의 빌드 스텝
- 포스트 빌드 액션
- 프로모티드 빌드 플러그인을 통한 프로모션 스텝

파라미터라이즈드 트리거 플러그인은 다운스트림 작업의 시작, 여러 형식의 매개 변수 전달, 트리거된 작업 결과에 따른 작업 성공 여부 결정 등의 기능을 제공한다. 이렇게 설명하면 실제보다 더 복잡하게 들릴 텐데, 간단히 예제를 보자. 그림 7-12에서는 다운스트림 트리거 프로젝트의 기본 구성을 보여준다.

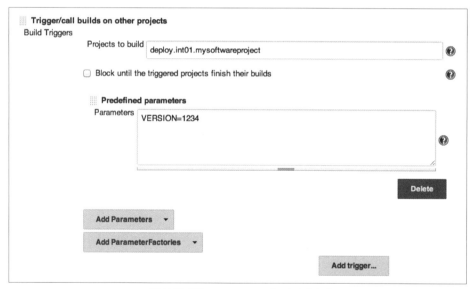

그림 7-12 Trigger parameterized 작업 구성

위 화면에 표시된 구성 옵션은 플러그인의 가장 기본 기능만 보여준다. 파라미터라이즈드 트리거 플러그인의 가장 강력한 기능은 오라클 자바 속성 파일을 통해 한 작업에서 다른 작업으로 매개 변수를 전달하는 기능이다.

자바 속성 파일은 등호로 구분된 변수가 포함된 기본 텍스트 파일이다. 매우 기본적인 자바 속성 파일의 예는 다음과 같다.

```
APPNAME = myproject
VERSION = 1.0.0.0
DEPLOYSCRIPT = deploy.yml
```

 자바 속성 파일을 편하게 사용하는 방법은 빌드 관련 메타 데이터를 저장하는 것이다. 예를 들어, build.properties 파일에 버전 정보나 아티팩트 주소를 정의한 후 이들 정보를 젠킨스의 한 작업에서 다른 작업으로 전달할 수 있다. 즉 이 플러그인과 속성 파일을 같이 활용해 한 작업에서 다른 작업으로 가변형 데이터를 전달하는 확실한 방법을 구축할 수 있다.

속성 파일을 사용하는 경우 다운스트림 작업은 데이터 포인트를 자동화가 가능한 환경 변수로 받게 된다. 이는 한 작업의 메타 데이터를 수집해 다른 작업으로 전달하는 확실한 방법이다.

프로모티드 빌드 플러그인

프로모티드 빌드Promoted build 플러그인도 젠킨스에서 가장 가치 있는 플러그인 중 하나다. 빌드 프로모션은 이해 관계자가 특정 빌드를 향후에 사용할 테스트나 릴리스용으로 만드는 대표적인 방법이다. 또한 이 절차는 빌드 파이프라인의 품질 게이트 핵심 요소 중 하나다. 빌드 파이프라인의 빌드 프로모션을 통하면 지속적 인도 방식을 수동 검증 절차와 결합할 수 있고, 궁극적으로 게이트를 제거해 진정한 지속적 인도를 수행할 수 있다.

빌드는 개발 팀 내에 한 논리 그룹에서 다른 그룹으로 전달되고, 담당자는 빌드 프로모션의 권리를 갖는다. 이를 통해 개발 팀은 빌드를 시각적으로 검사할 뿐만 아니라 다음 논리 빌드 파이프라인 단계로 진행하기에 앞서 검증을 수행하는 게이트 역할을 한다. 프로모티드 빌드 플러그인을 통한 프로모션 절차의 작업 흐름은 다음 그림 7–13과 유사하다.

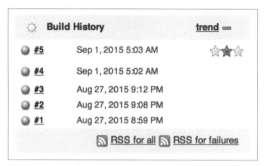

그림 7-13 Promoted Build 예제

화면을 보면, 빌드 내역에 별 모양으로 나타낸 프로모티드 빌드 플러그인은 7장 앞부분에서 설명한 빌드 파이프라인 아키텍처와 비슷하지 않다. 특정 프로모티드 빌드 항목으로 들어가면, 프로모션과 관련된 세부 정보가 나타난다. 프로모션과 관련된 세부 정보에 접근하려면 프로모션된 빌드 ID의 왼쪽에 있는 프로모티드 빌드 링크를 사용한다. 이와 관련된 탐색 옵션은 그림 7–14에 있다.

그림 7-14 탐색 옵션

특정 빌드로 들어가면 프로모션과 관련된 추가 정보가 나타난다. 그림 7-15에서 보듯이 #234번 프로모티드 이 빌드는 빌드 파이프라인의 개발 단계를 통과한 후, QA 검증 대기 중이라는 것을 알 수 있다.

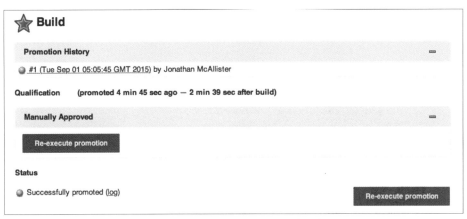

그림 7-15 개발 단계를 통과한 프로모티드 빌드

각 프로모션 단계는 빌드 내역에서 프로모션 프로세스의 성공을 알리는 데 사용하는 색상 별 모양 옵션을 제공한다. 실제로 프로모티드 빌드 플러그인은 소프트웨어 프로세스 및 자동화를 위한 래퍼 역할을 하며, 제대로 인증된 버튼 클릭의 자동화 실행을 통제하는 방법을 제공한다.

프로모티드 빌드 플러그인을 통해 젠킨스에서 빌드 프로모션을 구성하는 일은 사실 매우 쉽다. 프로모션 프로세스는 상세 작업 구성 페이지에 설명되어 있으며, 여기에서 여러 가지 프로모션 및 서브 스텝을 정의할 수 있다. 구성 예를 살펴보자.

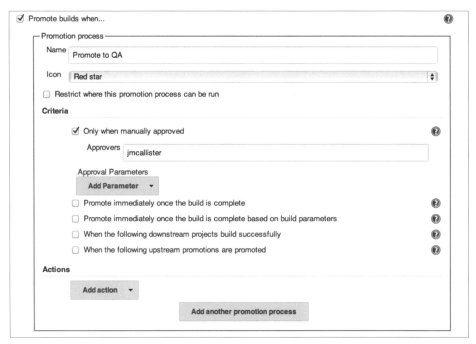

그림 7-16 프로모션 파이프라인 세그먼트 구성의 예

위 예제는 프로모션 프로세스의 일부인 다운스트림 작업 deploy.mysoftwareapp.int를
시작하는 기본 프로모션(품질 게이트 승인) 구현을 설명한다. 이 구성 예제에서는 Promotion
Process의 실행을 수동 승인 단계로 설정한다.

빌드 파이프라인의 추가 세그먼트는 작업 구성에 정의된 이전 프로모션상에서 요구된 종
속성을 가진 프로모션 단계로 각각 설정할 수 있다. 이를 통해 다운스트림 작업의 특정 순
서를 정의할 수 있고, 필수 사전 프로모션 단계가 성공적으로 완료되지 않은 경우 젠킨스
가 프로모션 단계를 수행되지 않도록 지정할 수 있다.

이 기능을 구현하려면 체크박스를 선택해서, 필요한 업스트림 프로모션 단계에 대한 정의
를 지정해 행동을 정의하면 된다. 다음 화면은 승인 설정과 워크플로우의 일부로써 필요
한 업스트림 프로모션의 예제다.

246

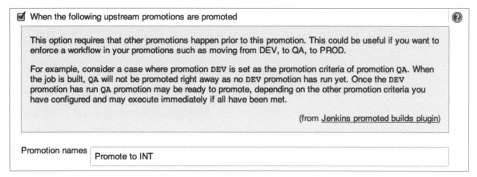

그림 7-17 프로모션 스텝 설정

포스트 빌드 태스크 플러그인

피드백 루프(상태를 알리는 자동 알림 시스템)를 구현할 때 종종 스크립트를 실행하거나 다운 스트림 작업의 상태에 따라 전자 메일을 보내는 것이 논리적일 수 있다. 이런 경우라면 젠 킨스에서 포스트 빌드 액션을 사용하는 것이 논리적 해법일 수 있다. 하지만 실패했거나 성공했다는 이메일은 어떻게 전달해야 할까? 이를 위한 솔루션은 포스트 빌드 태스크 플 러그인에 있다. 젠킨스에서 포스트 빌드 태스크를 구현하려면 포스트 빌드 태스크 플러그 인이 설치돼야 한다. 이 플러그인은 콘솔 로그에서 작업의 상태와 일치하는 텍스트 또는 정규 표현식을 기반으로 조건부 스크립트 작업을 할 수 있다. 독자의 젠킨스 시스템에 이 플러그인이 설치돼 있지 않다면 다음 URL에서 다운로드할 수 있다.

https://wiki.jenkins-ci.org/display/JENKINS/Post+build+task

일단 설치가 완료되면, 다음 화면과 같이 포스트 빌드 운영 태스크를 생성할 수 있다.

그림 7-18 포스트 빌드 운영 태스크

포스트 빌드 태스크 플러그인이 제공하는 log regex matching은 콘솔 로그의 일반 텍스트나 정규 표현식에 맞추는 기능을 제공한다. 이 기능을 사용하면 다운스트림 작업이나 자동화 출력을 기반으로 여러 자동화 시퀀스나 알림을 설정할 수 있다.

딜리버리 파이프라인 플러그인

젠킨스의 딜리버리 파이프라인Delivery pipeline 플러그인은 빌드 파이프라인에 대한 고수준의 실시간 개요 상태를 제공한다. 플러그인에는 제공하는 정보는 업스트림 및 다운스트림 작업과 라이브 실행 표시기 등과 관련된 전반적인 내용이다. 그 동안 젠킨스에서 이런 세부 사항을 제공하는 플러그인은 빌드 파이프라인 플러그인이 유일했다. 하지만 딜리버리 파이프라인 플러그인이 이보다 향상된 기능을 제공하게 됨으로써 파이프라인 개발 시 필수 검토 솔루션 중 하나가 됐다. 이 플러그인에 대한 설명서는 다음 URL에서 찾을 수 있다.

https://wiki.jenkins-ci.org/display/JENKINS/Delivery+Pipeline+Plugin

딜리버리 파이프라인 플러그인을 사용하려면 먼저 젠킨스의 관리 UI(플러그인 매니저)에서 플러그인을 설치해야 한다. 일단 빌드 파이프라인이 생성되면 새로운 Delivery Pipeline View를 생성해 더 효과적으로 시각화할 수 있다. 이렇게 하려면 젠킨스에서 새로운 뷰를 생성하고 그림 7-19와 같이 이용 가능한 라디오 박스에서 Delivery Pipeline View를 선택한다.

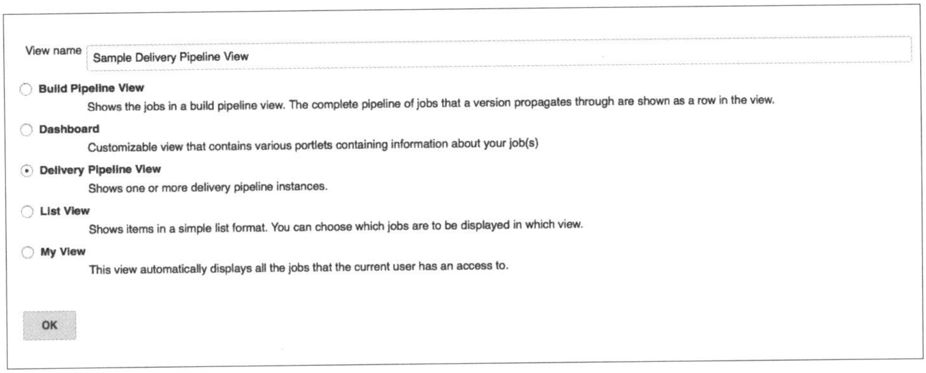

View name | Sample Delivery Pipeline View

○ **Build Pipeline View**
　　Shows the jobs in a build pipeline view. The complete pipeline of jobs that a version propagates through are shown as a row in the view.

○ **Dashboard**
　　Customizable view that contains various portlets containing information about your job(s)

◉ **Delivery Pipeline View**
　　Shows one or more delivery pipeline instances.

○ **List View**
　　Shows items in a simple list format. You can choose which jobs are to be displayed in which view.

○ **My View**
　　This view automatically displays all the jobs that the current user has an access to.

OK

그림 7-19 딜리버리 파이프라인 생성

파이프라인 뷰 생성 시 여러 가지 구성 옵션이 나타난다. 그 중 몇 가지 주요 옵션과 동작을 살펴보자. Delivery Pipeline View를 설정할 때 먼저 지정할 것은 출발점이다.

처음에 작업 드롭다운 박스에서 작업 이름을 선택한다. 작업 이름을 선택했다면 추가 구성이 필요할 텐데, 사용 가능한 구성 옵션의 전체 목록은 그림 7-20에 설명되어 있다.

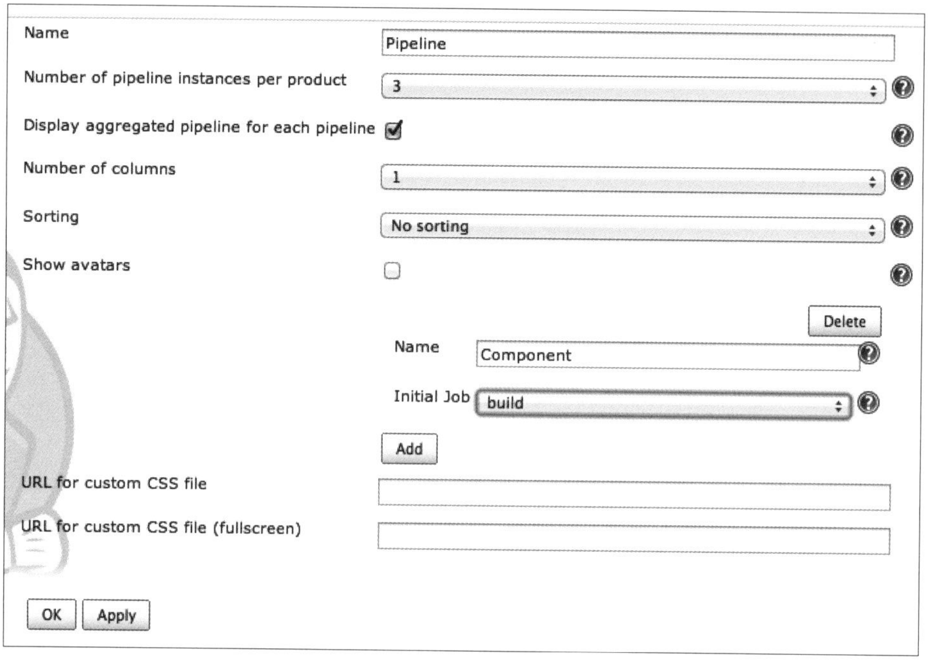

그림 7-20 딜리버리 파이프라인 구성

또 다른 유용한 기능은 URL for custom CSS file 옵션이다. 이 기능을 통해 사용자가 원하는 색상 테마에 맞게 파이프라인의 모양과 느낌을 정의할 수 있다.

Enable start of new pipeline build 토글을 설정하면 파이프라인 뷰에 직접 시작할 수 있도록 Build Now 버튼을 표시할 수 있다. 이 기능을 사용하면 버튼 클릭만으로도 파이프라인과 하위 자동화 작업을 직접 실행할 수 있다.

Display aggregated pipeline for each pipeline 토글은 파이프라인에서 현재 연결된 다운스트림 작업의 뷰를 결합할 때 유용하다. 이 기능을 사용하면 이들 작업 중 가장 최신의 실행 및 관련된 빌드 번호를 볼 수 있다.

뷰 설정과 저장이 끝나면, Initial Job의 설정을 자동으로 조사해 다운스트림 의존성을 식별한다. 별도의 정의를 하지 않았다면 플러그인은 그림 7-21에서 볼 수 있듯이 예약된 1분 단위로 이 동기화 작업을 수행하며, 뷰에 작업과 실시간 상태를 보여준다.

250

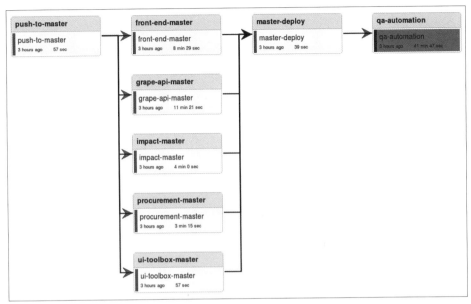

그림 7-21 딜리버리 파이프라인 뷰

구성이 끝나면, 이 플러그인은 해당 소프트웨어 프로젝트의 딜리버리 파이프라인의 전체적인 뷰(조감도)를 제공한다. 그렇다면 이 플러그인으로 딜리버리 파이프라인을 생성하는 방법을 잠시 알아보자.

젠킨스의 Continuous Delivery(지속적 인도) 플러그인을 사용하면 빌드 파이프라인 세그먼트를 연결하고 이를 시각적으로 표시하는 뷰를 만들 수 있다.

플러그인이 설치되고 빌드 파이프라인 뷰가 생성된 후에는 빌드 파이프라인을 설명하는 두 가지 특성을 설정해야 한다. 두 특성을 설정하려면 시작 세그먼트와 종료 세그먼트를 식별해야 한다.

딜리버리 파이프라인 관련된 뷰 구성 페이지에서 두 엔드포인트의 컴포넌트를 추가하고 설정한다. 그림 7-22는 이름과 초기 작업, 최종 작업을 비롯해 인도 파이프라인 뷰의 기본 설정을 보여준다.

그림 7-22 파이프라인의 기본 구현

초기 구성이 완료되면 플러그인은 다운스트림 작업 종속성(함께 링크된 작업)을 확인하고, 기본 파이프라인 뷰를 자동으로 작성한다. 여기에서는, 이름으로 파이프라인 세그먼트를 지정하려고 한다. 식별된 각각의 다운스트림 작업에는 스테이지와 태스크 이름을 지정하는 옵션이 있으며, 이를 통해 빌드 파이프라인의 세그먼트를 정의하고 구성하게 된다. 구성된 파이프라인 세그먼트를 유지하려면 세그먼트 이름으로 작업을 분류하는 것이 좋다. 예를 들면 CI, INT, QA 같은 이름들이다. 그림 7-23은 다운스트림 작업에서 이용 가능한 추가 옵션을 보여준다.

그림 7-23 다운스트림 작업 내에 추가 옵션

이 플러그인에는 빌드 파이프라인 구현을 꽤 사용자 친화적으로 만들 수 있는, 유용한 시각화 기능이 있다. 이 플러그인에 대한 자세한 내용은 http://jenkins-ci.org 플러그인 위키 페이지에서 찾아볼 수 있다.

두 개의 젠킨스 인스턴스 연결: 개발 및 프로덕션

어떤 경우에는 프로덕션 배포를 용이하게 하기 위해 프로덕션용 젠킨스 인스턴스를 분리하는 것이 나을 수 있다. 이렇게 하면 프로덕션에 대한 액세스를 제한하고 파이프라인의 이전 세그먼트에서 프로덕션 배포를 분리하는 데 도움이 된다. 개발용 젠킨스 서버에서 시작해 프로덕션 젠킨스 서버로 진행되는 배포의 경우는 일반적으로 운영자와 분리된 상태로, DMZ 방화벽 영역에 있는 프로덕션 서버로 연결된다. 그림 7-24는 이런 아키텍처의 예를 보여준다.

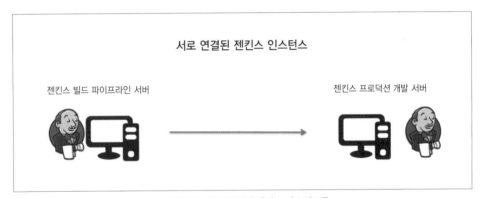

그림 7-24 서로 연결된 젠킨스 인스턴스들

프로덕션 환경에서 자동 배포를 쉽게 하려면 젠킨스 프로덕션 인스턴스는 프로덕션 서버에 적절하게 연결돼야 하며 메트릭스 기반 인증을 사용하도록 설정돼야 하고 해당 작업에 대한 접속 권한이 있는 서비스 계정으로 사전 설정돼야 한다.

원격 젠킨스 작업을 동작시키는 데 도움을 주기 위해 사용할 수 있는 방법이 몇 개 있다. 첫 번째는 Call remote job이라는 젠킨스 플러그인을 이용하는 방법으로 다음 URL에서 자세한 내용을 볼 수 있다.

```
https://wiki.jenkins-ci.org/display/JENKINS/Call+Remote+Job+Plugin
```

이 플러그인은 그림 7–25와 같이 구성 UI를 통해 관련 젠킨스 호스트와 작업 이름, 매개
변수의 입력을 쉽게 해주며 Call remote jenkins job을 호출하는 간단한 빌드 작업을 제공
한다.

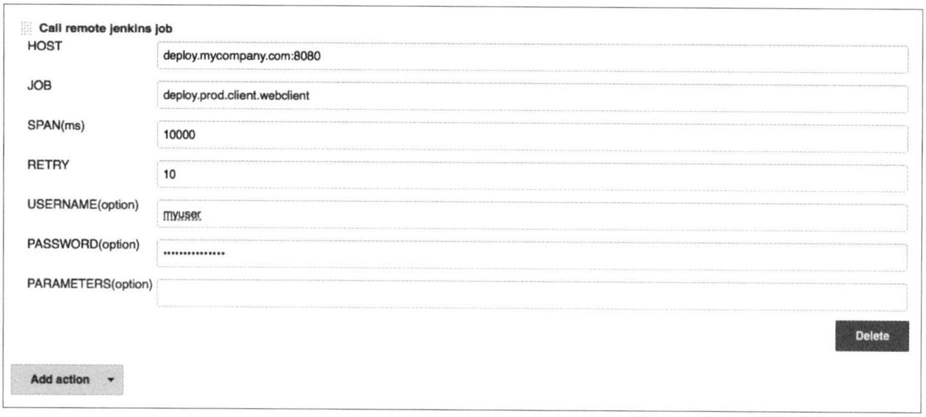

그림 7-25 Call remote 젠킨스 작업 설정 UI

두 번째 옵션은 젠킨스 CLI(명령행 인터페이스)를 스크립트에서 사용하는 것이다. 다음은 젠
킨스 CLI를 사용해 원격 젠킨스 작업을 시작시키는 방법을 보여주는 루비의 예다(이를 독
자가 선택한 다른 언어로 변환하는 것은 매우 간단한 작업이다).

```ruby
# ---------------------------------------------------------
# FUNC: jenkins_triggerRemoteJenkinsJob(sJenkinsURL, sJobName,
sParameters)
# DESC: triggers a remote jenkins job using jenkins cli
# --------------------------------------------------
def jenkins_triggerRemoteJob(sURL, sJobName, sParameters)

puts "Downloading jenkins cli"
  `cd #{ENV['WORKSPACE']} && rm jenkins-cli* && wget http://build.
lifesize.com/jnlpJars/jenkins-cli.jar`

  puts "Executing remote Jenkins Job: #{sJobName}"
```

254

```
  `cd #{ENV['WORKSPACE']} && java -jar 'jenkins-cli.jar' -s #{sURL}
build \"#{sJobName}\" -s --username foouser --password foouser123 -p
VERSION=1.0.0.0 -s
echo The exit code is %errorlevel%`

end
```

위 코드는 .rb 파일로 저장한 다음 셸스크립트 내에서 호출하거나 젠킨스에서 루비 코드를 실행할 수 있게 해주는 루비 플러그인을 통해 호출할 수 있다. 또한 사용자가 선호하는 프로그래밍 언어로도 쉽게 변환할 수 있다.

어떤 방식을 선택했건 자원의 여유가 있다면 프로덕션에 접근할 수 있는 젠킨스 인스턴스를 개발 및 빌드 시스템에서 분리하는 것이 좋은 방법이다.

▌ 요약

7장에서는 자동 빌드 파이프라인을 설계하고 구현하는 기술을 살펴봤다. 빌드 파이프라인은 협업과 표준화의 극치라고 할 수 있는데, 이를 사업부서가 적용할 수 있도록 설득해야 하는 당위성과 젠킨스에서 빌드 파이프라인을 설계 및 구현하는 방법을 배웠다. 이제 빌드 파이프라인의 생성, 자동화된 인도, 구현의 가치 제안과 관련된 개념을 잘 이해해야 한다.

7장은 빌드 파이프라인과 표준 규약을 통해 릴리스 속도를 높이는 사고 방식을 개발하도록 권면하는 과정이었다. 사고 방식의 변화는 시장 진입에 들어가는 시간과 위험을 줄임으로써 품질을 향상시킨다. 자동 검증 및 인도를 구축하기 위해 지속적으로 자동화를 시도하는 방식을 눈에 안 띄게 수행할 수는 없지만, 지속적으로 하다 보면 그에 따르는 보상을 받게 될 것이다.

8장에서는 지속적 통합과 지속적 개선 절차 및 지속적 인도, 그리고 지속적 실천의 최고봉인 지속적 배포의 원칙과 실천 방안을 자세히 알아본다.

08

지속적 실천

휴렛팩커드와 크라이슬러, 미국 국방성 등은 카이젠(지속적 개선)과 지속적 통합, 지속적 인도 및 지속적 배포 같은 지속적 관행을 개별적으로 분석하고 연구했다. 연구 결과 고립된 개발자가 수행하는 개발 방식과 비교해 위험도는 낮고, 잦은 소프트웨어 통합 방식의 장점을 보여주는 증거를 많이 발견했다. 그 중 가장 주목할 만한 장점이라면 비즈니스 운영 효율성 향상과 위험 감소, 통합 결함의 현저한 감소 및 안정성 증가 등이 있다.

지속적 실천을 채택해 효과를 본 유명한 회사들 중에는 엣시Etsy와 넷플릭스, 페이스북과 아마존, 구글과 플리커 등이 있다. 지속적 실천법에 대한 찬사가 많음에도 불구하고 젠킨스를 활용해 실제로 적용 가능한 전략은 드문 것이 현실이다. 그래서 8장에서는 어떤 규모의 조직에든 적용할 수 있는 구체적인 구현법에 대한 기초를 제공하고자 한다.

두 사람이 깃발에 대해 언쟁을 하고 있었다. 한 사람이 "깃발이 움직인다."고 했다. 다른 사람은 "바람이 움직인다."고 했다. 그 때 마침 그곳을 지나던 승려가 말했다. "바람이 움직이는 것도, 깃발이 움직이는 것도 아니다. 움직이는 것은 내 마음이다."

- 중국 속담

8장에서는 지속적 실천에 대한 모든 것을 알아보려고 한다. 일단 지속적 개선을 의미하는 카이젠에 대한 내용으로 시작할 텐데 이는 애매한 개발 패턴과 불명확한 표준, 비효율적 절차 등을 찾아내고 제거하는 것이다. 이를 통해 지속적 통합과 지속적 인도, 지속적 배포 실천법을 배운다. 그리고 점진적인 소프트웨어 빌드 및 인도 방식에 대한 전략을 설계하고 구현하는 방법도 배운다. 이어서 신속 피드백 루프와 다운타임이 없는 확장형 자동 배포, 자동 테스트 실행을 통해 완벽한 연속 시스템을 구축할 수 있는 기법과 팁을 배운다.

8장에서는 지속적 실천법을 활용해 소프트웨어 배포의 효율성을 높이는 데 필요한 구성 요소를 배운다. 8장을 끝낼 때쯤이면 엔지니어링 노력을 간소화하는 방법과 지속적 실천법과 신속 반복으로 효율성을 높여 불필요한 인력소모를 줄이는 방법에 필요한 단계를 확실히 알게 될 것이다. 8장에서 다루는 내용은 다음과 같다.

- 카이젠(지속적 개선(Continuous Improvement))
- 지속적 통합(Continuous Integration)
- 지속적 인도(Continuous Delivery)
- 지속적 배포(Continuous Deployment)

8장의 목적은 진정한 지속적 통합, 지속적 인도, 지속적 배포를 효과적으로 시작하고 구현하는 데 필요한 문화와 프로세스, 사고 방식에 대한 기초 정보를 제공하는 것이다.

지속적 통합 및 이에 따르는 실천법은 모든 사람에게 적용되지는 않는다는 점에 유의해야
한다. 어떤 특정 실천법이 모든 사업 모델에 적용되는 보편적인 솔루션으로 되는 경우는 없
을 것이다. 주요 목적은 이들 솔루션 및 솔루션이 조직에 주는 가치를 설명한다.

지금부터는 카이젠 문화를 설명하는 것으로 지속적 실천법을 알아보자. 카이젠 문화를 제
대로 이해한다면 다양한 지속적 실천도 가능해질 것이다.

▌ 카이젠: 지속적 개선

1950년대 토요타 자동차는 그 당시 미국 자동차 제조업체와 경쟁할 수 있는 신차를 개발
하려고 전사적인 노력을 기울였다. 그 과정에서 일본의 유일한 자동차 제조업체였던 토요
타는 자사의 제조역량이 글로벌 비즈니스를 하기에는 효율성이 부족하다는 사실을 알게
됐다. 효율성을 개선하기 위해 토요타는 카이젠 문화를 혁신해서 전사에 걸친 지속적 개
선법을 개발했다. 이로 인해 토요타는 생산 공장에서 품질 및 생산 라인의 생산성을 개선
하는 계획을 시작했고, 이 계획을 통해 토요타는 세계적으로 성공할 수 있었다.

> "카이젠Kaizen은 비록 작은 변화라도 오랫동안 많이 누적되면, 미래에 커다란 변화를 일으킨
> 다는 믿음이다."
>
> – Toyota.com

카이젠이라는 단어는 더 나은 변화라는 뜻이다. 카이(Kai, 改)는 '변화', 젠(Zen, 善)은 '좋은
것'으로 번역된다. 두 단어를 합친 지속적 개선Continuous Improvement이라는 말은 토요타에서
의 성공으로 유명해진 이후 카이젠과 함께 사용된다. 1980년대 마사키 이마이(카이젠 운동
의 핵심 사상 지도자)가 출판한 책인 『The Key to Japan's Competitive Success』(ISBN-13:
978-0075543329)를 통해 전 세계에 소개됐다. 카이젠이 토요타에서 처음 시작된 이후로,

제조 공정뿐만 아니라 전 세계 개인의 개선 철학이나 엔지니어링 개발 노력의 지침 원리가 됐다.

지속적 개선 계획을 채택함으로써 토요타는 비즈니스 모델을 전환하고 점차 경쟁이 치열해지는 시장에 적응했다. 토요타는 제조 단가를 낮추고 품질을 향상시켜 운영 효율성에 새 시대를 시작했다. 프로세스 개선으로 인해 토요타는 역사상 최악의 금융 불안의 시기임에도 불구하고 미국의 경쟁사 대비 최고의 이익을 내는 결과를 얻었다. 2007년 3월, 세계 금융 위기 직전에 토요타는 137억 불의 이익을 냈으나, 지엠과 포드는 17억9천만 불의 재정적 손실을 입었다.

이 책을 쓰는 시점에서도 토요타의 웹사이트에서는 지속적 개선을 변화의 핵심 문화로 홍보하고 있다. 토요타는 여전히 가까운 장래에 제조의 품질과 혁신을 위한 길로써 카이젠을 인식하고 있다.

> "카이젠은 토요타 생산 시스템의 핵심이다. 모든 양산 시스템과 마찬가지로 토요타 프로세스는 인간과 기계를 포함하는 모든 작업에 있어서 최대의 품질을 보장하고, 낭비를 제거하며, 효율성을 높이기 위해 매우 정확하게 정의하고 표준화해야 한다."
>
> – Toyota.com

지속적 개선 운동의 배경과 토요타의 성공 사례를 살펴봤으므로 다음으로는 지속적 개선의 기본 개념을 잠시 살펴본다. 기본 개념은 실천법의 핵심을 파악하는 데 도움이 될 것이다. 지속적 개선은 조직 차원의 문화적 개선을 목표로 한다. 즉 직원들이 스스로 비효율적이거나 힘든 점을 파악하고 해결하도록 장려한다. 카이젠 문화는 6가지 원칙을 토대로 한다. 이것은 좀 더 자세히 알아보자. 다음 그림은 효율성 향상을 돕는 지도 원칙을 설명하는 지속적 개선의 바퀴를 보여준다.

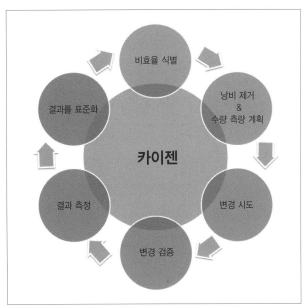

그림 8-1 지속적 개선 바퀴

지속적 개선 프로세스가 바퀴가 구르듯 동작하기 시작하면 조직의 문화도 본질적으로 변화를 겪게 된다. 지속적 개선은 프로세스 병목 현상을 확인하고, 변경 사항을 제안하고, 가설 테스트를 통해 프로세스 변경 사항의 유효성을 확인하고 실질적인 변화를 일으키는 권한을 직원에게 부여한다.

지속적 개선은 품질과 효율성을 향상시키기 위한 내부 문화의 변화를 아래에서부터 촉진한다. 그러나 카이젠은 일관성없던 소프트웨어 엔지니어링 프로세스를 하룻밤 사이에 바꾸려는 게 아니라는 점에 유의해야 한다. 오히려 여러 조직 간 협력을 중시함으로써 문화를 점진적으로 개선하고, 효율 중심의 소프트웨어 개발 패러다임을 지원한다고 할 수 있다.

카이젠을 구현하고자 할 때 도움이 되는 몇 가지 핵심 원칙이 있다. 그림 8-2에서는 이 원칙을 묘사하고 있다.

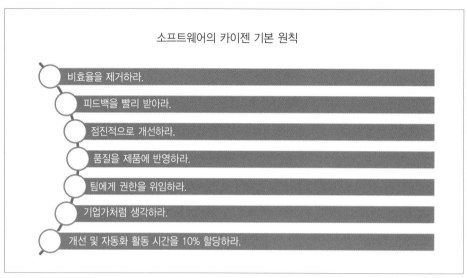

소프트웨어의 카이젠 기본 원칙

- 비효율을 제거하라.
- 피드백을 빨리 받아라.
- 점진적으로 개선하라.
- 품질을 제품에 반영하라.
- 팀에게 권한을 위임하라.
- 기업가처럼 생각하라.
- 개선 및 자동화 활동 시간을 10% 할당하라.

그림 8-2 카이젠 원칙

위 그림에 묘사된 전술은 프로세스의 비효율성을 파악하고 개선하는 것을 목표로 한다. 이는 자동화와 표준을 위한 비즈니스 사례를 발굴하는 데 도움이 되며, 젠킨스를 활용해 점점 더 효율적인 빌드 파이프라인 솔루션을 만들어 냄으로써 구현할 수 있다. 사고 방식의 전환과 전통적으로 고립되어 있는 사일로형 소프트웨어 엔지니어링의 변형을 함으로써 조직은 자동화 정책을 명시적으로 수행하고, 엔지니어링 자원을 낭비하지 않도록 보장하는 실험을 통해 제품의 실행 가능성을 결정하며, 피드백 루프를 활용해 언제든 제품의 릴리스가 가능하도록 보장하며, 분석을 통해 사업 방향을 변경할 수 있다.

이를 시작하려면 먼저 기존 프로세스를 식별하고 각 프로세스의 효율성을 분석해야 한다. 그림 8-3(CMMI 다이어그램)은 조직의 개발, 품질 및 인도 프로세스를 식별하고 성숙시키는 기본적인 접근 방식을 보여준다.

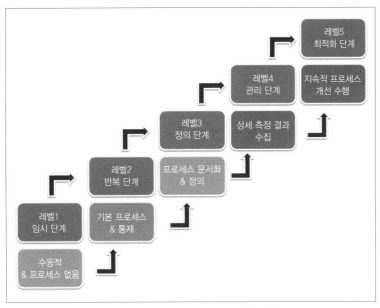

그림 8-3 개발, 품질 및 인도 프로세스 식별

칸반

지속적 개선을 구현하려면 필연적으로 많은 소프트웨어 개발 방법론을 다루게 된다. 기본 개발 프로세스와 릴리스 주기를 적용할 때는 우선 애자일 접근법으로 시작하는 것이 좋다. 하지만 일단 릴리스 주기가 일정해지고 조직의 효율성이 조금이라도 향상된다면 결국 지속적 실천법이 폭포수나 애자일 방법론을 넘어 선다. 완전한 연속 시스템을 지원하기 위해 토요타의 지도자 지침을 다시 한 번 살펴보자.

칸반^{Kanban}은 요구 사항을 관리하고 고객에게 제공하는 개발 노력과 산출물을 합리화하는 데 필요한 실용적인 엔지니어링 솔루션을 제공한다. 칸반은 지속적 개발 방법론과 논리적으로 적합할 뿐만 아니라 모든 수준의 지속적 실천법을 지원한다. 칸반 방식의 소프트웨어 개발에서는 작업 아이템들이 엔지니어링 대기열을 통해 식별되고 우선순위가 지정된다. 개별 작업 아이템(카드)은 한 개씩 선택돼 개발이 진행되며 이후에 사전 정의된 구현 절차에 따라 순차적으로 진행돼 릴리스 단계에 점점 더 가까이 이동한다. 작업 아이템(카드)의 릴리스가 끝나면 해당 작업 아이템은 완료된 것으로 표시된다.

칸반 전략에서는 백로그가 지속적으로 업데이트되고 최신 이슈나 기술 부채 작업 아이템으로 채워진다. 또한 각 아이템의 적절한 우선순위를 정하고, 품질이 떨어지는 성급한 구현이나 손이 많이 가는 스토리 포인트의 필요를 낮춘다.

▌ 지속적 통합

공학적 실천법으로써의 지속적 통합CI의 시작은 1980년대까지 거슬러 올라가며, 지금은 구식이 된 CVS가 잘 나가던 시절이었다. 지속적 통합 실천법은 2000년에 익스트림 프로그래밍XP이 소개된 이후에야 폭넓게 사용됐다. XP는 지속적 통합을 원칙 중 하나로 채택했으며 켄트 백, 마틴 파울러, 돈 웰스는 이를 쉼 없이 전파했다.

CI에 대한 XP 접근법은 특히 트렁크 기반 개발(또는 매우 짧은 기능 브랜치)과 매일 메인 브랜치에 자주 통합하기, 자동 실행되는 빌드, 단위 테스트, 신속 피드백 루프 등을 주장했다. CI 개념이 소개된 이래로, 모범 사례와 구현 전략, 브랜치 패턴을 둘러싸고 많은 기술자들과 격렬한 논쟁 및 토론이 진행됐다. 쏘트웍스사는 자사의 웹사이트에서 지속적 통합을 다음과 같이 정의했다.

지속적 통합에서는 개발자가 작성한 코드를 하루에도 여러 번 리포지토리에 통합하도록 요구하며, 체크인될 때마다 자동 빌드를 통해 코드를 검증함으로써 문제 발생 시 개발 팀이 조기에 발견할 수 있다.

지속적 통합을 구현함으로써 엔지니어링 조직은 소프트웨어 품질을 향상시키고, 소스 통합시 충돌을 줄이며, 통합에 따른 결함을 낮추게 된다. 개발 변경 사항을 소스 관리 메인에 자주 통합하면 소프트웨어 개발 생명주기의 비교적 초기부터 커뮤니케이션을 향상시키고 통합 결함을 식별하는 데 도움이 된다.

소스 관리 솔루션과 자동 테스트, 지속적 통합이 널리 채택되기 이전까지는 많은 소프트웨어 조직에서 출시 전 통합 과정에서 복잡하고 고통스런 단계를 경험하는 경우가 많았다. 게다가 영업조직에서 투자 대비 비용의 문제로 엔지니어링 부서에 압력을 가하는 경우 더욱 악화되기도 했다. 이 시대에 소프트웨어 통합 단계는 개발 분야 내 협력 부족, 고립된 형태의 개발 방법, 코드의 충돌 등으로 인해 길고도 힘들었다.

이 시대에 소프트웨어 개발 생명주기에서 가장 위험성이 높은 지점이 통합 단계였다. 이 단계에서 소프트웨어 출시가 지연되거나 실패하는 경우가 종종 발생했다. 통합 실패가 심각한 경우에는 수십억 원의 비용이 드는 인력이 추가 투입되거나, 회사의 생존에 위협을 주기도 했다. 지속적 통합과 최근 소스 관리 시스템은 개발자에게 명확한 통합 프로세스와 의사소통 도구가 갖춰진 중앙 집중형 솔루션을 제공함으로써 이런 문제를 해결하기 위해 개발됐다.

지속적 통합은 그간 널리 사용되는 방법인 기능 브랜치 개발 및 의무적 병합 기법(종종 릴리스 직전에 발생)과는 완전히 대조된다. 코드가 수정될 때마다 다른 개발자의 코드와 자주 통합하고 메인 개발 패러다임을 표준 규범화함으로써 소프트웨어 개발 조직은 가장 문제가 많다는 통합 단계의 리스크를 효과적으로 줄일 수 있다.

지속적인 통합이 아닌 것

지난 몇 년 동안 지속적 통합이란 젠킨스나 팀시티^{TeamCity}, 크루즈컨트롤^{CruiseControl} 등과 같은 빌드 도구를 자동 폴링과 빌드를 수행하도록 구현하는 것이라고 잘못 알려졌다. 이것은 CI 실천법을 불완전하게 표현한 것이라고 할 수 있다. 젠킨스와 유사 솔루션들은 소프트웨어 소스 트리에 변경을 감지해 빌드를 실행할 수 있는 기능을 포함한 자동화 빌드 기능을 제공한다. 그러나 이런 구현으로만 지속적 통합을 설명하는 것은 부족하다. 코드 변경에 따른 자동 빌드를 수행하는 빌드 시스템은 지속적 통합의 핵심 컴포넌트이긴 하나, 지속적 통합 내 자동 빌드 기능일 뿐이다. 지속적 통합은 더 큰 함의를 가지고 있다.

젠킨스 같은 소프트웨어 빌드 툴은 지속적 통합의 실행을 돕기 위해 설계됐으나 지속적 통합 자체를 대표하는 것은 아니다. 좀 더 정확히 표현하면 지속적 통합이란 특정 도구 또는 자동화 솔루션을 구현하는 것이 아니다. 오히려 지속적 통합이란 의사소통 부족으로 인한 프로젝트 막판에 대규모 머지로 인한 충돌과 기능 결함을 야기하지 않도록 팀 구성원 간에 코드 변경 사항을 지속적으로 통합하는 행위를 의미한다. 그림 8-4는 지속적 통합을 기반으로 하는 표준 메인라인 개발 패턴을 보여준다.

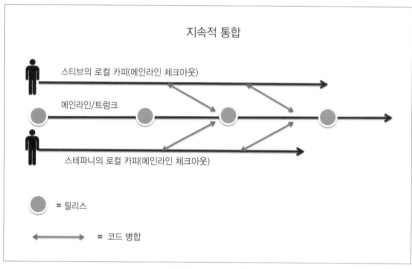

그림 8-4 지속적 통합

마틴 파울러, 제즈 험블, 제임스 쇼어 등의 사상가들은 이런 실천법을 확장함으로써 전 세계 많은 조직이 개발 방식을 재구성하는 데 영향을 줬다. 하지만 지속적 통합의 유익을 수치화할 수는 있지만, 구현 방법은 여전히 파악하기가 어렵다. 지속적 인도 방법론을 고안한 제즈 험블Jez Humble은 다음과 같이 말했다.

> "지속적 통합이란 기능 브랜치에 젠킨스를 실행하는 게 아니다. 지속적 통합은 모든 개발자가 적어도 하루에 한 번 변경 코드를 메인라인에 통합하는 실천 방법에 있다."
>
> – 제즈 험블

이것은 매우 쉬운 것처럼 들리지만, 실제로는 지속적 통합의 가장 도전적인 측면이기도 하다. 모든 경우에 예외 없이 메인라인에 커밋하려면 고수준의 협력과 단계별 계획 및 의사소통을 필요로 한다. 이런 특징들이 단순 코더와 엔지니어를 구분하는 차이점이다. 지속적 통합 방법론의 의사소통 및 사회적 요구 사항들은 코딩의 초기 단계에서부터 공개를 요구하기 때문에 내향적인 성격의 개발자들은 적응에 어려움을 겪기도 한다. 지속적 통합의 반대 방식은 개발 작업이 완료될 때까지는 격리된 기능 브랜치에서 코드를 작성하는 것이 더 쉽고 편안하게 느껴진다는 것이다. 이런 문화의 주된 문제는 꾸물대며 의사소통을 지연하는 것과 시간이 경과하면서 다른 소스라인을 갖는 기능 브랜치가 많아진다는 것이다. 어느 기간 동안 메인라인으로의 코드 통합이 지연되면 메인라인에서 분리된 다양한 코드와 기능 브랜치들이 섞이는 문제가 발생한다. 통합 노력을 지연시킴으로써 발생한 기술 부채는 기능 브랜치가 활성 브랜치와 동기화되는 순간까지 지속적으로 증가하게 된다. 코드 병합의 복잡도는 개발자들이 신규 기능 브랜치를 추가할 때마다, 또한 여러 브랜치에 걸쳐진 코드가 늘어남에 따라 점점 높아진다.

지금까지는 지속적 통합에 필요한 브랜치 실천법을 알아봤다. 이제 지속적 통합의 정의 기준을 간단히 알아본 후, CI의 지침을 확인한다. 지속적 통합을 실천하려면 소프트웨어 개발 조직은 최소한 적어도 다음을 수행해야 한다.

- 트렁크 기반의 개발 모델(고도로 통제되나, 기간이 짧은 기능 브랜치 솔루션)을 구현하고, 각 개발자는 하루에 최소 한 번씩 메인라인에 코드를 커밋(또는 통합)한다.
- 커밋 작업을 자동으로 감지하도록 하고, 커밋이 감지될 때마다 빌드를 수행한다.
- 코드 입출력 루틴을 건정성을 체크할 목적으로 빌드 프로세스에서 반드시 실행돼야 하는 단위 테스트의 실행과 보고를 자동화한다.
- 빌드 프로세스에서 발견된 모든 잠재적 결함을 즉시 알려주는 신속 피드백 루프 시스템을 구축한다.
- 빌드 오류를 발생시킨 잘못된 코드 커밋을 해결하거나 되돌릴 수 있는 긴급 방안을 제공한다.

지속적 통합이 실제로 동작하도록 구현하는 것은 모든 조직에 있어서 어려운 작업이 될 수 있다. 지속적 통합은 개발자 훈련과 의사소통에 있어 근본적인 변화를 요구하며, 모범적인 소프트웨어 관행을 채택해야 한다. 지속적 통합은 소스 컨트롤 시스템에서의 브랜치보다는 코드에서의 브랜치를 권장한다. 코드 내에서 브랜치를 하면, 장기간 지속된 기능도 추가적인 소스 컨트롤 기반의 분기를 할 필요 없이 계속 개발되고 공유될 수 있다.

 브랜치 및 지속적 통합

지속적 통합의 실천법에서 기능별 브랜치를 반대하는 것은 아니다. 모든 브랜치에 요구되는 중요한 점은 브랜치의 수명은 매우 짧아야 하며, 범위도 적당해야 한다는 것이다. 생성된 모든 브랜치는 반드시 메인라인에 자주 병합돼야 한다. 지속적 통합의 안티 패턴(Anti-Pattern)이라면 기능 브랜치가 메인라인에서 분리된 상태로 통제불능될 때까지 커져버려 브랜치를 메인라인에 통합하는 것이 위험한 지경이 되는 것이다.

지속적 통합을 지원하기 위해 검증된 소프트웨어 아키텍처 기법 가이드가 있으며 개발 팀은 이를 활용해 통합 시 발생하는 위험을 낮출 수 있을 것이다. 이것은 다음에서 알아본다.

코드 기반 브랜치 기법

지속적 통합을 적용하려면 이를 지원하는 개발 방법을 몇 가지 알아야 한다. 그런 연습 중하나는 바로 소스 컨트롤 저장소가 아닌 코드에서 브랜치를 만드는 것이다. 가장 분명한 코드 브랜치 방법은 단순한 **IF-THEN-ELSE** 문이다. 원래 조건부 논리는 실행 경로를 바꾸거나, 지정된 조정을 충족하지 않는 코드 블록을 무시할 수 있게 하는 게 목적이다. 이 솔루션은 코드 브랜치의 단순한 예를 보여준다.

추상화 및 기능 토글을 통한 브랜치는 소스 컨트롤 기반의 기능 브랜치의 필요를 줄이기 위해 사용하는 두 가지 추가 소프트웨어 아키텍처 기법이다. 이 두 가지 아키텍처의 변형을 통해 개발 팀은 소스 컨트롤 솔루션에 추가 개발 라인을 만들지 않고도 컴포넌트를 리팩토링하고, 새로운 프로토타이핑을 시도하며, 신규 기능을 구현할 수 있다. 8장에서는 개발 구현이 진행 중인 구현을 지원하면서도, 위험도를 낮추고, 메인라인을 안정적으로 유지할 수 있는 팁과 기술을 학습한다.

추상화를 통한 브랜치

추상화를 통한 브랜치는 리팩토링 작업을 쉽게 하고 실제 운영 중에도 일부 구현의 변경을 리스크 없이 진행할 수 있도록 하는 구조적 기법이다. 이 아키텍처를 사용하면 소스 컨트롤 시스템에 새 브랜치를 만들고 관리할 필요 없이 미완성 작업을 계속할 수 있다. 이 코드 기반 브랜치 솔루션에서는 추상화 레이어를 만드는 작업이 있는데, 이를 통해 통신할 수 있다. 컴포넌트를 교체하는 개발 작업이 완료되면 이전 버전의 컴포넌트는 단계적으로 제거되고 새 컴포넌트로 교체된다. 그림 8-5는 추상화 기법을 통한 브랜치로 관리되는 리팩토링의 아키텍처 다이어그램을 보여준다.

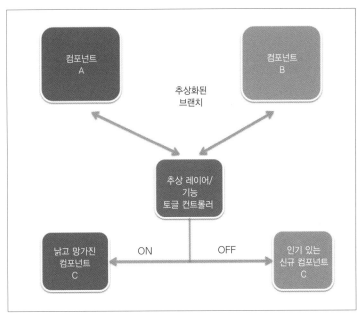

그림 8-5 브랜치 추상화 아키텍처

이 패러다임의 실제 구현은 약간 변경될 수도 있으며, 컴포넌트 기반 폴더 구조로 구현됐다. 다음 예제에서는 이렇게 변경된 가장 간단한 형태의 리팩토링 시도를 보여준다.

```
기존 - /opt/myapplication/component/
신규 - /opt/myapplication/component.v2/
```

컴포넌트를 바꾸려면 그냥 이름만 바꾸거나 심볼릭 링크를 만든다. 또한 이 솔루션은 스위치로 구현을 바꾸는 토글 설정 파일 기능으로 구현될 수도 있다.

기능 토글

기능 토글은 조건에 따라 기능을 활성화 또는 비활성화하는 소스코드 브랜치 기법을 의미한다. 기능 토글을 구현해 스위치를 전환하거나 환경 구성 값을 설정하면 아직 개발이 완료되지 않은 영역을 감출 수 있다. 이를 통해 소프트웨어 기능의 가용성 및 릴리스와 소프트웨어 배포 간의 관계를 효과적으로 분리할 수 있다.

대부분의 개발자가 기능 토글을 자주 사용하면서도 인식하지 못한다. 기능 토글 솔루션의 핵심에는 기초적인 조건부 로직이 있다. 다음 코드를 보자.

```
If (bToggle == true) {
    ...
} else {
    ...
}
```

간단한 if/then 조건부 블록은 가장 기본적인 기능 토글이다. 단순히 if 조건이 충족되는지 식별하고 토글 상태에 따라 포함된 코드를 실행한다. HTML/자바스크립트로 짠 웹 프로젝트용의 좀 더 최신 기능 토글은 다음과 같이 보일 수 있다.

```
<script type="text/javascript">
<!--
    function toggle_feature(id)
    {
        var e = document.getElementById(id);
        if(e.style.display == 'block')
            e.style.display = 'none';
        else
            e.style.display = 'block';
    }
//-->
</script>

<a href="#" onclick="toggle_feature('PrototypeFeature');">Click here
to view the prototype effort</a>

<div id="PrototypeFeature">This feature is hidden from view until its
toggled on</div>
```

기능 토글 브랜치 기법은 HTML 및 웹 기반 개발 프로젝트에만 국한되지 않는다. 현재 다양한 플랫폼 및 개발 언어에 사용할 수 있도록 사전 제작된 기능 토글 솔루션이 많이 있다. 다음은 사용 가능한 기능 토글 프레임워크를 정리한 것으로 이를 참고하면 코드 내 브랜치 기법을 도입하는 데 도움이 될 것이다.

- 자바
  - Togglz: http://www.togglz.org
  - FF4J: http://www.ff4j.org
  - Fitchy: https://code.google.com/p/fitchy/

- 파이썬
  - Gargoyle: https://pypi.python.org/pypi/gargoyle
  - Gutter: https://github.com/disqus/gutter

- 닷넷, C#
    - FeatureSwitcher: https://github.com/mexx/FeatureSwitcher
    - NFeature: https://www.nuget.org/packages/NFeature/
    - FlipIt: https://github.com/timscott/flipit
    - FeatureToggleNET: https://github.com/jason-roberts/FeatureToggle
    - FeatureBee: http://www.nuget.org/packages/FeatureBee/
- 루비 및 루비온레일즈
    - Rollout: https://github.com/FetLife/rollout
    - Feature_flipper: https://github.com/jnunemaker/flipper
    - Flip: https://github.com/pda/flip
    - Setler: https://github.com/ckdake/setler
- 임베디드/C/C++(코딩 기법)
    - Ifdef
    - Make targets

신속한 실패와 더 신속한 복구

실패와 그에 따른 경험을 통해 인류는 적응하고 진화하는 법을 배운다. 중요한 것은 얼마나 많이 실패했는가가 아니다. 오히려 얼마나 빨리 일어서고 실패로부터 배우는가가 중요하다. 소프트웨어 시스템의 실패도 소프트웨어 산업 분야를 구성하는 한 부분이다. 어떤 소프트웨어 프로젝트도 결함으로부터 완전히 자유롭다고 주장할 수 없다. 하지만 실패는 피할 수 없다 해도, 그 비용이 너무 크면 안 될 것이다. 모두가 알게 되는 재난에 가까운 실패도 있을 수 있고, 고객에게 끼치는 영향을 최소화하면서 아무도 모르게 조용히 실패할 수도 있다. 이런 아이디어가 지속적 실천의 기초가 됐다. 우리의 목표는 가능한 이른 시기에 실패를 식별하고, 가능하다면 고객이 실패를 알아채지 못하도록 하며, 점진적으로 개선하는 것이다.

소프트웨어 오류는 컴파일 오류, 실행 단계나 이용 단계의 실패, 프로세스 실패, 배포 실패 등 여러 가지 방법으로 나타난다. 일반적으로 장애가 발생하면 고려해야 할 두 가지 실행 옵션이 있는데 고치기^{fix it}와 되돌리기^{roll it back}다.

지속적으로 통합하고, 인도용 빌드 파이프라인을 만들고, 커밋 크기를 제한함으로써 소프트웨어 개발 생명주기에서 비교적 초기 단계에서 오류를 식별하게 되면 많은 이점이 있다. 이런 솔루션은 모두 소프트웨어 개발 생명주기의 초기에 오류를 식별할 수 있는 도구를 제공해 결과적으로 상용 서비스가 중단되는 것을 예방한다. 또한 이들 실천법을 적용함으로써 품질과 효율이 향상된다. 그 외에도 주목할 만한 이점은 다음과 같다.

- 커밋 크기가 기존에 비해 작기 때문에 결함이 있는 코드 부분을 디버깅하고 찾아내는 데 소요되는 시간이 단축
- 협업 수준의 향상
- 장애가 발생하거나 장애가 감지되는 경우 신속한 복구 시간

분산 버전 관리

깃^{Git}과 머큐리얼 같은 분산 버전 관리 시스템^{DVCS}은 이제 널리 알려져 있다. 이런 솔루션은 경량 브랜치 기능, 코드 검토를 위한 풀 리퀘스트, 분산 리포지토리처럼 개발자들이 좋아하는 다양한 기능을 제공한다. 이들은 SVN이나 퍼포스^{Perforce}처럼 전통적인 중앙 집중형 소스 관리 솔루션과는 완전히 대조적인데, 이는 각 개발자가 로컬 시스템에 전체 소스 관리 리포지토리의 사본을 독립적으로 유지할 수 있기 때문이다. 이런 이유로 분산 소스 관리 시스템은 제대로 구현되지 않을 경우 통합 문제로 바로 이어질 수 있는 잠재적인 위험도 가지고 있다.

DVCS는 실제로 지속적 실천법과 관련되어 흥미롭게도 기대와 반대되는 패턴을 만들기도 한다. DVCS를 장기간 고립형으로 기능을 구현하는 작업으로 사용하는 경우 이런 반대 패턴이 명확해진다. 이는 지속적 통합을 시도하든, 반대로 지속적 고립을 시도하든 상관없이 DVCS는 개발자에게 필요한 도구들을 제공하기 때문이다. 개발자는 자신이 원한다면 메인라인으로부터 자신의 작업을 격리하거나 숨기는 선택을 할 수 있으며, 협력을 많이 하고 통합 시 발생하는 문제를 줄이기 위해 푸시나 풀을 더 자주하도록 선택할 수도 있다. 그것은 전적으로 개발자가 도구를 어떻게 활용하는지에 달렸다.

 이런 반대 패턴 솔루션 중 하나는 개발 작업을 모듈로 정의해 관리 가능한 수준의 스프린트로 분해하고, 기능 토글을 활용하고, 짧은 수명의 기능 브랜치를 활용하는 것이다. 이런 유형의 솔루션을 구현함으로써 개발 조직은 논리적으로 정의된 스프린트와 기능 토글을 연결하고, 완료된 작업을 지속적으로 메인라인에 통합할 수 있다. 완료된 작업은 구현이 끝나면 토글 스위치를 통해 실제로 동작하게 된다.

CI를 선호하는 조직 내에서 브랜치 패턴을 구현할 때는 간단하고 잘 정의된 상태를 유지하는 것이 중요하다. 패턴이 구현되지 않거나 잘 전달되지 않으면 문제가 계속될 것이다. 이들 문제는 직원들이 브랜치 패턴에 대한 지식 습득을 그만두는 경우 악화된다. 확실한 것은 접근 방식이 단순할수록, 결과도 일정하다는 것이다.

젠킨스에서의 지속적 통합

젠킨스에서 작업을 실행하기 위해서는 빌드 트리거를 활용한다. 빌드 트리거는 각 작업 내에 상세 작업 구성 페이지(SCM 폴링, GIT 푸시 등)에서 정의한다. 각 소스 관리 솔루션마다 조금 다르게 작동하지만 빌드 트리거의 일반적인 구현은 대부분 비슷하다. 젠킨스에서 변경을 감시할 수도 있고, 소스 관리 솔루션에서 젠킨스에게 완료 커밋을 알리도록 구성할 수도 있다.

SCM 폴링

변경 사항의 소스 관리 솔루션 폴링은 작업 구성 페이지에서 설정할 수 있다. 이 솔루션은 젠킨스가 소스 관리 시스템과 통신해 작업 구성 페이지에서 지정한 기준에 따라 마지막 폴링 실행 이후 변경 사항이 있는지를 확인하는 방법을 제공한다. SCM 폴링을 구성하려면 Poll SCM 체크박스에서 선택한다. 그러면 폴링 구성 텍스트 영역이 표시되며, 그림 8-6과 같이 CRON 기반의 폴링 기준을 지정할 수 있다.

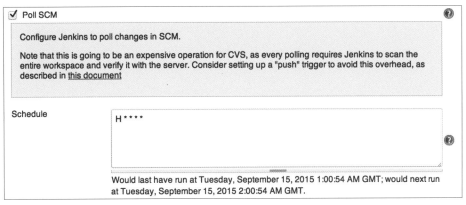

그림 8-6 CRON 기반 폴링 기준

그림 8-6에서는 젠킨스 작업과 소스 관리 시스템이 매시간 통신하고 변경 여부를 식별해 빌드를 시작하도록 구성했다. 폴링 빈도를 변경하려면 SCM 폴링 옵션을 변경하고 CRON 일정을 변경하기만 하면 된다. 다음은 구성의 몇 가지 예제다.

```
# 30분마다
H / 30 * * * *
# 매시간 첫 30분(0~29)간 3분마다
H (0-29) / 3 * * * *
# 모든 평일(월~금)에 2시간마다 한 번씩(예를 들면, 오전 10:38, 오후 12:38, 오후 14:38, 오후 16:38)
H 9-16 / 2 * * 1-5
# 12월을 제외한 매월 1일과 15일에 하루에 한 번
H H 1,15 1-11 *
```

젠킨스 문서에 보면 CRON 기반 폴링은 리소스가 많이 들어가는 작업이다. 이 작업은 CPU 사용량이 많은 작업을 젠킨스에 추가하며 푸시 기반 알림과 포스트 커밋 후크로 대체될 수 있다.

SVN 포스트 커밋 후크로 젠킨스 작업 실행하기

SCM 폴링 외에도 젠킨스 작업은 SVN 포스트 커밋 후크[post-commit hook]를 통해 실행될 수 있다. 커밋 후크는 소스 관리 시스템으로 커밋이 완료되면 SVN이 자동으로 실행하는 셸 명령이다. 이를 활용해서 젠킨스 작업을 실행할 수 있다.

다음은 젠킨스 커뮤니티에서 제공한 것으로 SVN에서 푸시 알림을 통해 젠킨스 작업을 시작하는 두 개의 커밋 후크 스크립트다. 이들 솔루션에 대한 지원은 다음 링크 https://wiki.jenkins-ci.org/display/JENKINS/Subversion+Plugin에서 찾을 수 있다.

윈도우 VBScript

```
SET REPOS=%1
SET REV=%2
SET CSCRIPT=%windir%\system32\cscript.exe
SET VBSCRIPT=C:\Repositories\post-commit-hook-jenkins.vbs
SET SVNLOOK=C:\Subversion\svnlook.exe
SET JENKINS=http://server/
"%CSCRIPT%" "%VBSCRIPT%" "%REPOS%" %2 "%SVNLOOK%" %JENKINS%

repos   = WScript.Arguments.Item(0)
rev     = WScript.Arguments.Item(1)
svnlook = WScript.Arguments.Item(2)
jenkins = WScript.Arguments.Item(3)

Set shell = WScript.CreateObject("WScript.Shell")
```

```
Set uuidExec = shell.Exec(svnlook & " uuid " & repos)
Do Until uuidExec.StdOut.AtEndOfStream
  uuid = uuidExec.StdOut.ReadLine()
Loop
Wscript.Echo "uuid=" & uuid

Set changedExec = shell.Exec(svnlook & " changed --revision " & rev &
" " & repos)
Do Until changedExec.StdOut.AtEndOfStream
  changed = changed + changedExec.StdOut.ReadLine() + Chr(10)
Loop
Wscript.Echo "changed=" & changed

url = jenkins + "crumbIssuer/api/xml?xpath=concat(//
crumbRequestField,"":"",//crumb)"
Set http = CreateObject("Microsoft.XMLHTTP")
http.open "GET", url, False
http.setRequestHeader "Content-Type", "text/plain;charset=UTF-8"
http.send
crumb = null
if http.status = 200 then
  crumb = split(http.responseText,":")
end if

url = jenkins + "subversion/" + uuid + "/notifyCommit?rev=" + rev
Wscript.Echo url

Set http = CreateObject("Microsoft.XMLHTTP")
http.open "POST", url, False
http.setRequestHeader "Content-Type", "text/plain;charset=UTF-8"
if not isnull(crumb) then
  http.setRequestHeader crumb(0),crumb(1)
  http.send changed
  if http.status <> 200 then
    Wscript.Echo "Error. HTTP Status: " & http.status & ". Body: " &
http.responseText
  end if
end if
```

```
#!/bin/sh
REPOS="$1"
REV="$2"

# No environment  is passed to svn hook scripts; set paths to external
tools explicitly:
WGET=/usr/bin/wget
SVNLOOK=/usr/bin/svnlook

# If your server requires authentication, it is recommended that you
set up a .netrc file to store your username and password
# Better yet, since Jenkins v. 1.426, use the generated API Token in
place of the password
# See https://wiki.jenkins-ci.org/display/JENKINS/
Authenticating+scripted+clients

# Since no environment is passed to hook scripts, you need to set
$HOME (where your .netrc lives)
# By convention, this should be the home dir of whichever user is
running the svn process (i.e. apache)
HOME=/var/www/

UUID=`$SVNLOOK uuid $REPOS`
NOTIFY_URL="subversion/${UUID}/notifyCommit?rev=${REV}"
CRUMB_ISSUER_URL='crumbIssuer/api/xml?xpath=concat(//
crumbRequestField,":",//crumb)'

function notifyCI {
  # URL to Hudson/Jenkins server application (with protocol, hostname,
port and deployment descriptor if needed)
  CISERVER=$1

  # Check if "[X] Prevent Cross Site Request Forgery exploits" is
activated
  # so we can present a valid crumb or a proper header
```

```
HEADER="Content-Type:text/plain;charset=UTF-8"
  CRUMB=`$WGET --auth-no-challenge --output-document -
${CISERVER}/${CRUMB_ISSUER_URL}`
  if [ "$CRUMB" != "" ]; then HEADER=$CRUMB; fi

  $WGET \
    --auth-no-challenge \
    --header $HEADER \
    --post-data "`$SVNLOOK changed --revision $REV $REPOS`" \
    --output-document "-"\
    --timeout=2 \
    ${CISERVER}/${NOTIFY_URL}
}

# The code above was placed in a function so you can easily notify
multiple Jenkins/Hudson servers:
notifyCI "http://myPC.company.local:8080"
notifyCI "http://jenkins.company.com:8080/jenkins"
```

깃허브 푸시로 젠킨스 작업 실행하기

최근에는 깃허브^{GitHub} 기반 솔루션을 사용하는 것이 추세이며 젠킨스에서는 SCM 폴링을
사용하지 않도록 권고한다. 깃허브나 이와 유사한 깃 솔루션은 API를 통해 젠킨스와 직
접 통합을 가능하며, 젠킨스 하위 시스템으로 변경 알림을 푸시해 빌드를 시작하도록 구
성할 수 있다. 여기서는 젠킨스와 깃허브를 연결해 자동 빌드를 시작하는 솔루션을 설정
하는 법을 배워보자.

 이런 구성을 하려면 깃허브에서 리포지토리를 설정할 수 있는 적절한 접근 권한이 있는지
먼저 확인해야 한다.

젠킨스 구성

먼저 젠킨스쪽의 구성부터 살펴본다. 젠킨스에서는 깃허브 젠킨스 플러그인을 설치해야
한다. 플러그인에 대한 자세한 내용은 다음 링크를 참조한다.

https://wiki.jenkins-ci.org/display/JENKINS/GitHub+Plugin

젠킨스 깃허브 플러그인이 설치됐다면 젠킨스 내의 작업 구성을 하여 깃허브가 푸시를 완
료할 때마다 알림을 보내도록 해야 한다. 이런 설정은 작업의 상세 작업 구성 페이지에서
한다. 시작하려면 그림 8-7에서 설명한대로 작업 구성 페이지 내의 체크박스를 선택한다.

그림 8-7 작업 구성 옵션

이제 젠킨스내 작업에서 깃허브 푸시 알림을 수신하도록 설정했으므로 젠킨스가 이런 요
청을 수락할 수 있도록 깃허브 리포지토리를 지정해야 한다. 이 필드는 젠킨스 상세 작업
구성 페이지에 있으며 그림 8-8에도 나와있다.

그림 8-8 구성 중 깃허브 저장소 지정 메뉴

280

깃허브 구성

젠킨스 구성을 끝낸 다음에는 깃허브를 구성한다. 시작을 위해 https://www.github.com에 리포지토리 관리자 계정으로 로그인한 후, 대상 리포지토리도 이동한다. 화면 우측에 Setting 링크를 클릭한 후에 좌측에 나오는 옵션 메뉴에서 WebHooks & Services를 선택한다. 그런 후 Add Service를 클릭하고, 사용 가능한 서비스 드롭다운 메뉴에서 Jenkins(GitHub plugin) 옵션을 선택한다. 지금까지 설명한 단계는 다음과 같다.

MyRepository ➤ Setting ➤ WebHooks & Services ➤ Add Service

Jenkins(GitHub plugin) 옵션을 선택하면 그림 8-9와 비슷한 구성 페이지가 나타난다.

그림 8-9 깃허브 플러그인 구성

위 화면에서 표시된 구성 양식을 완료한 후에는 젠킨스용으로 적절한 URL을 지정한다. URL은 인터넷에서 접속할 수 있어야 한다. 일단 구성이 완료되면 **Add service**를 클릭해 깃허브와의 통합을 완료한 후, 변경 사항 발생 시 젠킨스에게 알림을 보낼 수 있도록 깃허브를 활성화한다.

젠킨스와 깃허브가 제대로 통신하는지 확인하고 싶다면, 간단히 리포지토리에 커밋을 하여 젠킨스 작업이 시작되는지를 살펴보면 된다. 정상으로 동작된다면 젠킨스와 깃허브 간의 자동 푸시 알림을 위한 통합이 제대로 된 것이다.

▌ 지속적인 인도

지속적 인도는 지속적 통합 실천법을 논리적으로 확장한 것이다. 이는 지속적 통합에서 정의한 메인라인의 공유, 소프트웨어 프로젝트의 구축, 단위 테스트의 실행을 자동화하는 것 이상을 추구한다. 지속적 인도는 자동화된 배포 및 인수 테스트의 검증 자동화를 솔루션에 추가하고, 소프트웨어 프로젝트가 언제든 릴리스될 수 있도록 보장한다. 이들 프로세스를 좀 더 잘 이해하기 위해 지속적 인도의 기본적 특성을 살펴본다.

- 개발자들은 지속적 통합 방식으로 하루에 여러 번 소스 관리 솔루션의 메인라인에 변경 사항을 커밋하며, 자동화 시스템은 예외 없이 각 커밋의 빌드, 배포 및 테스트 유효성 검사를 시작한다.
- 자동 테스트는 모든 변경 배포에 수행돼야 하며 소프트웨어는 항상 릴리스가 가능한 상태를 유지한다.
- 모든 커밋된 변경 사항은 잠재적으로 릴리스가 가능한 것으로 간주된다. 불완전한 작업이 숨겨져 있다고 판단되는 경우에는 추가 해결 작업을 진행하며, 이것이 소프트웨어 릴리스의 영향을 줘서는 안 된다.
- 피드백 루프는 원활한 장애 통지를 위해 개발됐다. 장애 통지에는 빌드 결과, 테스트 실행 보고서, 인도 상태, 사용자 인수 검증 등이 포함된다.
- 이터레이션이 짧고 피드백이 빠르기 때문에 비즈니스 요구 사항이 소프트웨어 개발에 영향을 미칠 수 있으며, 요구 변경을 제안할 수 있다.
- 엔지니어링이 아닌 비즈니스 파트가 소프트웨어 출시 시기를 결정한다. 소프트웨어 자동화는 이런 목표를 잘 지원해야 한다.

앞에서 설명한 것처럼 지속적 인도는 지속적 통합 실천법의 확장이라고 할 수 있다. 이 책을 쓰는 시점에서 아마존이나 웰즈파고 등 수많은 기관들이 지속적 인도 접근법을 성공적으로 구현했다. 지속적 인도의 가치는 비즈니스의 필요에 맞는 소프트웨어 릴리스, 신속한 피드백 수집, 효율적인 요구 변경 등을 수행하는 능력에서 비롯된다. 그림 8-10은 지속적 인도의 기본적인 자동화 흐름으로 보여준다.

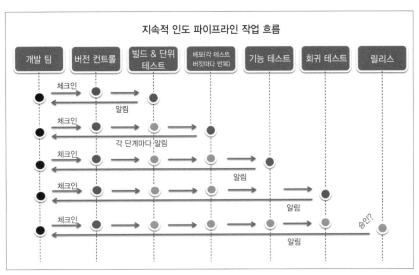

그림 8-10 지속적 인도의 작업 흐름

위 그림에서 볼 수 있듯이, 이 실천법을 사용하면 엔지니어링 팀에 의존적인 일정이 아니라 시장의 요구 사항을 중심으로 소프트웨어를 릴리스, 전략적 마케팅, 신속한 개발을 할 수 있다. 지속적 인도 솔루션을 구현할 때 유의해야 할 핵심 사항이 몇 가지 있다.

- 빌드를 빠르게 유지한다.
- 실패를 드러내고, 빠르게 복구한다.
- 어떤 버전이든, 어떤 환경에서든 푸시 버튼만 누르면 배포가 되도록 한다.
- 각 논리적 검증 그룹(단위 테스트, 스모크 테스트, 기능 테스트, 회귀 테스트)에 할당된 예산을 사용해 테스트 및 검증 업무를 자동화한다.

- 브랜치를 만들지 않기 위해 기능 토글을 사용한다.
- 피드백을 빨리, 자주 받도록 한다(자동 피드백, 테스트 피드백, 빌드 피드백, UAT 피드백).

지속적 인도의 원칙

지속적 인도는 릴리스 프로세스, 빌드 파이프라인, 신속 피드백 루프가 적용된 품질 점검 게이트의 표준화와 자동화를 전제로 하여 만들어진 실천법이다. 지속적 인도 패러다임에서는 개발 단계에서부터 품질 관리에 이르기까지 수도관의 물과 같은 흐름을 만든다. 지속적 인도 원칙을 실제로 적용한다는 것은 메인라인에 커밋을 자주 한다는 의미로, 커밋이 되면 자동 빌드 파이프라인이 실행되고, 자동화된 품질 점검을 거치고, 완벽하게 자동화된 방식으로 사업 부서의 필요에 따라 승인되는 것이다. 위험성 노출을 단계적으로 한다는 아이디어는 그림 8-11의 신뢰 순환 다이어그램에서 잘 설명하고 있다.

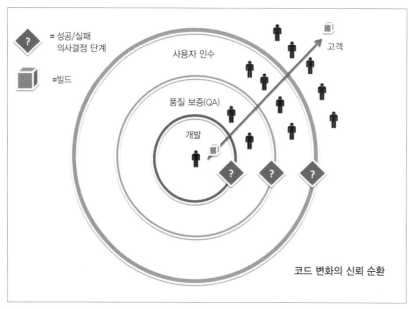

그림 8-11 코드 변화의 신뢰 순환

앞의 신뢰 다이어그램에서 설명한 것처럼 빌드에 노출된 사람의 수는 하나의 논리적 개발 단계나 비즈니스 그룹에서 다른 그룹으로 넘어갈 때마다 확장된다. 이 모델은 검증에 중점을 두고 있으며, 각 단계에서 빌드 권한이 있는 그룹에만 결과를 출력함으로써 (시간)낭비를 없애려고 한다.

젠킨스에서의 지속적 인도

젠킨스에서 지속적 인도 원칙을 적용하는 방법에는 여러 가지가 있다. 즉, 구현을 쉽게 할수 있도록 활용할 수 있는 팁과 요령이 있다. 이번 절에서는 이런 쉬운 지속적 인도 전술과 적용 방법을 배운다. 자신이 속한 조직에 맞게 구현된 지속적 인도 실천법은 조직마다 고유하다고 할 수 있다. 그러므로 이 절을 통해 유용한 것은 취하고, 누락된 것이 있는지 확인하고, 쓸모 없다고 생각되는 것은 버리자.

신속 피드백 루프

신속 피드백 루프는 지속적 인도의 기본 구현 요구 사항이다. 젠킨스에서는 Email-Ext 플러그인과 약간의 HTML 템플릿을 조합하여 꽤 간단하게 이것을 적용할 수 있다. 젠킨스를 대용량으로 구현한 경우라면 많은 이메일 템플릿을 관리하는 것은 현명하지 않으며 변경할 수 있는 단일 템플릿을 만드는 것이 시간과 노력을 절약할 수 있다. 젠킨스에서는 어떻게 하는지 알아본다.

Email-Ext 플러그인은 젠킨스에서 사용자가 원하는 대로 정의할 수 있는 이메일 알림 기능을 제공한다. 젠킨스 시스템을 사용하면 모든 방식으로 알림을 사용자가 정의할 수 있으며, 구현이 쉬운 템플릿 기반 이메일 솔루션으로 활용할 수 있다. 먼저 젠킨스 시스템에 플러그인을 설치해야 한다. 이 플러그인에 대한 세부 정보는 다음 웹 주소에서 찾을 수 있다.

https://wiki.jenkins-ci.org/display/JENKINS/Email-ext+plugin

일단 플러그인이 젠킨스 시스템에 설치되면 기본 연결 세부 정보 및 옵션을 구성해야 한다. 시작하려면 젠킨스 영역으로 이동해 Extended Email Notification 섹션을 찾는다.

Jenkins > Manage Jenkins > Configure System

이 페이지에서 최소한 다음 세부 사항을 지정해야 한다.

- SMTP 서버
- SMTP 인증 세부 정보(사용자 이름 + 암호)
- 회신 목록(nobody@domain.com)
- 시스템 관리자 전자 메일 주소(페이지의 앞부분에 있음)

완성된 양식은 그림 8-12와 같다.

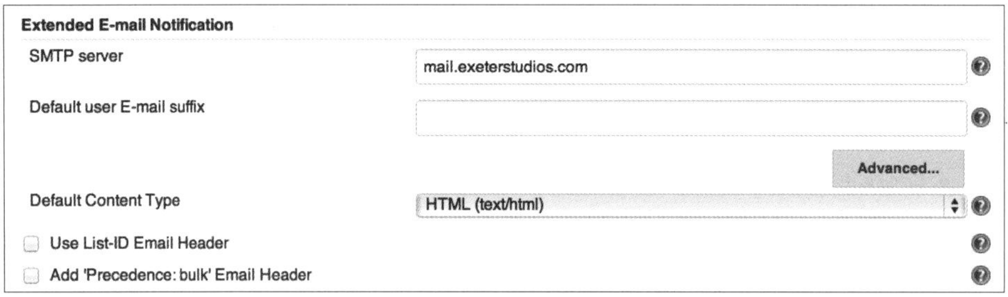

그림 8-12 완성 양식

기본 SMTP 구성 세부 정보가 입력되면, 상세 작업 구성 페이지 내 작업에 Editable Email Notification 포스트 빌드 스텝을 추가하고, 이메일 내용을 적절하게 구성할 수 있다. 다음 화면은 빌드 동작에 필요한 기본 구성 옵션을 보여준다.

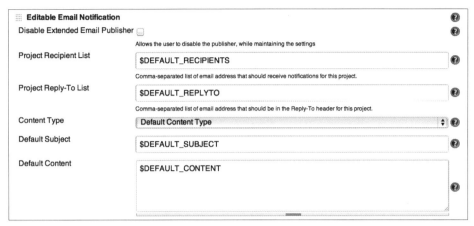

그림 8-13 기본 구성 옵션

앞에 화면 그림에서 볼 수 있듯이 이메일 내용과 수신자 목록, 관련 세부 정보를 정의하는 작업 자동화를 통해 환경 변수가 플러그인으로 흘러 들어가게 할 수 있다. 또한 이 플러그인을 통해 주어진 이메일 템플릿에 대한 트리거를 정의하고, 수신자 목록을 사용자가 정의하는 등의 구성도 할 수 있다. 이 플러그인을 활용하면 매우 효과적인 피드백 루프 솔루션을 만들 수 있다.

품질 게이트 및 승인

지속적 인도의 핵심 요소 중 두 가지는 시작부터 끝까지 적용된 자동화 적용과 조립라인 방식의 소프트웨어 출시다. 지속적 인도 계획을 시작하는 조직이라면 자동 배포와 테스트 도구가 구현될 때까지는 수동 개입이 필요할 것이다. 이런 경우 제대로 된 방향으로 진행될 수 있도록 품질 게이트로 승인을 받도록 구현을 하면 품질 요구 사항을 충족시키면서 프로세스의 정착도 보장할 수 있다.

젠킨스에서는 프로모티드 빌드의 형태로 이를 제공한다. 즉 변경 사항이나 릴리스가 파이프라인을 통과할 때 각 담당자가 승인signoff을 해야 한다. 이전에는 종이로 만들어진 Release Signoff 시트를 이용해서 수동으로 관리됐다. 현재의 디지털 방식에서는 젠킨스의 프로모티드 빌드 플러그인으로 관리하며, LDAP 또는 액티브 디렉토리 통합 기능을 추가하여 적절한 권한을 가진 사용자만 프로모티드 빌드에 접근하는 권한을 줄 수 있다. 7장에서 프로모티드 빌드 플러그인의 구현 방법을 다뤘다. 그러나 견고하고 안전한 구현을 보장하려면 개념을 확장할 뿐만 아니라 몇 가지 추가 팁과 요령을 배울 필요가 있다.

젠킨스를 LDAP(경량 디렉토리 액세스 프로토콜)과 통합하는 것은 일반적으로 간단한 작업이다. 이 솔루션을 사용하면 기업 인증 시스템을 젠킨스에 직접 연결할 수 있다. 즉, 젠킨스에서 보안 통합이 구성되면 회사의 계정 자격증명만을 사용해 젠킨스 시스템[1]에 로그인할 수 있다. 젠킨스를 기업 인증 엔진에 연결하려면 먼저 회사 보안 서버와 통신하도록 젠킨스를 구성해야 한다. 그림 8-14처럼 젠킨스 사용자 인터페이스의 Global Security 관리 영역에서 구성된다.

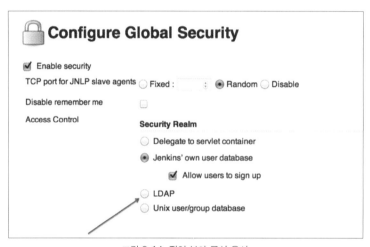

그림 8-14 전역 보안 구성 옵션

전역 보안 영역에서는 젠킨스 시스템에 액세스하려는 사용자에게 젠킨스가 사용할 인증 유형을 지정할 수 있다. 젠킨스는 내장 데이터베이스로 사용자를 관리하는 것이 기본값이므로 이를 LDAP을 지원하도록 바꿔야 한다. 시스템에서 LDAP을 사용하도록 구성하기 위해, LDAP 라디오 버튼을 클릭하고 다음 화면 그림과 같이 LDAP 서버 세부 정보를 입력한다.

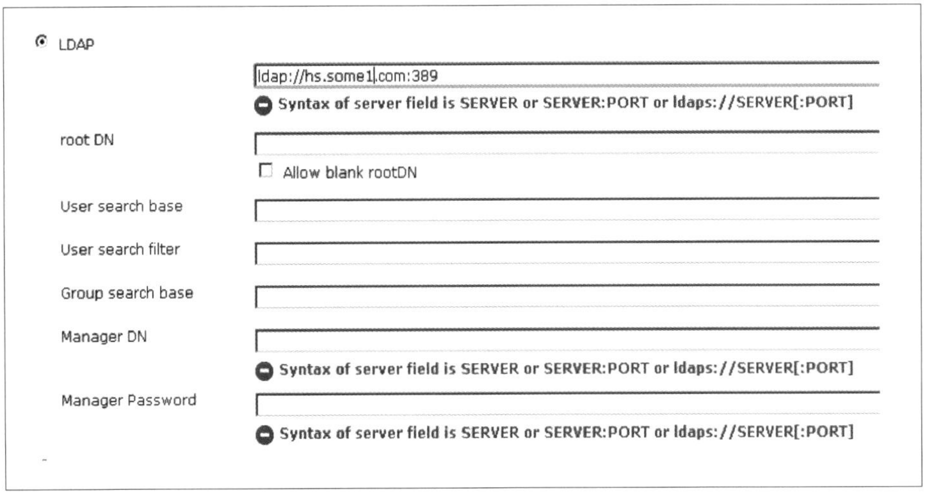

그림 8-15 LDAP 서버 세부 정보

양식에 회사의 LDAP 정보를 입력하고 Save를 클릭한다. 이렇게 구성하는 데 어려움이 있다면 젠킨스 커뮤니티에서 제공하는 자세한 설명서를 참고한다. 이 설명서는 다음 URL 에서 찾을 수 있다.

https://wiki.jenkins-ci.org/display/JENKINS/LDAP+Plugin

> **TIP**
> 액티브 디렉토리를 활용하려는 사용자에게는 이런 유형의 통합 보안 솔루션 적용을 쉽게 해주는 플러그인을 이용하는 게 좋다. 이 플러그인에 대한 자세한 내용은 다음 URL의 플러그인 페이지를 참조한다.
>
> https://wiki.jenkins-ci.org/display/JENKINS/Active+Directory+plugin

인증 솔루션 구성을 성공한 후에는 프로모티드 빌드 플러그인에서 승인자를 설정할 수 있다. 프로모션 승인자를 구성하려면 원하는 젠킨스 프로젝트를 편집해 프로모션 권한을 가져야 하는 사용자를 지정해야 한다. 그림 8-16은 이 구성의 예를 보여준다.

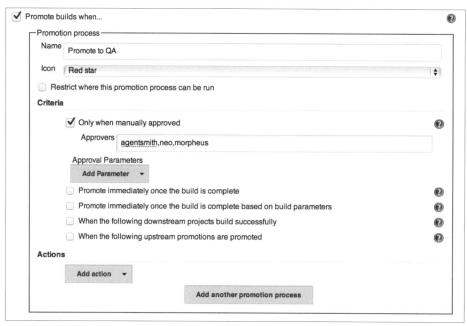

그림 8-16 구성 예제

이처럼 프로모티드 빌드 플러그인은 훌륭한 승인 시트 역할을 하는 솔루션을 제공한다. 이는 접근 보안 제어, 프로모션 기준, 강력한 빌드 스텝 구현 솔루션이 결합해 완성된 것이다.

빌드 파이프라인 워크플로우 및 시각화

초기에 파이프라인을 만들 때, 가장 일반적인 방법은 작업을 데이지 체인(직렬연결) 방식으로 연결하는 것이다. 이런 접근법은 구현 초기에는 완벽하게 합당하지만 장기적으로는 혼란을 겪을 수 있으며 데이지 체인 작업의 워크플로우를 추적하기가 어려울 수 있다. 이런 문제를 해결하기 위해 젠킨스는 빌드 파이프라인을 시각화하는 데 도움이 되는 빌드 파이프라인Build Pipeline이라는 이름의 플러그인을 제공한다. 이 플러그인에 대한 자세한 내용은 다음 URL에서 확인할 수 있다.

```
https://wiki.jenkins-ci.org/display/JENKINS/Build+Pipeline+Plugin
```

이 플러그인은 파이프라인에 진입점을 지정함으로써 추가 뷰 옵션을 제공하고, 이를 통해 업스트림 및 다운스트림 작업을 탐지하고, 파이프라인을 시작적으로 표현한다. 플러그인을 처음 설치하여 새로운 대시보드 뷰를 생성하면, 이용 가능한 추가 옵션을 볼 수 있다. 이는 그림 8-17에서 볼 수 있다.

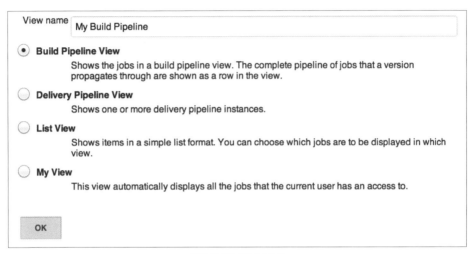

그림 8-17 대시보드 뷰

빌드 파이프라인 플러그인을 사용해 파이프라인 뷰를 만든 후에 젠킨스는 여러 구성 옵션을 보여준다. 가장 기본적인 구성 옵션은 그림 8-18과 같이 뷰 이름과 초기 작업 선택 옵션(드롭다운)이다.

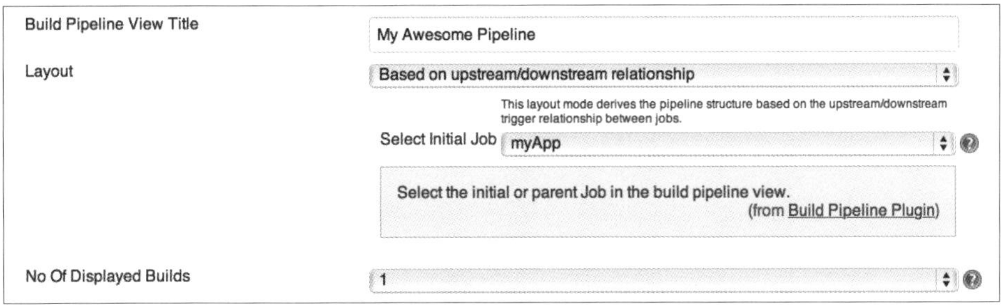

그림 8-18 파이프라인 뷰 구성 옵션

기본적인 구성으로 정의가 완료되면, OK 버튼을 클릭해 뷰를 저장한다. 그러면 플러그인은 연결된 작업에 대한 스캔을 시작하고, 파이프라인 뷰를 생성한다. 작업이 끝난 파이프라인의 예가 그림 8-19에 나와 있다.

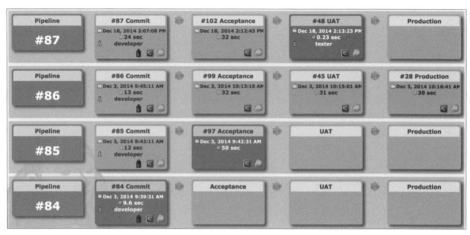

그림 8-19 작업이 끝난 파이프라인

일단 뷰가 생성되면, 시각적으로 보기 좋게 빌드 파이프라인이 나타난다. 또한 파이프라인 뷰에 적용할 수 있는 기능과 사용자 정의가 있다. 하지만 독자의 특정 요구에 맞는 솔루션이 되도록 조정하는 작업을 계속 진행해보자.

지속적 배포

지속적 인도가 지속적 통합의 논리적 확장을 나타내는 것처럼 지속적 배포는 지속적 인도 관행의 논리적 확장을 나타낸다. 지속적 배포는 많은 부분에서 지속적 인도와 매우 유사하나 한 가지 크게 다른 점이 있는데 바로 승인 게이트가 없다는 점이다. 승인 게이트가 없으면 메인라인의 코드 커밋은 짧은 시간 내에 프로덕션 환경에서 종료된다. 이런 형태의 자동화 솔루션의 경우 고수준의 규율, 엄격한 표준, 견고한 자동화가 필요하다. 이는 엣시

Etsy나 플리커Flickr, 그리고 그 외의 많은 서비스에서 입증된 사례라 할 수 있다. 그 이유는 지속적 배포가 배포의 속도를 혁신적으로 높여주기 때문이다. 그림 8-20은 지속적 배포와 지속적 인도의 근본적인 차이점을 잘 보여준다.

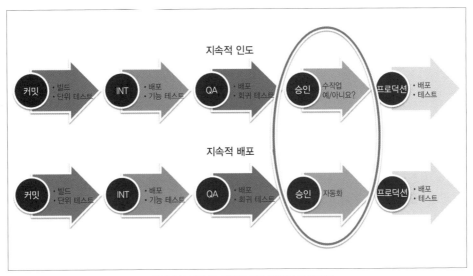

그림 8-20 지속적 인도와 지속적 배포의 차이점

지속적 배포는 모든 사람이 이용할 수 있는 것이 아니며 일부 소프트웨어 아키텍처나 제품 유형에는 적합하지 않을 수 있다는 것이 이행하는 것이 중요하다. 예를 들어, 임베디드 소프트웨어 또는 데스크톱용 애플리케이션 분야에서는 지속적 배포는 적절히 설계된 백그라운드 업그레이드 방식을 갖는 실행 가능한 솔루션 중 하나일 뿐이다. 반면에 간단한 API 웹서비스나 SaaS 기반의 웹 애플리케이션에 적용되면 큰 효과를 얻을 수 있다.

비즈니스 부서가 실제로 지속적 배포 솔루션으로 이전할 생각이 있다면 중단 없는 안정성 높은 서비스를 위해서 품질에 대한 엄격한 관리가 필요하다. 이런 엄격한 관리를 위해서는 다음 중 하나를 사용할 수 있다.

- 코드 커버리지 메트릭이 적용된 단위 테스트
- 실험 기반 개발이나 A/B 테스트
- 짝 프로그래밍
- 자동 롤백
- 코드 검토 및 정적 코드 분석 구현
- 행동 주도 개발[BDD]
- 테스트 주도 개발[TDD]
- 프로덕션 단계의 자동 스모크 테스트

추가로 유의해야 할 점은 지속적 배포 솔루션은 지속적 인도의 한 단계 더 발전된 단계이므로, 지속적 인도 실천법이 적용되고 있다는 것을 전제로 한다는 점이다. 즉 승인 게이트를 없애기에 앞서 안정적이고 신뢰할 만한 사전 운영이 필요하다. 그런 이후에 승인 게이트가 제거되면, 결과적으로 배치 속도가 크게 증가한다.

아마존 같은 회사에서 측정한 정량 지표에 의하면 프로덕션 단계에서 중단 현상은 78% 감소하고, 재난적 결함으로 인한 다운타임은 60% 감소한다. 그러므로 지속적 배포를 구현할 때는 이해 관계자 및 비즈니스 관련자의 이해와 지원이 필요하다.

젠킨스에서의 지속적 배포

지속적 통합과 지속적 인도가 이미 완료된 경우라면 젠킨스에서 지속적 배포 실천법을 적용하는 것은 간단하다. 즉 단순히 승인 기준을 제거하는 것으로 충분하며 그 결과 빌드 흐름이 자유롭게 되어, 생산성이 향상된다. 그림 8-21은 앞에 '지속적 인도' 절에서 설명한 프로모티드 빌드 플러그인을 사용하는 지속적 배포의 기본 구현 방법을 보여준다.

그림 8-21 프로모티드 빌드 플러그인의 구현

일단 프로모션이 자동으로 진행되면, (모든 자동 테스트 수행이 성공된 경우) 빌드 자동화 솔루션은 메인라인에 커밋이 일어날 때마다 자동으로 배포를 수행한다.

▌요약

8장에서는 '지속적' 방법론의 모든 것을 알아봤다. 카이젠의 역사와 배경, 지속적 통합 및 관련 실천법을 배웠다. 조직에서 카이젠, 지속적 통합, 지속적 인도, 지속적 배포 실천법을 채택하고, 이를 발전시키는 방법을 확실하게 이해했다. 젠킨스를 SVN과 깃허브에 연결해 자동화된 푸시 기반 빌드를 쉽게 하는 방법도 배웠다. 기능 토글, 추상화에 의한 분기 및 자동화를 통해 안정적으로 메인라인을 유지관리하는 사례도 알아봤다. 각 사례로부터 젠킨스에서 모범 사례를 구현하고 추진할 수 있기를 바란다. 또한 여러 지속적 실천법 간의 주요 차이점을 배웠고 젠킨스에서 이들을 구분하여 적용하는 방법도 배웠다.

9장에서는 젠킨스와 셀레늄, 앤서블, 도커 등 가치 있는 데브옵스 솔루션과 통합하는 방법을 학습한다. 구체적으로는 셀레늄 그리드를 생성하고, 도커 컨테이너를 통한 젠킨스 구현, 앤서블을 이용해 젠킨스에서 확장형 배포 실행을 적용하는 방법을 다룬다.

09

젠킨스와
다른 기술의 통합

젠킨스는 처음에는 통합 자바 빌드 도구로 시작했으며 이후 지속적으로 발전했다. 몇 번의 중요한 성장 단계를 통해 현재의 강력한 자동화 시스템 및 프로젝트 통합 솔루션으로 진화했다. 젠킨스는 오픈소스 커뮤니티에 의해 크게 기능이 확장됐으며 그 결과 이제는 수많은 기술과 플랫폼과의 통합이 가능하다. 이런 발전된 통합 기능으로 인해 젠킨스는 널리 확산됐으며 전 세계 조직들이 채택하고 있다. 젠킨스 전문가들은 이 복잡한 기술 환경을 탐구하고 젠킨스를 많은 다른 기술들과 통합하고 평가하면서 경험을 쌓고 있다. 신기술 분야와 혁신에 투자한다면 젠킨스에서 파이프라인을 생성하는 작업이 훨씬 더 흥미로울 것이다.

> "변화의 바람이 불기 시작하면, 벽을 쌓는 사람이 있는 반면, 풍차를 세우는 사람도 있다."
>
> – 중국 속담

9장에서는 엔지니어링 분야에서의 혁신 트렌드를 배우면서 동시에 젠킨스를 신기술과 통합하는 창의적인 방법을 찾아보려고 한다. 또한 시장에서 떠오르는 최신 기술을 찾아보고 이를 젠킨스와 통합하는 방법을 배운다. 9장에서 다루는 기술은 다음과 같다.

- 도커 컨테이너
- 젠킨스와 앤서블
- 젠킨스와 아티팩토리
- 젠킨스와 셀레늄
- 젠킨스와 지라

9장을 마치면 젠킨스와 여러 기술의 통합 방법을 확실히 알게 될 것이다. 자, 그럼 학습을 시작하자.

▌ 젠킨스와 도커: 리눅스 가이드

도커는 기술 전문가, 데브옵스 팀, 소프트웨어 엔지니어들 사이에서 인기가 높아지고 있는 도구다. 이 도구는 가상화된 소프트웨어 솔루션을 구축 및 호스팅할 때 사용할 수 있는데 경량 컨테이너라는 새롭고 혁신적인 접근법을 사용한다. 도커는 컨테이너 기술을 통해 단일 애플리케이션, 소프트웨어 서비스 제품군 또는 전체 릴리스를 수용할 수 있는 완전히 가상화된 컨테이너를 생성해 인도할 수 있다. 도커는 마치 소스 관리 시스템같은 기능을 제공하여 컨테이너 개발자가 점진적으로 변경 사항을 추적하고, 필요시 변경 사항을 되돌리고, 솔루션 전체를 공유할 수도 있다. 이 기술이 기존의 가상화 솔루션에 비해 우월한 점은 실제의 서버 인프라와 관계없이 애플리케이션이나 환경을 호스팅하고 인도하는 데 있어 자원을 적게 사용한다는 점이다.

또한 도커 기술 스택은 하드웨어 환경에 관계없이 컨테이너가 예측 가능한 방식으로 작동하도록 보장한다. 이 기능을 제공하기 위해 도커는 리눅스와 완전히 동일한 파일시스템을 베이스로 제공한다. 이를 통해 호스트된 모든 컨테이너에서 베이스 레벨 솔루션을 사용할 수 있도록 제공한다. 이렇게 제공되는 베이스에는 컨테이너가 필요로 하는 각종 도구, 네트워크 디바이스, 라이브러리, 관련된 운영체제의 기본 기능들이 있다. 도커는 또한 도커 시스템상의 모든 컨테이너들이 공유하는 경량 리눅스 커널도 제공한다. 이 커널은 메모리와 시스템 자원을 적게 사용하는 것을 목표로 개발된 것이다.

도커 컨테이너의 구조를 잘 설명하기 위해 그림 9-1에서는 도커가 제공하는 가상화 아키텍처의 개요를 보여준다.

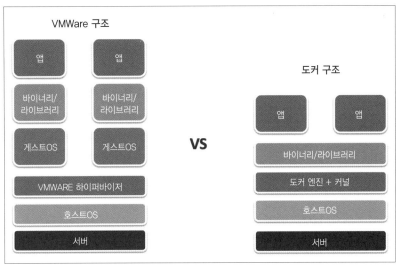

그림 9-1 전통적인 가상화 대 도커

앞에서 보듯이 도커는 미리 정의해둔 운영 환경에 맞춰 개발 및 배포가 가능하도록 완벽하게 동작되는 솔루션을 그대로 쉽게 옮길 수 있는 기능을 제공한다. 이 솔루션을 이용하면 내 컴퓨터에서는 되는데 다른 시스템에서는 안 되는 악명 높은 상황을 완화할 수 있다. 개발 팀이 데브옵스 방식으로 소프트웨어를 인도하는 데 집중한다면, 컨테이너는 빌드 파이프라인으로 흐르게 되고, 품질 검증도 거치며, 인프라와 관련된 위험도 낮추고, 상용서버까지의 환경 변수도 줄일 수 있다.

도커는 엔지니어링 조직에 수많은 가치를 제공하는데, 그 중 몇 개를 살펴보면 다음과 같다.

- 동일 콘텐츠의 사전 프로덕션 테스트를 기반으로 하는 저위험의 휴대용 배포
- 도커 컨테이너 콘텐츠의 명확한 정의
- 컨테이너를 쉽게 공유할 수 있도록 하는 협력적 공유(공용 레지스트리)
- 운영체제 파일 중복을 제거하는 공유 커널 및 OS 솔루션
- 소스 관리와 유사한 기능 및 버전 추적 기능
- 공개용 도커 API에서 생성된 다양한 확장 도구

이제 도커 가상화 아키텍처와 이 기술이 제공하는 장점을 알게 됐으므로 몇 가지 활용 사례를 살펴보고 컨테이너 기반 솔루션을 활용하는 방법을 알아본다.

도커 컨테이너의 실제 활용 범위는 무한하다고 할 수 있다. 즉, 인도 파이프라인 구축, 개발자의 프로그래밍 환경 구축, 소프트웨어 디버깅, 버그 재현, 빌드 환경 호스팅, 젠킨스의 마스터와 슬레이브 확장, 새로운 소프트웨어 솔루션 테스트를 위한 위험성이 낮은 환경 구축 등 활용 사례는 무궁무진하다.

도커의 활용 사례는 사실상 너무 많으므로 여기서는 젠킨스와 관련된 사례에만 집중해서 살펴보자. 더 구체적으로는 다음 활용 사례 학습에 중점을 두고자 한다.

- 도커 컨테이너 내에서 젠킨스 자체 실행(리눅스)
- 도커 컨테이너를 통해 젠킨스 슬레이브 노드 분리(자동으로 설정 및 해제)

 도커로 구현 가능한 가장 유용한 기능 중 하나는 데브옵스 배포다. 이 솔루션을 사용하면 데브옵스 빌드 파이프라인 내에서 사전 설치된 솔루션을 가진 도커 컨테이너가 한 논리그룹에서 다른 그룹으로 이동하도록 할 수 있다. 이는 도커를 활용하는 일반적이면서도 획기적인 방법이며, 조직 내 개발 및 인도 프로세스가 성장해감에 따라 발전시켜 나갈 만한 가치가 있는 작업이다.

도커 컨테이너에서 젠킨스 실행하기: 리눅스

젠킨스의 마스터 인스턴스는 도커 컨테이너에서 직접 실행할 수 있다. 이번 절에서는 도커 컨테이너 안에 있는 젠킨스 마스터 인스턴스를 구현하는 방법을 살펴본다. 이 솔루션은 쉽게 백업, 공유, 테스트, 버전 관리가 가능하므로 상당한 수준의 유연성을 제공한다. 또한 한 장소에서 다른 장소로 쉽게 마이그레이션이 가능하며 상호 호환성도 보장한다. 이 솔루션을 구현하기 위해서는 젠킨스 커뮤니티에서 만든 컨테이너에서 제공하는 레지스트리를 활용할 수 있고 도커의 중앙 레지스트리에서도 가능하다. 멋지지 않은가?

도커를 설치할 기회가 없다면 몇 가지 옵션을 사용할 수 있다. 첫 번째 방법은 http://www.docker.com에서 윈도우용이나 맥용 도커를 다운로드하는 것이다. 윈도우나 맥 사용자가 아닌 리눅스 사용자라면 도커에서 제공하는 전통적인 패키지 관리 방식용 aptitude 및 yum 패키지를 사용할 수 있다. 다음은 센트OS 및 우분투 리눅스에서 도커를 설치하는 데 필요한 명령이다.

센트OS

```
#> Yum install docker
```

우분투 / 데비안

```
#> apt-get upgrade
#> apt-get install docker
```

도커가 설치되면 기능이 제대로 작동하는지 확인해야 한다. 시작하려면 명령행 터미널의 세션을 열고 터미널에 다음 명령을 입력한다.

```
#> Docker info
```

일단 도커가 실행되면 다음과 같은 메시지가 출력된다.

```
Containers: 0
Images: 0
Storage Driver: aufs
Root Dir: /mnt/sda1/var/lib/docker/aufs
  Backing Filesystem: extfs
  Dirs: 0
  Dirperm1 Supported: true
Execution Driver: native-0.2
Kernel Version: 4.0.5-boot2docker
Operating System: Boot2Docker 1.7.0 (TCL 6.3); master : 7960f90 - Thu
Jun 18 18:31:45 UTC 2015
CPUs: 8
...
```

도커가 제대로 정보를 보여줬다면 이제 도커가 제공하는 기능을 하나씩 확인해본다. 도커 레지스트리에서는 미리 만들어둔 수많은 컨테이너를 제공하는 데 이를 활용하면 큰 어려움을 겪지 않고도 쉽게 목표를 달성하는 데 큰 도움이 된다. 젠킨스 LTS 컨테이너도 도커 레지스트리에서 직접 사용할 수 있다. 자세한 내용은 아래 정보를 참고한다.

젠킨스 컨테이너의 세부 정보는 다음 URL에서 확인할 수 있다.
https://registry.hub.docker.com/_/jenkins/
또는 다음 사이트를 참고한다.
https://github.com/jenkinsci/docker

미리 만들어둔 젠킨스 컨테이너를 다운받으려면 명령행 터미널에서 다음을 입력한다.

```
#> docker pull jenkins
```

가져오기가 진행되면 콘솔 터미널에는 다음과 같은 출력 메시지가 나타난다.

```
Pulling repository jenkins
f509350ab0be: Pull complete
b0b7b9978dda: Pull complete
6a0b67c37920: Downloading 171.9 MB/199.1 MB
1f80eb0f8128: Download complete
1d1aa175e120: Download complete
1fd02545bba6: Download complete
52b8ae4dbae9: Download complete
...
Status: jenkins:latest: The image you are pulling has been verified.
Important: image verification is a tech preview feature and should not
be relied on to provide security.
Digest: sha256:9ac333ae3271cf19497fd3abd170c42d50c4d2e0c84eca17fa23db
18c455922a
Status: Downloaded newer image for jenkins:latest
```

컨테이너를 다운로드했다면 이를 실행하고 영구 파일시스템을 사용할 수 있도록 설정해야 한다. 그래야만 종료가 되더라도 변경된 내용이 지워지지 않도록 할 수 있다. 젠킨스 컨테이너를 시작하는 명령은 다음과 같다.

```
#> docker run --name myjenkins -p 8080:8080 -v /var/jenkins_home jenkins
```

컨테이너가 실행되면 그림 9–2와 같이 웹 브라우저(http://localhost:8080)를 통해 젠킨스 컨테이너에 액세스할 수 있다.

그림 9-2 도커 컨테이너에서 실행 중인 젠킨스

도커를 사용하는 동적 젠킨스 슬레이브 노드

도커를 이용해 젠킨스 마스터 인스턴스를 호스팅하는 기능 외에도 확장형 젠킨스 슬레이브 노드를 구현할 수 있다. 지금부터는 슬레이브 노드용 젠킨스 컨테이너를 자동으로 생성해, 젠킨스 마스터가 자동 루틴(빌드)를 실행할 때 사용한 후, 빌드가 완료되는 제거되는 컨테이너를 만들어본다. 이런 유형의 솔루션은 템플릿형 OS를 기반으로 많은 동시 빌드를 활용하는 고확장형 빌드 솔루션이 필요할 때 매우 유용하다.

도커 컨테이너를 사용해 젠킨스 슬레이브 노드를 구현하려면 다음과 같은 사전 요구 사항이 필요하다. 이것은 다음 절에서 설명한다.

사전 요구 사항

이 절에서는 도커 슬레이브 노드 솔루션의 사전 요구 사항을 설명한다. 젠킨스용으로 활용하기에 앞서 이미 도커가 설치돼 동작돼야 한다. 도커 기본 설치가 끝났다면 젠킨스용 플러그인을 몇 개 설치해야 한다. 다음 젠킨스 플러그인들은 젠킨스 유저인터페이스에서 플러그인 관리 시스템 메뉴에서 설치할 수 있다.

- 젠킨스 도커 플러그인(http://wiki.jenkins-ci.org/display/JENKINS/Docker+ Plugin)
- 젠킨스 JClouds 플러그인(http://wiki.jenkins-ci.org/display/JENKINS/JClouds+ Plugin)

구현 튜토리얼

사전 요구 사항이 충족됐다면 미리 만들어둔 evarga/Jenkins-slave 도커 이미지를 다음 주소에서 다운로드해야 한다.

이를 위해 터미널에서 다음 명령을 입력한다.

```
#> docker pull evarga/jenkins-slave
```

evarga 컨테이너가 다운로드되면 도커 터미널에 다음과 같은 출력을 볼 수 있다.

```
Pulling repository evarga/jenkins-slave
8880612971b0: Pulling dependent layers
511136ea3c5a: Download complete
c7b7c6419568: Download complete
70c8faa62a44: Download complete
d735006ad9c1: Download complete
04c5d3b7b065: Download complete
...
Status: Downloaded newer image for evarga/jenkins-slave:latest
```

다운로드 및 설치가 완료됐는지 확인을 위해 다음 명령을 입력한다.

```
#> docker images
```

다음과 비슷하게 출력된다면 정상적으로 설치된 것이다.

```
REPOSITORY              TAG             IMAGE ID
VIRTUAL SIZE
evarga/jenkins-slave    latest          8880612971b0
ago         610.8 MB
```

이제 설치된 evarga/jenkins-slave 도커 컨테이너를 실행해보자. 이를 위해 터미널에 다음 명령을 입력한다.

```
#> docker run -i -t evarga/jenkins-slave /bin/bash
root@dd9372b1ec2d:/#
```

다음 단계는 다운로드한 도커 이미지를 젠킨스 슬레이브 그룹으로 운영하는 것이다. 이를 위해 몇 가지 기본 인증을 변경해야 한다. 변경해야 할 항목은 다음과 같다.

- ROOT용 SSH 키 생성(도커 젠킨스 플러그인용)
- SSH 키의 경로를 /etc/ssh/sshd_config와 /etc/ssh/ssh_config에 추가
- authorized_keys 파일 생성

SSH ROOT 키를 만들려면 명령행을 통해 도커 컨테이너에 다음 명령을 입력해야 한다.

```
#> ssh-keygen -t rsa
```

다음으로 ssh_config 및 sshd_config 파일을 authorized_keys 파일 위치를 가리키도록 변경해야 한다. 이를 위해 터미널에 다음을 입력한다.

```
#> echo "AuthorizedKeysFile /etc/ssh/authorized_keys" >> /etc/ssh/sshd_config
```

다음으로 ssh_config 파일에 잠시 전에 생성 한 RSA 키에 간단한 지시자를 추가해야 한다. 이를 위해 도커 컨테이너의 명령행 터미널에서 다음을 입력한다.

```
#> echo "IdentityFile /root/.ssh/id_rsa" >> /etc/ssh/ssh_config
```

마지막으로 도커 컨테이너에 방금 변경한 사항을 커밋해 재시작 시에도 유지되도록 해야 한다. Docker commit 명령을 사용한다. 다음 그림을 참고한다.

```
#> Docker commit
```

 이런 변경 항목들은 도커 파일에서도 수행할 수 있다. 도커 파일을 생성하고 관리하는 것은 이 책에서 다루지만 않지만 도커의 공식 웹사이트에서는 도커 파일의 정보를 다수 제공한다.

이제 젠킨스 도커 플러그인에 중점을 두도록 인증을 변경을 변경했으니, 도커 컨테이너를 슬레이브 노드로 활용할 수 있도록 설정해보자.

 젠킨스 도커 플러그인에 대한 자세한 내용은 다음 URL에서 확인할 수 있다.
https://wiki.jenkins-ci.org/display/JENKINS/Docker+Plugin

플러그인이 젠킨스에 설치되면 젠킨스 구성 영역에 도커 클라우드를 만들 수 있는 기능이 생긴다. 아래 설명된 이동 단계에 따라 구성 섹션으로 이동해본다.

```
Jenkins->Manage Jenkins->Configure System-> Cloud->'Add New Cloud'->'Docker'
```

구성 영역에 도커 클라우드를 추가할 수 있는 기능이 제공된다. 도커 클라우드는 다음 그림과 유사한 섹션을 표시한다.

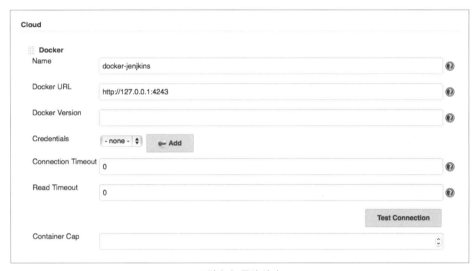

그림 9-3 구성 화면

일단 클라우드가 젠킨스 구성에 추가되면 여러 개의 구성 옵션이 나타난다. 기본적으로 꼭 설정해야 하는 것은 도커 클라우드의 이름을 정하는 것이다. 이름을 비롯한 모든 변경을 마친 후에는 Add Template 버튼을 클릭하고, 그림 9-4와 같은 세부 정보로 양식을 채운다.

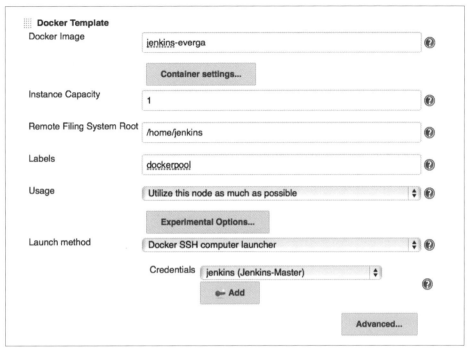

그림 9-4 도커 템플릿 구성

Docker Template 구성 섹션에서 도커 슬레이브 노드에 적용될 레이블을 설정해야 한다. 이것은 2장, '분산 빌드: 마스터/슬레이브 모드'에서 설명한 슬레이브 레이블과 완전히 동일하다. 본 예제에서는 dockerpool이라고 레이블을 정했다. 또한 도커 이미지용 ID 값으로는 jenkins-everga가 지정됐는지 확인하자. 일단 구성 세부 사항을 제대로 입력했다면 SAVA 버튼을 눌러 구성 변경 사항을 저장하자.

동적 도커 컨테이너를 슬레이브 노드로 구현하는 데 필요한 마지막 단계는 미리 설정된 docker-jenkis 레이블에서만 빌드가 실행되도록 젠킨스 작업을 제한하는 것이다. 이런 구성은 상세 작업 구성 페이지에서 목표로 하는 젠킨스 작업에 대해서 각각 수행해야 한다. 결과는 그림 9-5와 유사할 것이다.

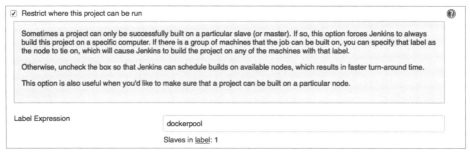

그림 9-5 레이블 설정을 통한 추가 작업 구성

이제 설정 완료 여부를 확인할 시간이다. 작업 구성을 저장하고, 방금 설정한 젠킨스 작업을 실행한다. 만일 제대로 동작한다면 매번 빌드가 실행될 때마다 새로운 도커 컨테이너 인스턴스가 자동으로 분리돼야 하고, 작업이 완료되면 사라질 것이다.

▌ 젠킨스와 앤서블 통합: 리눅스와 윈도우

앤서블은 비교적 최근에 데브옵스 환경에 추가됐다. 앤서블은 퍼핏이나 셰프 같은 전통적은 구성 관리 도구의 대안으로써 사용하기 쉬운 기능을 제공한다. 앤서블은 배포 자동화, 프로비저닝 자동화, 코드로써의 인프라IaC, Infrastructure as Code를 통한 인프라의 구성 상태를 관리하는 하이브리드 솔루션을 제공한다. 앤서블은 사용의 편리성, 강력한 기술적 플랫폼, 방대한 모듈 기반의 기술 통합으로 유명하다. 젠킨스와 앤서블을 통합하면 푸시 버튼 배포 기능, 푸시 버튼 서버 환경 프로비저닝, 통합 설정 관리 솔루션을 비롯한 여러 가지 이점을 제공할 수 있다. 배우기 쉽지만 기술적으로 강력한 플랫폼을 제공하는 앤서블은 SCM팀과 데브옵스 그룹들이 선호하는 솔루션이다.

젠킨스와 앤서블을 제대로 통합하려면 우선 기본적인 기술 구조와 앤서블의 일반적인 기능을 이해야 한다. 앤서블은 두 가지 다른 방식으로 사용될 있다. 첫째는 푸시 모델로써, 앤서블은 SSH(리눅스) 또는 네이티브 파워셸–리모팅(윈도우) 통신 장치를 사용해서 타겟 환경 아이템(서버)에 연결하고, 앤서블 서비스를 설치하고, 플레이북(자동화 스크립트)을 실행하고, 서비스를 제거한다.

두 번째는 풀 모델로써, 앤서블 플레이북이 타겟 환경 아이템(서버)상에서 실행되므로, 제어 서버나 파워셸 리노빙, SSH 통신 장치를 필요로 하지 않는다.

그림 9-6은 풀 모델 구조를 자세히 보여준다.

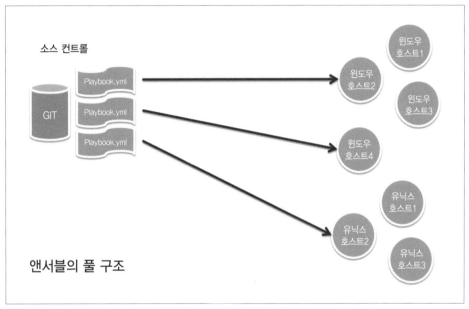

그림 9-6 앤서블의 풀 구조

풀^{pull} 기반 구조를 통해 앤서블은 소스 관리 서버에서 실행 정보 및 플레이북을 가져온다. 이를 통해 각 노드는 독립적으로 동작할 수 있고 솔루션 전체에 자율성을 제공할 수 있다. 앤서블의 풀^{pull} 방식 솔루션은 그림 9-7에서 보듯 푸시 기반 구조의 다른 것들과 완전히 대조된다.

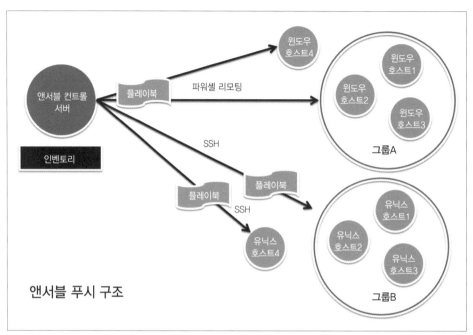

그림 9-7 앤서블 푸시 구조

푸시 구조 다이어그램에서 볼 수 있듯이, 앤서블은 대상 호스트에 임시 실행자로 앤서블을 설치하고, 필요한 플레이북을 넘긴 다음, 실행이 종료될 때까지 대기하고, 주어진 배포 노드 상의 임시 실행자를 제거한다.

지금까지 앤서블이 활용하는 기본 구조를 알아봤으니, 이제 앤서블 플레이북과 젠킨스를 통합하는 방법을 살펴본다. 젠킨스를 통해 앤서블 플레이북을 실행하는 방법에는 여러 가지가 있지만 그 중에서도 기본을 배울 수 있는 간단한 방법을 알아보자.

이번 예제에서는 앤서블 플레이북을 사용해서 기본 컴파일러와 링커를 포함하는 대상 컴퓨터(원격 IP 주소)를 제공하는 역할을 하는 젠킨스를 작업을 만드는 법(프로비저닝)을 알아본다.

이번 예제에서는 프로비저닝에 대해서만 설명하지만 이 방법은 대상 시스템 상의 어떤 플레이북이라도 실행할 수 있다. 이런 유형의 솔루션은 미리 구성된 빌드 환경을 생성할 때나 새로운 OS 설치 후에 신규 개발 환경을 구현하는 데 활용하면 특히 유용하다.

시작 하기 전에 다음과 같은 환경이 기본 우분투 리눅스에 설정돼 있어야 한다.

- 젠킨스 마스터 서버에 앤서블(http://www.ansible.com)이 설치돼 있어야 한다 (apt-get install Ansible).
- 데비안/우분투(http://www.ubuntu.com) 머신이 IP 주소 192.168.1.5로 설정돼야 한다.
- 192.1681.5에 설정된 표준 sudo 계정이 사용자 이름/암호 크리덴셜을 통해 시스템에 로그인하는 데 사용될 수 있어야 한다.
  - BUILD / BUILD123

준비가 완료됐으므로 앤서블을 젠킨스 UI에 통합해서, 버튼 클릭만으로 대상 컴퓨터 (192.168.1.5)의 플레이북을 실행하는 젠킨스 작업을 만드는지 알아보자.

일단 프리스타일 젠킨스 작업을 만든다. 예제에서는 그림 9-8처럼 scm.execute.ansible. playbook이라고 부르기로 한다.

```
Jenkins -> New Item -> Freestyle project -> scm.execute.ansible.playbook
```

Item name scm.execute.ansible.playbook

◉ **Freestyle project**
This is the central feature of Jenkins. Jenkins will build your project, combining any SCM with any build system, and this can be even used for something other than software build.

◯ **MultiJob Project**
MultiJob Project, suitable for running other jobs

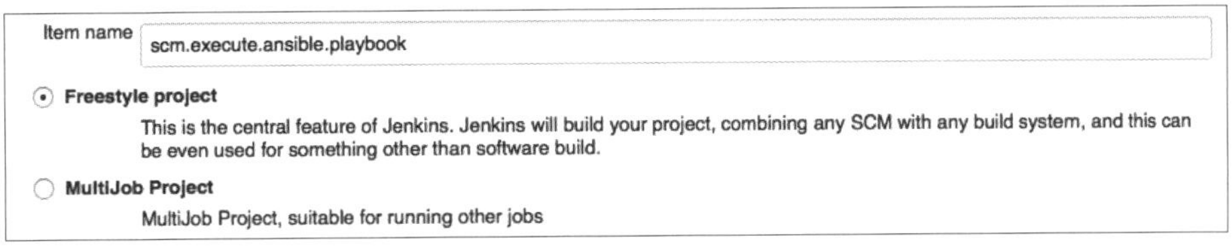

그림 9-8 프리스타일 젠킨스 작업 예제

작업의 이름을 정한 후, OK 버튼을 클릭해 상세 작업 구성 페이지로 이동한다. 거기에서 작업의 입력 변수들을 정의하고, 앤서블을 호출하는 셸 실행 빌드 스텝을 생성하며, 앤서블 호출 방법을 정의하자.

젠킨스의 상세 작업 구성 페이지에서 젠킨스 작업을 효과적으로 설정해 대상 서버에서 앤서블 플레이북이 실행되도록 할 수 있다. 앤서블은 중앙 집중식 호스트 파일에 개별 서버 IP 주소와 SSH 키를 통해 인증 크리덴셜(대상 서버에 접속이 가능한)을 관리한다. 이를 동적으로 구현하려면 이런 입력을 변경할 수 있도록 젠킨스 작업을 구성해야 한다. 이를 위해서는 젠킨스 작업에 몇 가지 설정을 추가해야 한다. 먼저 **Execute Shell** 빌드 스텝을 추가하고 다음 배시 코드를 입력한다.

```
############ Remove then Create Temp.Hosts file with target IP.
file="$WORKSPACE/temp.hosts"
[[ -f "$file" ]] && rm -f "$file"
echo "[all]" >> $WORKSPACE/temp.host
echo "$ANSIBLETARGETIP" >> $WORKSPACE/temp.host
############ Execute the Ansible Playbook.
export PYTHONUNBUFFERED=1
ansible-playbook -i /$WORKSPACE/temp.hosts /$WORKSPACE/infrastructure/
ansible-playbooks/$ANSIBLEPLAYBOOK.yml --user root --verbose
```

빌드 스텝이 추가됐다면 이제 무엇을 할 것인지 잠시 시간을 내어 살펴보자. 앞에서 입력한 배시 셸 스크립트와 자동화는 빌드 스텝에서 다음 조치를 효율적으로 수행한다.

1. $WORKSPACE 위치에 있는 기존 temp.host 파일을 제거한다.
2. 새로운 temp.host 파일을 만들고 그 파일과 $ANSIBLETARGETIP 변수의 내용을 연결한다(자세한 내용은 아래에서 다룬다).
3. 앤서블 실시간 로깅을 활성화한다(파이썬 버퍼).
4. 앤서블 플레이북을 실행한다. 플레이북의 이름은 $ANSIBLEPLAYBOOK 변수를 통해 동적으로 바뀐다.

이제 배시 빌드 스텝이 완료됐으므로 젠킨스가 플레이북 이름과 대상 IP 주소를 동적으로 셸 스크립트에 전달한다. 이는 그림 9-9에서 보듯 젠킨스 작업에 빌드 파라미터를 추가한다.

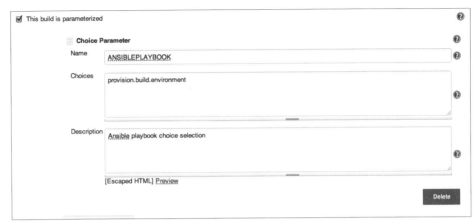

그림 9-9 젠킨스 작업에 파라미터 추가

앞에 화면은 젠킨스에서 간단한 선택 파라미터를 추가한 것이다. 작업을 실행하면 드롭다
운으로 입력을 요구한다. 여기서 선택된 항목은 $ANSIBLEPLAYBOOK 환경 변수를 통해 자동
화에 전달된다. 플레이북을 시스템에 추가할 때는 선택 항목을 적절히 변경해야 한다. 각
선택 항목은 앤서블 플레이북 파일 이름(.YML 확장자는 제외)을 나타낸다.

그림 9-10 ANSIBLETARGETIP(스트링)용 입력 추가

앞의 그림은 $ANSIBLETARGETIP 파라미터를 추가하는 것을 보여준다. 이 파라미터를 사용
하면 젠킨스 작업을 실행할 때 대상 IP 주소를 입력할 수 있다. 적절한 빌드 입력 파라미터
를 생성한 후에는 젠킨스 작업에서 소스 관리 서버에 체크아웃을 하도록 구현한다. 이렇
게 하면 소스 관리 서버에서 YML 플레이북을 가져와서 자동화에서 사용토록 할 수 있다.

이제 기본 젠킨스 작업을 정의했으므로 플레이북을 실행하기 위해 앤서블 컨트롤 서버(및 젠킨스 마스터)가 대상 컴퓨터를 인증하고, 이전에 서버에 접속한 적이 없다고 할지라도 플레이북을 실행할 수 있도록 하는 자동화 방법을 제공해야 한다. 일반적으로 이 작업은 하드코딩된 서버와 그룹 목록을 관리하는 앤서블의 인벤토리 파일을 통해 수행된다. 그러나 개발자 빌드 머신의 경우 인벤토리를 동적으로 만듦으로써 빌드 환경이나 배포 서버를 쉽게 프로비저닝할 수 있는 방법을 제공한다.

이를 위해서는 이전에 정의한 젠킨스 작업 파라미터와 다음처럼 간단한 익스펙트expect 스크립트를 활용할 수 있다.

```
#!/usr/bin/expect -f

# Get the Target IP address (to connect to)
set nodehostname [lindex $argv 0];

# First attempt to use ssh-copy-id to connect to the target without
the need for a password
spawn ssh-copy-id BUILD@$nodehostname
expect {
    ")?"   {send "yes\n";      exp_continue}
    word:  {send "BUILD123\n"; exp_continue}
    eof
}

# Next attempt to ssh to the target as user and alter the root
password
spawn ssh BUILD@$nodehostname -t "sudo passwd root"
```

```
expect {
  BUILD: { send "BUILD\n";
               expect {
                password: {send "BUILD123\n";
                 exp_continue
               }}
  }
}

# Finally attempt to ssh-copy-id for root so no password is needed
spawn ssh-copy-id root@$nodehostname
expect {
    ")?"   {send "yes\n";      exp_continue}
    word:  {send "BUILD123\n"; exp_continue}
    eof
}
```

젠킨스에서 익스펙트 스크립트를 사용하려면 앤서블 컨트롤 서버(젠킨스 마스터도 포함해서)에 저장해야 하며(본 예제에서의 저장 위치는 /var/lib/scripts/ansibleprovision.sh이다), 빌드 작업에서 Execute shell 빌드 스텝으로 실행해야 한다. 그림 9–11은 이 모든 것을 하나로 통합하는 데 필요한 젠킨스 작업 빌드 스텝을 보여준다.

그림 9-11 젠킨스 작업 빌드 스텝

이제 젠킨스 플레이북 실행 작업을 만들었으므로, 앤서블 플레이북 예제를 살펴보자. 앤서블에서 플레이북은 사람이 읽을 수 있는 YAML 형식의 자동화 콘텐츠를 제공한다. 다음은 YAML 코드는 간단한 앤서블 플레이북으로써 gcc 컴파일러와 git를 우분투 리눅스 호스트에 설치하는 기능을 한다.

```
---
- hosts: apache
  sudo: yes
  tasks:
    - name: Install required system packages.
      apt: pkg={{ item }} state=installed update-cache=yes
      with_items:
      - gcc
      - git-core
```

일단 플레이북이 생성되면, 이를 소스 컨트롤 서버에 커밋하고 젠킨스 작업이 실행될 때 이를 가져오도록 구성한다. 예제 작업에서는 플레이북의 이름을 provision.build.environment.yml이라고 했다. 모든 작업을 저장한 후에는 Build with Parameters 버튼을 눌러 테스트해본다. 모든 것이 정상적으로 작동한다면 해당 주소에서 이 작업을 가리키도록 한 후, 플레이북을 실행할 수 있어야 한다.

위 예제에서 앤서블 구조의 기초를 배웠고, 젠킨스와 결합해 새로운 수준의 자동화 및 구성 관리를 제공하는 색다른 방법을 다뤘다. 자동화와 빌드 파이프라인에서 빌드를 하는 경우, 이를 빌드 서버와 연결해 젠킨스 슬레이브의 빌드 환경이 빌드를 실행하기에 앞서 대상 시스템에 대해 플레이북을 실행하는 것처럼 수행하는 것이 좋다. 이렇게 하면 빌드 자동화와 컴파일 단계를 실행하기 전에 항상 최신의 빌드 환경을 유지할 수 있는 간단한 방법을 제공할 수 있다.

▌젠킨스와 아티팩토리

Jfrog의 아티팩토리(그리고 소나타입 넥서스)는 지금까지 오랫동안 지속적 배포를 구현하는 핵심적인 역할을 하고 있다. 아티팩토리는 빌드 패키지나 도커 컨테이너(도커 레지스트리를 지원하려면 아티팩토리 프로 버전이 필요), 바이너리 자원의 업로드, 저장, 다운로드, 입수를 용이하게 하는 데 사용되는 중앙 집중화된 구성 리포지토리를 제공한다. 아티팩토리나 유사한 도구에 기반한 솔루션을 구현하면 다양한 개발 팀, 영업 담당자, 보조 스태프 등을 통해 빌드 프로세스의 바이너리 출력물을 백업하고 관리할 수 있으므로 SCM 프로세스가 원활하게 할 수 있다.

아티팩토리가 DML의 역할로서 바이너리 자산 컬렉션을 정리하는 것 외에, 아티팩토리 리포지토리 솔루션은 의존성 파일을 포함한 모든 바이너리들을 제공하는 신뢰도 높고 자동화된 중앙 집중형 자료 원천의 기능을 제공한다. 이를 통해 아티팩토리는 효과적으로 의존성을 관리할 수 있고 메이븐, IVY, 그래들을 통한 자동화와 관리의 투명성도 제공한다.

젠킨스와 결합된 아티팩토리의 기본 구조를 더 잘 이해하기 위해 다음 그림에서는 기본 구조를 묘사한다.

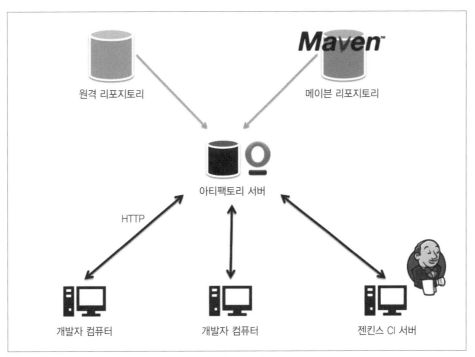

그림 9-12 아티팩토리 기본 구조

젠킨스에서 바이너리 자원을 업로드하는 작업은 아티팩토리 플러그인으로 쉽게 수행할 수 있다. 이 플러그인은 다음 링크에서 무료로 사용할 수 있다.

```
https://wiki.jenkins-ci.org/display/JENKINS/Artifactory+Plugin
```

아티팩토리 플러그인이 설치됐다면 이어서 아티팩토리 설치 URL을 가리키도록 구성도 해야 하고, 아티팩트를 정해진 리포지토리로 배포하는 데 필요한 적절한 크리덴셜도 제공해야 한다. 이들 구성 단계는 젠킨스 메인 구성 영역에서 수행해야 한다. 이 구성 메뉴로 이동하는 단계는 다음과 같다.

Jenkins ➤ Manage Jenkins ➤ Configure System ➤ Artifactory

아티팩토리 구성 섹션의 화면은 다음과 같다.

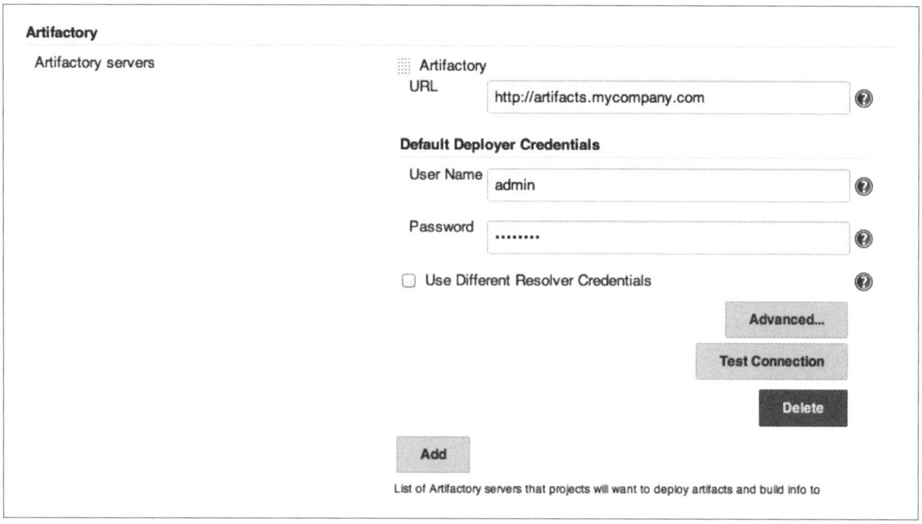

그림 9-13 아티팩토리 구성 섹션

플러그인이 제대로 설정되면 젠킨스 작업 내에서 아티팩토리 액션을 구현할 수 있다. 이는 그림 9-14에 나와 있는 빌드 환경 섹션의 젠킨스 작업 환경 영역에서 정의할 수 있다.

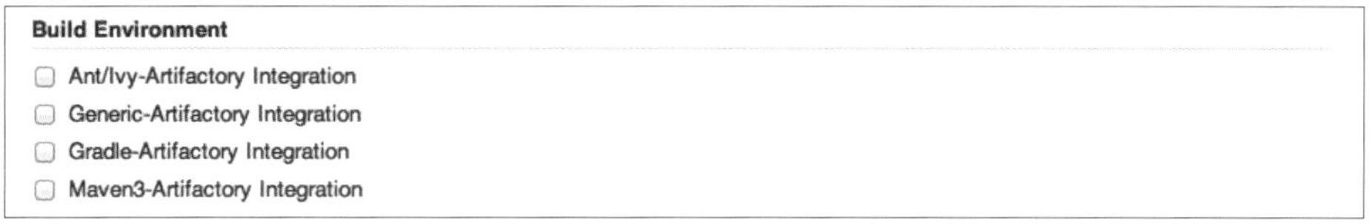

Build Environment

☐ Ant/Ivy-Artifactory Integration
☐ Generic-Artifactory Integration
☐ Gradle-Artifactory Integration
☐ Maven3-Artifactory Integration

그림 9-14 빌드 환경 섹션

앞서 묘사한 각 체크박스는 여러 가지 옵션을 사용할 수 있는 상세 구성 섹션으로 확장된다. 이들 각 체크박스에 관한 상세 문서 정보는 플러그인 소개 페이지에서 확인할 수 있으며, 링크는 다음과 같다.

```
https://wiki.jenkins-ci.org/display/JENKINS/Artifactory+Plugin
```

젠킨스와 셀레늄 그리드

자신이 속한 조직이 SaaS나 웹 애플리케이션을 개발하고 있는데, 혹시라도 자동화 테스트 도구로 셀레늄 그리드를 활용하고 있지 않다면, 이는 정말로 특별한 것을 놓치고 있는 상황이라 할 수 있다. 셀레늄 그리드는 테스트 케이스를 병렬로 실행하는 분산 자동화 테스트 솔루션을 제공한다. 이번 절에서는 젠킨스에서 셀레늄 그리드를 시작하고, 기본 단위 테스트를 작성하며, 결과를 도출하는 방법을 배워본다. 이를 통해 젠킨스 내에 셀레늄 그리드를 추가하고 이를 통해 확장형 자동화 테스트 솔루션을 장착할 수 있다.

셀레늄 그리드의 구조는 젠킨스 마스터 및 슬레이브 노드 솔루션과 매우 유사한 단일 허브 및 여기에 연결된 다중 노드 구조다. 허브는 테스트 매니페스트를 받아서 연결된 노드들에게 테스트를 배포한다. 이 분산 테스트 구조를 사용하면 여러 테스트를 동시에 실행할 수 있으므로 테스트 실행 시간이 크게 단축된다. 셀레늄 그리드 구조를 설명하기 위해 그림 9-15에서는 기본 셀레늄 그리드 구성과 여러 운영체제에 연결된 테스트 노드를 보여준다.

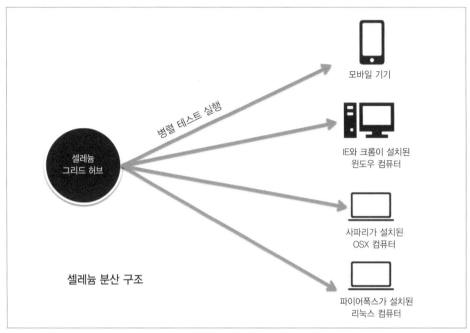

그림 9-15 셀레늄의 분산 구조

셀레늄 그리드 허브는 간단히 설명하면 테스트 케이스 중개인이라고 할 수 있다. 그 역할은 테스트 케이스 세트를 관리하고, 운영체제 및 웹 브라우저 기준에 맞으면서 사용 가능한 노드에 개별 테스트 케이스를 그리드에서 병렬로 전달하는 것이다. 허브는 결과를 대조하며 호출 소스에 대한 피드백도 관리한다. 셀레늄 그리드 허브의 주요 특징은 다음과 같이 정리할 수 있다.

- 허브는 그리드로 들어가는 유일한 진입점으로써 연결된 노드에서 실행할 테스트 지정을 용이하게 하고, 상세 보고서를 수집한다.
- 허브는 모든 노드와의 활성 연결을 유지관리하며 그리드 노드로의 테스트 배포를 관리한다.
- 허브는 일반적으로 격리된 VM이나 서버이므로 노드를 이중 용도로 사용해서는 안 된다.

셀레늄 그리드 노드는 VM, 컴퓨터, 가용 서버, 도커 컨테이너 등이 될 수 있다. 셀레늄 그리드 허브에 연결된 모든 노드는 자동화된 테스트 케이스 실행을 위해 활용된다. 셀레늄 노드 서비스가 설치된 것이 아니라면 어떤 운영체제나 웹 브라우저, 플랫폼의 조합이든 물리적으로 셀레늄 그리드 노드가 될 수 있다. 셀레늄 그리드 노드는 원래 지능형은 아니며 그 자체로 가용한 셀레늄 서비스가 되는 것은 아니다. 셀레늄 그리드 노드의 작동 방식을 더 잘 설명해 주는 몇 가지 특징은 다음과 같다.

- 셀레늄 노드가 반드시 허브와 동일 구조나 OS일 필요는 없다.
- 셀레늄 그리드 허브에 연결된 한 개 이상의 셀레늄 노드가 있을 수 있다.
- 셀레늄 노드는 명령행에서 셀레늄 서비스가 실행될 때 정의된 웹드라이버의 역할을 갖는다.

셀레늄 그리드 구축

이번 절에서는 간단한 셀레늄 그리드를 구축하는 방법을 배워본다. 이를 위해 다음 사항을 준비해야 한다.

- 셀레늄 그리드 허브 역할을 하는 컴퓨터(예를 들어 IP는 192.168.1.2로 설정)
- 셀레늄 노드 역할을 하는 컴퓨터(예를 들어 IP는 192.168.1.100으로 설정)
- 셀레늄 허브와 노드는 모두 자바 버전 1.6 이상

셀레늄 그리드를 구축하려면 먼저 셀레늄 애플리케이션을 실행하고 그리드 허브 역할을 수행하도록 허브를 구성해야 한다. 이를 수행하려면 다음 URL에서 서버에 셀레늄을 다운로드해야 한다.

```
http://docs.seleniumhq.org/download/
```

셀레늄이 허브 서버에 다운로드되면 명령행에서에서 허브의 다운로드 디렉토리로 이동하고 다음 명령을 실행한다.

```
#> Java -jar selenium-server-standalone-2.4.6.jar -role hub
```

허브가 제대로 활성화됐다면 다음과 같이 출력된다.

```
Jun 25, 2015 4:05:00 AM org.openqa.grid.selenium.GridLauncher main
INFO: Launching a selenium grid server
2015-06-25 04:05:13.063:INFO:osjs.Server:jetty-7.x.y-SNAPSHOT
...
```

그리드 허브 UI를 통해 셀레늄 그리드에 접속해보자. 웹 브라우저 세션을 열고 다음 URL로 이동한다.

```
http://192.168.1.2:4444/
```

그리드가 실행 중인 경우 그리드 상태 페이지가 표시된다. 이어서 우리가 방금 활성화한 허브에 노드를 연결하는 방법을 알아보자. 빌드아웃을 시작하려면 노드 서버에 로그인한 후 셀레늄 그리드 자바 애플리케이션을 다운로드한다.

명령행 터미널을 열고, 다운로드받은 셀레늄 폴더로 이동한 후 터미널에 다음을 입력한다.

```
#> Java -jar selenium-server-standalone-2.46.0.jar -role webdriver -hub
http://192.168.1.2:4444/grid/register -port 5566
```

명령행에 입력하는 IP 주소의 경우 본 예제에서는 허브에 192.168.1.2를 사용하고 웹드라이버 노드로 192.168.1.100을 사용한다. 독자들의 경우 각기 다른 IP 주소를 사용할 가능성이 높은데, 이에 맞춰 명령어를 입력할 때 적절히 변경해 주어야 한다.

허브와 노드가 구축돼 연결되면 간단하게 만들어본 새 그리드에서 셀레늄 테스트를 만들고 실행할 준비가 된 것이다.

테스트를 작성하고 젠킨스에 통합하기

이제 기본적인 셀레늄 그리드를 만들었으므로 자동 테스트를 작성하여 젠킨스에 연결하는 방법을 배우자. 셀레늄 테스트는 루비, 파이썬, 자바, C# 등과 같은 프로그래밍 언어로 작성할 수 있다. 셀레늄 자체는 많은 플랫폼과 웹 브라우저를 지원한다. 다음 예제에서는 간단한 루비 테스트 세트를 만들어 셀레늄 그리드에 연결하고, 웹 페이지를 로드하고, 결과를 보고하는 방법을 알아본다. 다양한 프로그래밍 언어로 된 셀레늄 테스트 세트를 구현하는 것도 이와 유사하게 시도해보면 된다.

루비 테스트 세트로 셀레늄에 연결하는 자동 테스트를 작성하기 전에 몇 가지 루비 젬을 설치해야 한다. 루비 젬이란 확장 기능으로써 루비 프로그래밍 언어에 추가 기능을 제공한다. 젬 설치는 gem 명령을 통해 매우 쉽게 수행할 수 있으며, 젬 명령은 일반적으로 루비와 함께 사용한다. 이번 예제에서는 셀레늄 WebDriver, yarjuf, RSpec 젬이 필요하다. 이들 루비 젬들은 로컬 개발 환경뿐만 아니라 젠킨스 자동화 환경에도 각기 추가돼야 한다.

다음은 selenium-webdriver 젬, yarjuf 젬, rspec 젬을 설치하기 위해 실행해야 하는 명령이다.

```
#> gem install selenium-webdriver
#> gem install rspec
#> gem install yarjuf
```

셀레늄 웹드라이버 젬은 셀레늄 그리드를 위한 API 레벨을 지원하며 그리드에서 실행되는 자동화 케이스를 만들 수 있게 지원한다. 이 젬의 소스코드를 포함한 추가 정보는 다음 URL에서 찾을 수 있다.

https://github.com/seleniumhq/selenium

rspec 젬은 루비에 TDD 및 BDD 테스트 기능을 제공한다. 이 기능은 오픈소스이며 무료로 제공된다. rspec의 추가 정보는 다음 URL에서 찾을 수 있다.

http://rspec.info

RSpec JUnit formatter(yarjuf) 젬은 RSpec 테스트를 지원하는 JUnit 형식 출력을 제공한다. 이는 젠킨스의 JUnit Test Jenkins 플러그인에서 처리하기 좋은 형태의 출력물을 만들도록 지원한다. 이 젬에 대한 추가 정보는 다음 URL에서 찾을 수 있다.

https://github.com/sj26/rspec_junit_formatter

gem install 명령으로 이들 젬을 설치한 후에는 다음과 같은 출력이 나와야 한다.

Selenium—webdriver

```
Parsing documentation for selenium-webdriver-2.46.2
Installing ri documentation for selenium-webdriver-2.46.2
Done installing documentation for websocket, ffi, childprocess, rubyzip,
selenium-webdriver after 56 seconds
5 gems installed
```

RSpec

```
...
Fetching: rspec-3.3.0.gem (100%)
Successfully installed rspec-3.3.0
Parsing documentation for rspec-support-3.3.0
Installing ri documentation for rspec-support-3.3.0
Parsing documentation for rspec-core-3.3.1
Installing ri documentation for rspec-core-3.3.1
6 gems installed
```

RSpec JUnit Formatter

```
Fetching: rspec_junit_formatter-0.2.3.gem (100%)
Successfully installed rspec_junit_formatter-0.2.3
Parsing documentation for rspec_junit_formatter-0.2.3
Installing ri documentation for rspec_junit_formatter-0.2.3
Done installing documentation for rspec_junit_formatter after 0 seconds
1 gem installed
```

이제 루비 젬을 설치했으므로 루비 테스트 코드를 살펴본다. 이번에 사용할 테스트 세트 예제는 다음과 같다.

```
# -- Define required GEMS
require 'rubygems'
require 'selenium-webdriver'
require 'rspec'

# -----------------------
# Test Suite Definition
# --------------------
describe "ExampleSeleniuTestSuite" do

    # --------------------
```

```
# Test Suite Setup (ALL)
# ----------------
attr_reader :selenium_driver
before(:all) do

    # -- Defines the Selenium WebDriver details
    @selenium_driver = Selenium::WebDriver.for(
        :remote,
        url: 'http://10.10.33.231:4444/wd/hub',
        desired_capabilities: :chrome) # you can also use :chrome, :safari, etc.

    end

# -------------------
# Test Case Setup
# ----------------
before(:each) do

    # -- Setup browser session (a safe url to start from)
    @selenium_driver.get "http://example.com"

end

# -------------------
# Test Suite TearDown
# ----------------
after(:all) do

    # -- Close our Selenium Instance
    @selenium_driver.close

end

# -------------------
# Test Case 1
# ----------------
it "can find the right title" do
```

```
    @selenium_driver.get "http://www.google.com"
       expect(@selenium_driver.title).to eq('Google')
    end
end
```

앞의 루비 테스트 케이스를 검토한 후에 [gridtest.rb]라는 파일명으로 저장하고, 소스 관리 서버에 커밋한 후, 명령행 터미널에서 다음 명령을 입력해 로컬에서 테스트를 실행한다.

```
#> rspec gridtest.rb
```

모든 것이 예상대로 작동됐다면 명령행 터미널에서 다음과 같은 결과를 볼 수 있다.

```
Finished in 6.02 seconds (files took 1.08 seconds to load)
1 example, 0 failures
```

결과가 예상대로 나왔다면 이상으로 기본적인 자동화 테스트 세트가 작성된 것이므로 이제 젠킨스를 통한 테스트 실행에 집중해보자.

앞의 루비 테스트 세트를 젠킨스에 연결하는 것은 아주 쉽게 할 수 있다. 시작하려면 일단 젠킨스에 JUnit test report 플러그인이 설치돼 있는지 확인해두자. 이 플러그인에 대한 자세한 내용은 다음 URL에서 찾을 수 있다.

https://wiki.jenkins-ci.org/display/JENKINS/JUnit+Plugin

먼저 젠킨스에서 프리스타일 작업을 만들고 새로운 프리스타일 빌드 작업에 적절한 SCM 스텝을 추가하여 방금 만든 테스트 세트의 소스코드를 가져오도록 구성한다. SCM 스텝은 루비 스크립트가 실행될 소스 관리 시스템에서 위치를 지정해야 한다. 가이드에 목적에 맞도록 이번 젠킨스 작업을 test.selenium.grid라고 한다.

다음으로 앞서 만든 루비 스크립트를 실행하고 테스트를 실행하는 빌드 스텝을 추가해야 한다. Execute Shell Build step을 추가하고 rspec 명령을 정의하는 방법은 다음과 같다.

```
#> rspec --format RspecJunitFormatter --out rspec.xml gridtest.rb
```

젠킨스에서 구동되는 테스트가 갖춰졌다면 그리드 테스트 실행 후에 XML 결과를 검색하는 젠킨스 작업을 구성해야 한다. 이를 구성하면 꽤 멋진 테스트 추세 그래프를 출력할 수 있다. 구현을 하려면 젠킨스 작업에다 Publish JUnit test result report 포스트 빌드 액션을 추가한다. 자세한 구성 정보는 다음 그림에 설명돼 있다.

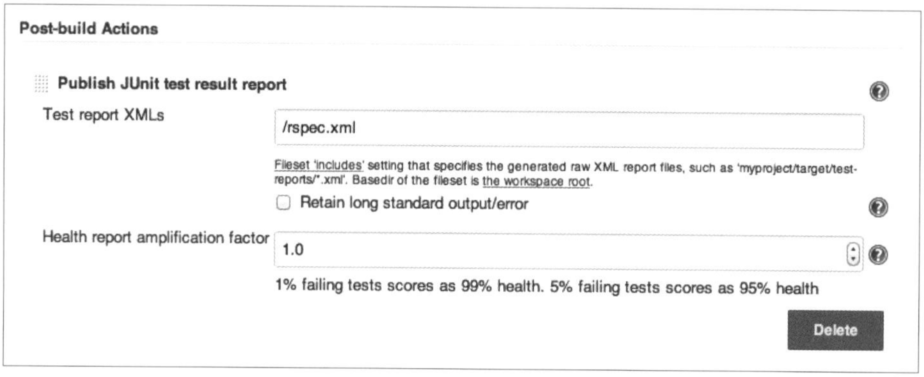

그림 9-16 젠킨스 작업에 포스트 빌드 액션을 추가하기

마지막으로 젠킨스 작업을 저장하고 Build-Now 버튼을 클릭해 셀레늄 그리드 테스트를 실행한다. 모든 결과가 정상이라면 젠킨스 콘솔 로그에 다음과 같은 로그와 분석 결과 보고서가 출력된다.

```
Finished in 6.36 seconds (files took 0.91697 seconds to load)
1 example, 0 failures
```

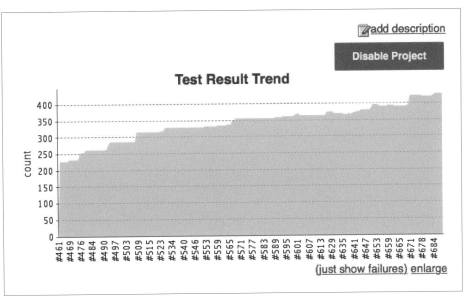

그림 9-17 젠킨스 콘솔 로그 결과

▌ 젠킨스와 지라

아틀라시안의 지라(http://www.atlassian.com)는 개발 요구 사항을 관리하고 애자일 투입량을 추적하는 등의 기능을 제공하는 소프트웨어 팀용 프로젝트 관리 솔루션으로 산업 전반에 걸쳐 많이 사용되고 있다. 지라 최신 버전은 젠킨스와의 연결이 가능해짐에 따라 현재는 젠킨스 작업과 지라 티켓의 긴밀한 연결을 지원한다.

이번 절에서는 효율성을 높이고 파이프라인과 엔지니어링 환경 전반에서의 추적성을 지원하기 위해 지라 프로젝트로 젠킨스 작업을 구현하는 방법을 알아본다.

시작하려면 몇 가지 사전 요건을 마련해야 하며, 구체적으로는 다음 항목이 필요하다.

- 젠킨스가 웹에서 접속할 수 있는 지라 설치 환경
- 지라와 젠킨스에 관리자로 접속할 수 있는 권한

- 지라가 웹에서 접속할 수 있는 젠킨스 설치 환경
- 젠킨스와 지라 내에 여러 개의 프로젝트

통합 작업을 시작하려면 먼저 지라에 Atlassian marketplace Jenkins 플러그인을 설치한다. 이 작업은 지라의 관리 영역 내에 **Addons** 탭에서 할 수 있다. 이 플러그인의 화면과 설치 버튼은 다음 그림과 같다.

그림 9-18 지라용 젠킨스 플러그인

계속하려면 위 그림에 표시된 Install 단추를 클릭한다. 설치 프로세스가 완료되면 젠킨스와 올바르게 통신하도록 플러그인 구성해보자.

플러그인은 관리자 접속용 Jenkins Configuration 메뉴 옵션을 생성한다. 이 옵션은 설치가 완료된 후 지라의 addon 영역에서 사용할 수 있다. 플러그인을 구성하려면 지라의 젠킨스 구성으로 이동해야 한다. 메뉴 링크의 화면은 다음과 같다.

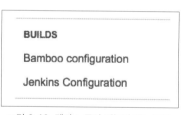

그림 9-19 젠킨스 구성 메뉴의 메뉴 링크

Jenkins Configuration 링크를 클릭하면 지라는 플러그인이 젠킨스와 연계해 제대로 동작할 수 있도록 안내하는 튜토리얼로 연결한다. 애플리케이션 링크를 구성하는 튜토리얼 페이지는 다음 그림 9-20에 나와 있다.

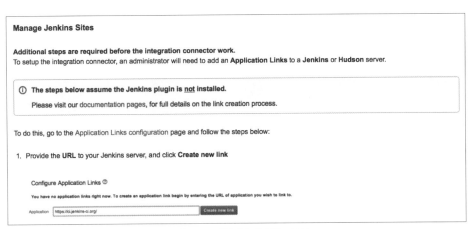

그림 9-20 애플리케이션 링크 구성

튜토리얼이 끝나면 젠킨스와 지라의 통합이 완료된 것이다. 지라는 젠킨스 빌드를 직접 추적할 수 있는 여러 가지 새로운 기능을 제공한다. 그 중 주요 기능은 다음과 같다.

- 프로젝트별 CI 빌드 탭(프로젝트의 최근 빌드에 대한 통합뷰 기능 제공)
- 이슈/티켓별 CI 빌드 탭(커밋 메시지에서 식별된 특정 티켓을 가진 빌드 출력)
- 지라내 티켓과 빌드의 실시간 갱신 정보

이 솔루션은 지라 및 젠킨스에게 매우 가치 있는 추적 솔루션을 제공하며, 두 가지 강력한 도구를 통합한다. 젠킨스 및 지라 통합에 대한 자세한 내용은 URL의 플러그인 설명서를 참조한다.

https://marvelution.atlassian.net/wiki/display/JJI/Advanced+Application+Links

▌ 요약

9장에서는 흥미로운 기술 스택을 알아보고 이를 젠킨스에 통합하는 법을 다뤘다. 도커에 대해 알아보고 이 확장형 컨테이너 솔루션을 젠킨스 슬레이브 노드로 활용하는 방법과 젠킨스 마스터로 설정하는 방법을 배웠다. 앤서블과 이를 주문형 환경 프로비저닝을 구현하는 데 활용하는 방법을 배웠다. 또한 셀레늄 그리드 구현을 살펴보고 이를 활용해 몇몇 테스트를 작성하는 방법을 학습했다. 마지막으로는 지라에서 널리 채택된 애자일 버그 추적 솔루션과 젠킨스를 통합하는 배웠다. 신기술의 도입을 고려할 때는 젠킨스에서 이를 통합할 수 있는지 여부도 중요하지만 시스템을 안정적으로 확장성 있게 유지할 수 있는지가 우선 고려돼야 할 것이다. 이런 전제를 기초로 새로운 기술의 통합을 연구하고 평가하는 것이 중요하다.

마지막으로 10장에서는 젠킨스 API를 알아보고, 플러그인 개발 환경을 설정하고, 플러그인을 생성해, 젠킨스 시스템에 설치하는 방법을 배운다. 이것은 젠킨스 시스템을 좀 더 강력하게 제어하는 데 큰 도움이 될 것이다.

10

젠킨스 확장

젠킨스는 고도의 확장형 구조와 광범위한 플러그인 생태계로 인해 악명도 얻고 있다. 오픈소스 커뮤니티는 젠킨스의 기능을 극대화하고, 다른 기술과 통합하며, 여러 가지 개발 관련 도구들과 긴밀하게 연동하는 수백 가지의 플러그인을 개발했다. 젠킨스 플러그인 생태계에는 '그 기능을 위한 플러그인은 있다'라는 말이 있는데, 아마도 맞는 말일 것이다.

> '거인의 어깨 위에 서서 더 멀리 볼 수 있었기 때문이다.'
>
> – 아이작 뉴튼

젠킨스 오픈소스 개발 커뮤니티는 소프트웨어 대기업들과 협업해 어떤 규모의 조직이든 맞춤형으로 젠킨스를 사용할 수 있도록 툴과 프로세스를 제공하는 플러그인을 미리 만들어 제공했다. 물론 미리 만들이둔 플리그인이 많다고 하더라고 고객의 특별한 요구나 솔루션에 맞는 커스텀 플러그인을 개발할 필요는 있다. 젠킨스용 플러그인 개발은 어렵다는 생각이 들 수도 있다. 하지만 약간의 노력과 연구, 인내만 있다면 젠킨스 플러그인 아키텍처를 통해 젠킨스 시스템의 커스텀 기능을 만들고 배포하는 방법을 배울 수 있다.

10장에서는 젠킨스 플러그인 개발과 젠킨스 플러그인 아키텍처 기능에 대해 배운다. 이를 통해 젠킨스 서브시스템을 잘 이해하고, 젠킨스를 확장하고 고유한 개발 프로세스와 툴과 통합할 수 있는 방법을 알아본다.

10장에서 다루는 주요 내용은 다음과 같다.

- 개발 환경 설정(인텔리제이 IDEA)
- 플러그인 스켈레톤
- 메이븐에서 생성한 스켈레톤을 인텔리제이로 가져오기
- 젠킨스 플러그인 구조의 이해
- 젤리 태그 및 파일 작업

 플러그인 개발 팁

젠킨스용 플러그인을 만드는 것은 재미있게 머리를 쓰는 작업일 수 있지만 젠킨스 오픈소스 개발 커뮤니티의 결과물과 중복되는 것은 피하는 것이 좋다. 새 플러그인을 구현하기 전에 플러그인 개발 페이지에서 같은 플러그인이나 아이디어가 존재하지는 확인하자. 플러그인 전체 목록을 보려면 다음 URL을 참조한다.

`https://wiki.jenkins-ci.org/display/JENKINS/Plugins`

▌ 개발 환경 설정

젠킨스와 허드슨 플러그인 인터페이스HPI 플러그인은 주로 아파치 메이븐과 및 JDK(자바 개발킷)를 사용해 개발됐다. 이 일련의 튜토리얼 및 섹션에서는 플러그인 통합 개발 환경으로 인텔리제이를 사용하는 방법을 중점적으로 설명한다. 물론 플러그인은 다른 많은 통합 개발 환경과 언어(J루비, 이클립스, 그루비 등)를 사용해 개발할 수 있다. 하지만 현재 사용 가능한 젠킨스 플러그인의 대다수가 자바 JDK와 메이븐을 사용해 제작됐으므로 이 기술에 중점을 두어 설명한다.

시작하려면 컴파일러, 링커, 프로젝트 생명주기 도구를 비롯한 기본 젠킨스 플러그인 개발 환경을 구성해야 한다. 대다수는 다음에 나열한 툴을 플러그인을 개발하려는 컴퓨터에 설치하기만 하면 된다.

- 메이븐 3 (http://maven.apache.org/install.html)
- 오라클 자바 JDK 1.7(http://www.oracle.com/technetwork/java/javase/downloads/index.html)

일단 자바 JDK (1.7+) 및 메이븐 자동화 도구가 로컬 시스템에 설치되면, 기본 메이븐 설정 파일을 바꾸고, 젠킨스 CI 아티팩트 리포지토리와 통신하도록 하여, 명령행에서 메이븐의 의존성 정보와 활성화된 HPI 골^{goal}을 가져올 수 있도록 해야 한다.

수정해야 할 아파치 메이븐 설정 파일은 다음 위치 중 하나에 위치한다(운영체제에 따라 다름).

- 윈도우: C:\<PATHTOUSERPROFILE>\.m2\settings.xml
- 맥 OS X: / *NIX - ~/.m2/settings.xml

메이븐 설정 파일을 수정할 때는 선호하는 텍스트 편집기(VI, 나노, 에막스, 메모장 등)를 사용할 수 있다. 아파치 메이븐의 setting.xml 파일의 내용은 https://wiki.jenkins-ci.org/display/JENKINS/Plugin+tutorial에서 가져온 다음 예제를 반영해야 한다.

```
<settings>
  <pluginGroups>
    <pluginGroup>org.jenkins-ci.tools</pluginGroup>
  </pluginGroups>
```

```
        <profiles>
            <!-- Give access to Jenkins plugins -->
            <profile>
                <id>jenkins</id>
                <activation>
                    <activeByDefault>true</activeByDefault>
                </activation>
                <repositories>
                    <repository>
                        <id>repo.jenkins-ci.org</id>
                        <url>http://repo.jenkins-ci.org/public/</url>
                    </repository>
                </repositories>
                <pluginRepositories>
                    <pluginRepository>
                        <id>repo.jenkins-ci.org</id>
                        <url>http://repo.jenkins-ci.org/public/</url>
                    </pluginRepository>
                </pluginRepositories>
            </profile>
        </profiles>
        <mirrors>
            <mirror>
                <id>repo.jenkins-ci.org</id>
                <url>http://repo.jenkins-ci.org/public/</url>
                <mirrorOf>m.g.o-public</mirrorOf>
            </mirror>
        </mirrors>
</settings>
```

XML 파일을 변경했다면 파일을 저장해 기존 로컬 복사본을 덮어쓴다. 앞에서 언급했듯이 구성 파일을 변경하면 메이븐의 명령행 골에 대한 HPI 단축지원 및 아티팩트 다운로드가 가능하며, 젠킨스 플러그인 스켈레톤 구조를 생성할 수 있다.

모든 구성이 제대로 됐는지 잠시 시간을 내어 살펴보자. 일단 명령행에서 쉽게 만들 수 있고 중요하지 않은 테스트 디렉토리로 이동한 후, 터미널에서 다음 명령어를 입력한다.

```
#> mvn hpi : help
```

 젠킨스 플러그인 개발자라면 HPI 골을 활용해서 젠킨스 플러그인을 생성, 컴파일, 디버그 및 릴리스할 수 있다. 10장에 후반부에서는 적절한 GUI 개발을 위해 인텔리제이 IDEA내에서 이들 골을 직접 사용하는 법을 배운다.

일단 메이븐이 htp:help goal을 실행하면 메이븐은 사용 가능한 HPI 골에 대한 상세 도움말을 출력한다. 이들 각각은 다음에 설명한다.

```
[INFO] Scanning for projects...
[INFO]
[INFO] ------------------------------------------------------------
[INFO] Building Maven Stub Project (No POM) 1
[INFO] ------------------------------------------------------------
[INFO]
[INFO] --- maven-hpi-plugin:1.114-cloudbees-1:help (default-cli) @
standalone-pom ---
[INFO] Maven Jenkins Plugin 1.114-cloudbees-1
   Maven2 plugin for developing Jenkins plugins
```

이 플러그인에는 14개의 골이 있다.

- hpi:assemble-dependencies
  - 플러그인의 추이 종속성을 한 위치로 모으는 데 사용한다.
  - 이 플러그인의 다른 유사한 모조와 달리, 이것은 그래프를 통해 종속성을 탐색한다.
- hpi:bundle-plugins
  - 현재 프로젝트를 가져와, 모든 추이 종속성을 나열한 후, 지정된 디렉토리에 복사한다.

- 모든 필요한 플러그인을 번들로 묶어 `jenkins.war`를 생성할 때 사용한다.

- `hpi:create`

  새로운 플러그인 템플릿을 만든다. 이들 중 대부분은 `archetype:create` 골에서 단순히 일부를 떼어낸 것이다. 하지만 메이븐은 하나의 Mojo가 다른 Mojo를 호출하는 것을 금지하기 때문에, 이 방법이 가장 쉬운 방법이다.

- `hpi:custom-war`

  POM에서 참조하는 모든 추가 플러그인이 포함된 커스텀 젠킨스 war를 만든다.

- `hpi:generate-taglib-interface`

  그루비 taglibs의 strongly-type 자바 인터페이스를 생성한다.

- `hpi:help`

  - `maven-hpi-plugin`의 도움말 정보를 표시한다.

  - 세부 파라미터를 표시하기 위해 `mvn hpi:help -Ddetail=true -Dgoal=<goal-name>`를 호출한다.

- `hpi:hpi`

  - war/webapp을 만든다.

- `hpi:hpl`

  - `.hpl` 파일을 생성한다.

- `hpi:insert-test`

  - 기본 테스트 세트를 삽입한다.

- `hpi:list-plugin-dependencies`

  - 모든 플러그인 종속성을 나열한다.

- `hpi:resolve-test-dependencies`

  - test-dependency 플러그인을 테스트 도구가 가져올 있는 위치에 배치한다.

  - 테스트 도구가 사용할 수 있는 곳에서 `TestPluginManager.loadBundledPlugins()`을 본다.

- hpi:run
  - 현재 플러그인 프로젝트로 젠킨스를 실행한다.
  - 컴파일 단계에서 실행될 수 있도록, 컴파일될 소스 파일이 필요하다.
  - HTTP 포트를 지정하려면 `Djetty.port=PORT`를 사용한다.
- hpi:test-hpl
  - 테스트 도구가 플러그인을 배치할 수 있도록 테스트 클래스 디렉토리에 .hpl 파일을 생성하다.
- hpi:validate
  - 정상 환경에서 작업이 실행 중인지 확인한다.

```
Make sure that we are running in the right environment
[INFO] ------------------------------------------------------
[INFO] BUILD SUCCESS
[INFO] ------------------------------------------------------
[INFO] Total time: 10.453s
[INFO] Finished at: Mon Jul 27 11:12:46 CDT 2015
[INFO] Final Memory: 9M/124M
[INFO] ------------------------------------------------------
```

위 명령행 출력에서 메이븐 명령행으로 플러그인을 관리하는 방법의 기본적인 이해 및 사용 가능한 HPI 골에 대한 아이디어를 얻어야 한다. 앞서 언급한 이들 HPI 관련 골은 젠킨스 플러그인을 생성하고, 디버그하고, 개발하는 데 도움이 된다. 여기서 이해해야 할 중요한 점은 명령행에서 실행한 HPI 골과 IDE에서 사용하는 과업과는 동일한 작업이라는 것이다. 이번에는 적절한 플러그인 개발 IDE를 통해 메이븐과 HPI를 통합하는 것에 초점을 맞춰보자.

가장 인기 있는 자바 개발 IDE 중 하나는 인텔리제이 IDEA 솔루션이다. 이 절에서는 젠킨스 플러그인을 작성해 이 자바 개발 IDE로 가져오는 방법을 다루고자 한다. 일단 개발을 수행할 컴퓨터에 IDE를 설치해보자.

인텔리제이 IDEA 설치 프로그램은 다음 URL에 있다.

- JetBrains IntelliJ IDEA(https://www.jetbrains.com/idea/)

젯브레인스 웹사이트에는 두 가지 버전의 인텔리제이 개발 IDE가 있다. 하나는 커뮤니티 에디션(무료)이고 다른 하나는 얼티밋 에디션(유료)다. 이 책에서는 비용과 편의성을 고려해 무료 커뮤니티 에디션으로 진행할 예정이다. 계속 진행하기 위해 해당 운영체제용 IDE 버전을 다운로드하고 설치 마법사를 사용해 기본 설치를 진행한다.

일단 IDE가 설치되면 실행해보자. 초기 실행 시 인텔리제이의 버전에 따라 그림 10-1과 비슷한 화면이 나타날 것이다.

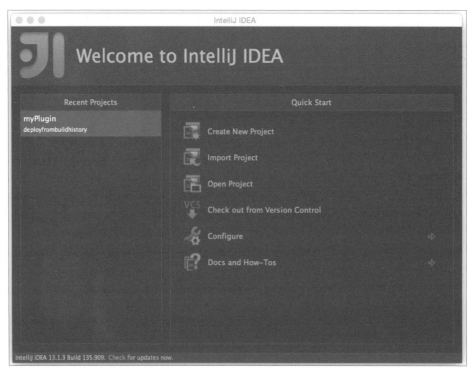

그림 10-1 인텔리제이 시작 화면

인텔리제이 개발 환경은 강력한 기능뿐 아니라 구성이 자유롭다는 장점도 있다. 이 툴은 많은 개발 시스템과 코딩 시나리오를 지원한다. 젠킨스 플러그인 개발 환경을 구축하려면 메이븐을 지원하고 JDK와 통합되도록 인텔리제이 IDE를 구성해야 한다.

시작단계로써 젠킨스를 지원하는 Staple 플러그인을 설치해보자. 이를 위해 다음 절차에 따라 초기화면에서 install plugins configuration 영역으로 이동한다.

Configure ➤ Plugins ➤ Browse Repositories

앞의 단계를 완료하면 사용 가능한 플러그인 목록이 꽤 많이 표시된다. 검색 필드를 사용해 Stapler 플러그인을 찾을 수 있다(그림 10-2 참고).

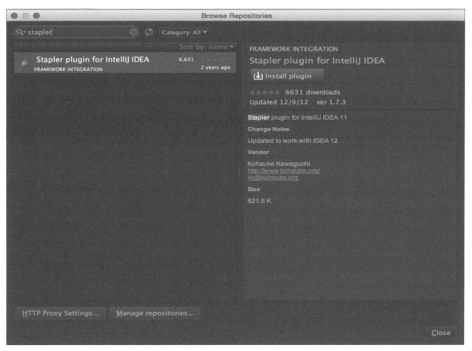

그림 10-2 Staple 플러그인 설치

Stapler 플러그인 설치를 계속하려면 Install plugin 버튼을 클릭한 다음 Close를 클릭한다. 이렇게 하면 IDE가 Stapler 플러그인을 플러그인 캐시에 설치하라는 메시지를 표시한다. Close 버튼을 클릭하면 인텔리제이 IDEA가 플러그인을 다시 시작하라는 메시지를 표시한다. 그러면 플러그인 설치가 완료돼 사용 가능한 상태가 된다.

인텔리제이가 다시 시작됐다면 구성 영역에서 Maven Home 환경을 구성해야 한다. 인텔리제이는 시작 화면에서 직접 설정할 수 있는 광범위한 구성 옵션을 제공한다. 메이븐 옵션 영역으로 이동하려면 다음 단계처럼 이동한다.

Configure > Preferences > Maven > Maven home directory

Maven home directory:	/usr/local/Cellar/maven30/3.0.5/libexec	...	☑ Override
	M2_HOME is used by default		
User settings file:	/Users/admin/.m2/settings.xml	...	☐ Override
Local repository:	/Users/admin/.m2/repository	...	☐ Override

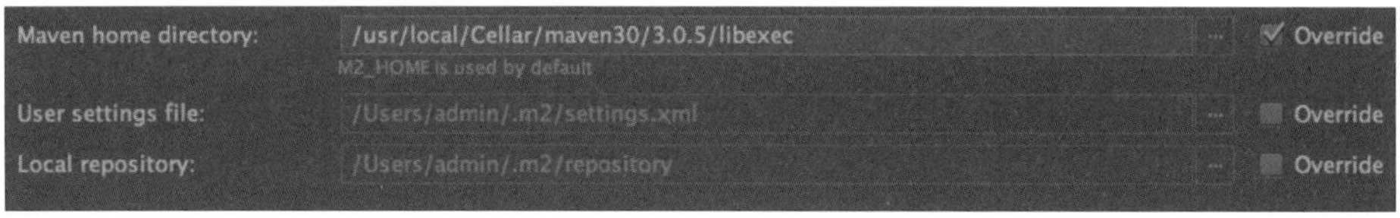

그림 10-3 메이븐 홈 디렉토리 설정

그림 10-3에서는 메이븐 홈 디렉토리 필드를 변경해 사용자 설정 파일을 지정할 수 있는 화면을 볼 수 있다. 메이븐 설치 디렉토리는 사용자마다 다르다. 해당 입력상자를 독자의 메이븐 홈 디렉토리 값으로 변경하고 OK 버튼을 클릭해 설정값을 저장한다.

저장이 완료되면 인텔리제이 IDE로 젠킨스 플러그인 개발이 가능하도록 구성이 된 것이다. 다음 절에서는 젠킨스 플러그인의 스켈레톤을 생성하는 방법 메이븐의 명령행 구현을 인텔리제이 IDE에 연결하는 방법을 배운다.

▌ 젠킨스 플러그인 스켈레톤 만들기

인텔리제이 IDE를 실행해 플러그인 개발을 시작하기 전에 먼저 플러그인 스켈레톤을 생성해야 한다. 젠킨스 개발 커뮤니티에서는 개발자들이 젠킨스 서브시스템을 확장하도록 장려하기 위해 감사하게도 스켈레톤 프레임워크를 미리 만들어서 제공한다. 스켈레톤은 젠킨스 플러그인을 개발하는 데 있어 기본적인 개발 구조를 제공한다.

 스켈레톤 프레임워크는 'Hello, World' 플러그인을 만드는 기초적인 소스코드가 담긴 파일과 폴더의 모음이다. 이 프레임워크는 플러그인을 기초부터 시작하려 할 때 쉽게 시작할 수 있도록 기본 레이어를 제공한다.

젠킨스 플러그인 스켈레톤을 생성하려면 메이븐에게 이를 생성하도록 명령을 내려야 한다. 즉 명령행에서 hpi:create 골을 입력해 스켈레톤 구조를 생성한다. 그렇다면 기초작업으로써 Hello Jenkins 플러그인을 생성해보자. 이를 위해 터미널에서 다음 명령을 실행한다.

```
#>mvn hpi:create
```

명령을 입력하면 Stapler에서 플러그인의 **groupID**를 정의하라는 메시지를 표시한다.

```
Enter the groupId of your plugin [org.jenkins-ci.plugins]:
```

계속 진행하기 위해 다음 내용을 입력하고 Enter 키를 누른다.

```
com.hellojenkins.jenkins.plugins
```

메이븐의 **groupID**는 생성된 프로젝트를 고유하게 식별하기 위해 사용한다. 또한 자바의 적합성 요구 사항에 따라 프로젝트가 갖는 고유한 도메인명을 역순으로 입력하는 형식을 따른다. 본 예제는 단순한 연습 목적이기 때문에 간단히 입력한다. 하지만 젠킨스 플러그인 커뮤니티에 배포할 플러그인을 개발하려는 경우 완전히 고유한 도메인명을 갖도록 하는 것이 중요하다.

groupID를 입력하며, 메이븐에서는 `artifcatID`를 입력하라는 메시지를 표시한다. 이 구성 항목은 예제에서 생성할 바이너리 파일(최종 배포 파일명)에서 버전 번호를 뺀 값이다. 그렇다면 계속 진행하기 위해 다음 내용을 입력하고 Enter 키를 누른다.

```
hellojenkins
```

플러그인 생성에 필수적인 기본 정보 입력이 완료되면, 메이븐은 젠킨스 플러그인 개발에 필요한 스켈레톤 프레임워크 구조를 구축한다. 메이븐의 전체 산출물은 다음과 같다.

```
INFO] Defaulting package to group ID + artifact ID: com.hellojenkins.
jenkins.plugins.hellojenkins
[INFO] ----------------------------------------------------------
[INFO] Using following parameters for creating Archetype: maven-hpi-
plugin:1.114-cloudbees-1
[INFO] ----------------------------------------------------------
[INFO] Parameter: basedir, Value: /Users/admin/Desktop/PlugIns/test
[INFO] Parameter: package, Value: com.hellojenkins.jenkins.plugins.
hellojenkins
[INFO] Parameter: groupId, Value: com.hellojenkins.jenkins.plugins
[INFO] Parameter: artifactId, Value: hellojenkins
[INFO] Parameter: version, Value: 1.0-SNAPSHOT
[INFO] ********************* End of debug info from resources from
generated POM ************************
[INFO] Archetype created in dir: /Users/admin/Desktop/PlugIns/test/
hellojenkins
[INFO] ----------------------------------------------------------
[INFO] BUILD SUCCESS
[INFO] ----------------------------------------------------------
[INFO] Total time: 11:05.586s
[INFO] Finished at: Mon Jul 27 11:08:42 CDT 2015
[INFO] Final Memory: 14M/124M
[INFO] ----------------------------------------------------------
```

메이븐이 스켈레톤 생성 과정을 끝내면 생성된 플러그인 폴더와 파일 구조를 잠시 둘러보자. 명령행 터미널에서 dir 또는 ls를 입력해 jellojenkins라는 이름의 폴더가 있는지 확인한다.

폴더가 있다는 것은 젠킨스의 개발 인스턴스를 시작해서 플러그인의 동작을 확인할 수 있다는 것을 의미한다. 이를 위해 다음 표시된 것처럼 명령행에서 hpi:run 골을 실행한다.

```
#>mvn hpi:run
```

예상대로라면 메이븐은 플러그인을 빌드하고 사전 설치된 helloJenkins 플러그인이 포함된 젠킨스를 시작한다. 개발 인스턴스에 접속하는 URL은 http://localhost:8080/jenkins/이다.

젠킨스의 개발 인스턴스가 실행되면, 메이븐의 명령행 출력은 다음과 같을 것이다.

```
[INFO] Scanning for projects...
[INFO]
[INFO] ------------------------------------------------------------
[INFO] Building TODO Plugin 1.0-SNAPSHOT
[INFO] ------------------------------------------------------------
[INFO]
[INFO] >>> maven-hpi-plugin:1.106:run (default-cli) > compile @
helloJenkins >>>
[INFO]
[INFO] --- maven-hpi-plugin:1.106:validate (default-validate) @
helloJenkins ---
[INFO]
[INFO] --- maven-enforcer-plugin:1.0.1:enforce (enforce-maven) @
helloJenkins ---
[INFO]
[INFO] --- maven-enforcer-plugin:1.0.1:display-info (display-info) @
helloJenkins ---
[INFO] Maven Version: 3.3.3
```

```
[INFO] JDK Version: 1.8.0_20-ea normalized as: 1.8.0-20
[INFO] OS Info: Arch: x86_64 Family: mac Name: mac os x Version: 10.8.5
[INFO]
[INFO] --- maven-localizer-plugin:1.14:generate (default) @ helloJenkins
---
[INFO]
[INFO] --- maven-resources-plugin:2.5:resources (default-resources) @
helloJenkins ---
[debug] execute contextualize
[INFO] Using 'UTF-8' encoding to copy filtered resources.
[INFO] Copying 5 resources
[INFO]
[INFO] --- maven-compiler-plugin:2.5:compile (default-compile) @
helloJenkins ---
[INFO] Nothing to compile - all classes are up to date
[INFO]
[INFO] <<< maven-hpi-plugin:1.106:run (default-cli) < compile @
helloJenkins <<<
[INFO]
[INFO] --- maven-hpi-plugin:1.106:run (default-cli) @ helloJenkins ---
[INFO] Generating ./work/plugins/helloJenkins.hpl
 [INFO] Context path = /jenkins
[INFO] Tmp directory = /Users/Jonathan/Desktop/test/helloJenkins/target/
work
[INFO] Web defaults =  jetty default
[INFO] Starting jetty 6.1.1 ...
[INFO] jetty-6.1.1
Jenkins home directory: /Users/Jonathan/Desktop/test/helloJenkins/./work
found at: System.getProperty("HUDSON_HOME")
[INFO] Started SelectChannelConnector @ 0.0.0.0:8080
[INFO] Started Jetty Server
[INFO]: Jenkins is fully up and running
...
```

젠킨스가 설치되고 실행되면 플러그인이 설치돼 있는지 확인해야 한다. 이것은 Installed
탭 아래 플러그인 매니지먼트(plugin management) 영역에서 확인할 수 있다.

> ℹ️ hpi:run으로 플러그인을 시작할 때, 디버거가 활성화된 메이븐을 실행하는 것도 가능하다. 이렇게 하면 메이븐 프로세스 내부에서 진행되는 작업을 볼 수 있다. 디버거를 활성화하려면 메이븐 명령행 인자로 Dhudson.maven.debugPort=5001를 추가하기만 한다.

▌ 플러그인 스켈레톤

앞 절에서 메이븐 명령어를 사용해 기본 플러그인 스켈레톤(hpi:create) 구조를 생성했고, hpi:run 골을 실행해 플러그인을 로컬 개발용 샌드박스에서 시작했다. 스켈레톤 구조가 생성됐으므로 그 내용을 살펴보고 각 폴더가 플러그인 개발에서 수행할 역할에 대해서 알아보자.

- ./src
- ./target
- ./work
- ./pom.xml

위에서 설명한 폴더 구조에서 여러 하위 폴더와 POM 파일이 있다는 것을 알 수 있다. 그렇다면 각 항목을 자세히 알아보자.

- ./src: 이 폴더에는 플러그인의 소스코드가 들어있다.
- ./target: 이 폴더에는 컴파일된 바이너리 산출물(*.hpi)과 테스트 실행 결과 산출물이 들어있다.
- ./work: 플러그인이 샌드박스에 설치될 때 생성되는 이 폴더에는 추출된 자바 클래스와 각각의 임시 작업 파일이 들어있다.
- ./pom.xml: 이 파일은 최상위 레벨의 메이븐 프로젝트 파일로 플러그인과 빌드 정의를 기술한다. 메이븐 POM 파일의 자세한 설명은 다음 URL에서 제공된다.

https://maven.apache.org/guides/introduction/introduction-to-the-pom.htm

src/main 폴더를 자세히 살펴보면 젠킨스 플러그인 구조가 상당히 명확한 것을 알 수 있다. 이 폴더 안에는 젠킨스 플러그인을 구성하는 기본 코드, 그래픽 리소스(존재 시), 젤리 파일, 일반 규칙 등이 들어있다.

스켈레톤의 관례를 잠시 살펴보자. 자바에서는 소스코드와 사용자 인터페이스 요소(리소스 폴더)를 논리 그룹으로 묶기 위해 미리 정의된 폴더 구조를 제공한다. 이런 구성 방법은 그림 10-4에서 볼 수 있다.

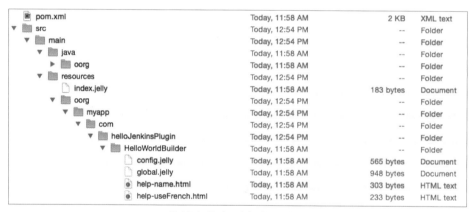

그림 10-4 플러그인의 기본 폴더 구조

플러그인이 처음 생성될 때 플러그인 아키텍처의 주요 진입 포인트는 메이븐 hpi:create 골에서 생성된 <플러그인명>.java 파일에 기술된다. 이 파일에는 플러그인의 클래스 정의가 들어있으며, 처음에는 Builder extension point만 상속한다. 확장 포인트와 플러그인의 개발 구조는 다음 절에서 설명한다. 우선 개발 아키텍처를 시작하기 전에 인텔리제이 개발 IDE에 플러그인을 가져오는 방법을 살펴보자.

▌ 메이븐이 생성한 스켈레톤을 인텔리제이로 가져오기

플러그인을 인텔리제이 IEDA IDE로 가져온다면 기능이 다양한 개발 도구를 이용할 수 있어 플러그인을 개발을 간소화할 수 있다. 이렇게 하려면 `mvn hpi:create` 명령으로 생성했거나 깃허브에서 체크아웃한 이미 만들어져 있는 플러그인을 가져와야 한다. 이 절에서는 메이븐 프로젝트(젠킨스 hpi 플러그인)를 인텔리제이 IDEA의 새 프로젝트로 가져오는 방법과 IDE를 사용해 적극적으로 개발하는 방법을 설명한다.

그렇다면 이제 `helloJenkins` 플러그인을 개발 IDE에 가져오는 방법을 알아보자. 먼저 로컬 컴퓨터에서 인텔리제이 IDEA IDE를 실행한다. IDE가 실행되면 Quick Start 창에서 Import Project 내비게이션 아이콘을 클릭하고, 이전에 `hpi:create` 명령어로 생성한 helloJenkins 프로젝트로 이동한다. 이 과정은 그림 10-5에 나와 있다.

그림 10-5 인텔리제이 IDEA에서 POM 가져오기

위 대화상자에서 OK 버튼을 클릭하면 인텔리제이는 기존 메이븐 또는 그래들 프로젝트를 가져올 것인지 또는 다른 기존 소스로부터 새 프로젝트를 만들 것인지 묻는다. 이번에는

Import project from external model을 선택하고 project type으로 Maven을 선택한다.

이 작업이 완료되면 Next를 클릭해 그림 10-6과 같은 세부 프로젝트 구성 화면을 진행한다.

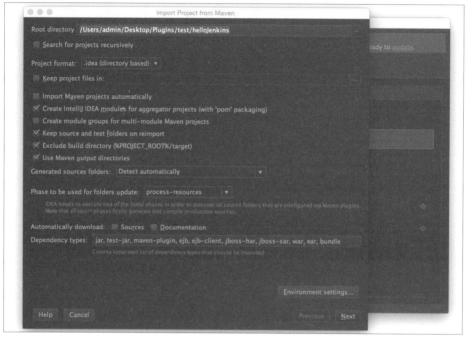

그림 10-6 상세 가져오기 구성 화면

상세 구성 화면에서 설정이 필요한 구성 옵션이 몇 가지 있다. 설정이 필요한 항목은 다음과 같다.

- Root Directory(젠킨스 HPI 스켈레톤 폴더까지의 경로)
- Automatically download: Sources [체크함]
- Automatically download: Documentation [체크함]
- Environment settings... [Maven home directory] [Override 모두 체크함]

352

구성이 완료되면 Next 버튼을 클릭해 다음 구성 화면으로 넘어간다. 그러면 가져오기 작업 시 포함시킬 프로파일을 묻는 메시지가 나타난다. 프로파일 구성 옵션에 jenkins를 지정하고, Next를 클릭한다. 프로파일 가져오기가 완료되면 가져오기 작업을 할 메이븐 프로젝트를 선택하는 창이 나타난다. 여기서는 이미 앞에서 설명한 홈 경로에 있는 플러그인이 선택됐는지 확인하고, 추가로 Open Project Structure after import 박스도 선택한다. 이 단계가 완료되면 다음을 클릭해 Project SDK 스펙 화면으로 이동한다.

프로젝트 SDK 구성 화면에서 인텔리제이 프로젝트의 대상 JDK를 선택하라는 메시지가 표시된다. 그림 10-7은 자바 JDK 1.8이 설치되고 선택된 것을 보여준다.

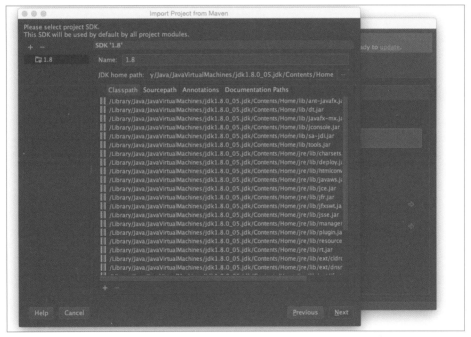

그림 10-7 JDK 선택

이 화면에서의 구성이 끝나면 Next를 클릭해서 그림 10-8과 같이 최종 프로젝트 가져오기 구성 화면으로 이동한다.

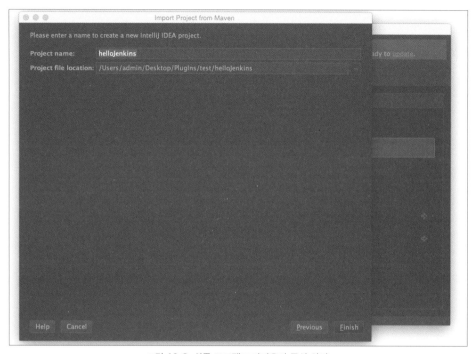

그림 10-8 최종 프로젝트 가져오기 구성 화면

마지막으로 Finish 버튼을 클릭해 메이븐 젠킨스 플러그인 프로젝트의 가져오기 과정을 완료한다.

이 단계에서 인텔리제이는 가져오기에 대한 최종 처리 작업을 수행한 후 그림 10-9처럼 프로젝트 에디터 화면으로 이동한다.

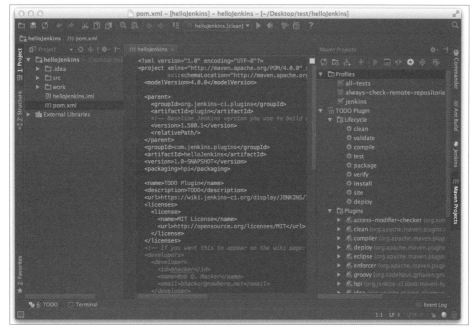

그림 10-9 프로젝트 에디터 화면

위 그림과 같은 화면이 표시됐다면 기본 젠킨스 플러그인 개발 환경 구축에 성공한 것이
다. 이어서 젠킨스 플러그인을 코딩하고 빌드해보자.

▌ 젠킨스 플러그인의 아키텍처

젠킨스 플러그인 아키텍처는 플러그인 개발자가 특정 젠킨스의 하위 시스템 또는 플러그
인의 기능을 확장하기 위한 구현용 후크hook 기능을 제공하는 확장 포인트를 활용한다. 젠
킨스 자체에는 수백 개의 확장 포인트가 있다. 확장 포인트는 시스템 로딩 도중 젠킨스가
자동으로 감지한다.

확장 포인트 아키텍처를 통해 하위 시스템을 다시 컴파일하지 않고도 자바 추상 클래스나
인터페이스의 내부 기능을 쉽게 확장하거나 변경할 수 있다. 젠킨스에는 다양한 확장 포

인트가 있으며, 플러그인이 확장 포인트를 제공하기도 한다. 일반적인 개발 패턴은 다음과 같다. 즉, 작업에 적당한 확장 포인트를 찾아 기존 기능을 재정의하거나 수정하는 클래스와 메소드 집합을 구현하는 방식으로 젠킨스(또는 플러그인)의 기능을 확장한다.

가장 많이 사용되는 확장 포인트는 다음과 같다.

- SecurityRealm
- Builder
- BuildStep
- Publisher
- Trigger
- Recorder
- ManagementLink

방금 나열한 확장 포인트는 젠킨스에서 가장 인기 있는 확장 포인트들 중 극히 일부다. 실제로는 이 장에서 다 나열하지 못할 정도로 많은 확장 포인트가 있다. 앞에서 잠깐 언급했듯이 일부 플러그인은 자체적으로 확장 포인트를 제공해 다른 사용자가 이를 확장할 수 있도록 허용하기도 한다. 젠킨스의 확장성은 아무리 강조해도 지나치지 않다.

확장 포인트의 전체 목록을 보려면 젠킨스 웹사이트에서 제공하는 각각의 설명서를 참조한다. 설명서의 URL은 다음과 같다.

```
https://wiki.jenkins-ci.org/display/JENKINS/Extension+points
```

확장 포인트의 개념을 이해하는 것이 조금 어려울 수도 있다. 이해를 돕고자 그림 10-10의 확장 포인트 아키텍처의 개념을 설명하는 다이어그램 모델을 보자.

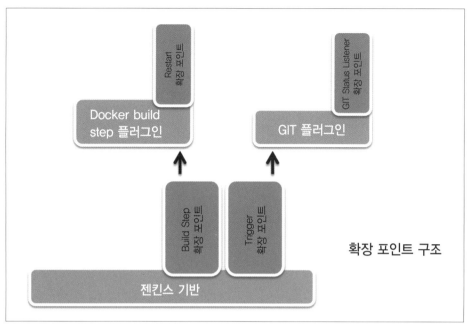

그림 10-10 확장 포인트 구조

앞에서 언급했듯이 젠킨스의 확장 포인트는 ExtensionPoint 마커를 구현한 자바 클래스를 표시하는 과정을 통해 구현된다. 즉, 자바는 지정된 클래스와 메소드가 Extends 애노테이션 마커를 통해 확장될 수 있다는 것을 알 수 있다. 이것은 몇 가지 예제 코드를 보여주고 더 자세히 설명하려고 한다. 먼저 기본 작업 생명주기를 이해해야 한다. 이렇게 하면 플러그인 개발을 위한 적당한 확장 포인트를 찾을 수 있다.

주의해야 할 것은 이미 만들어서 제공되는 확장 포인트만 사용해서 확장을 수행하고, 확장 포인트가 아닌 클래스 타입을 오버라이드해서는 안 된다는 것이다. 그래야만 시스템이 안정된 상태를 유지하고, 알 수 없는 문제점을 예방하는 데 도움이 될 것이다.

젠킨스 작업 생명주기의 이해

젠킨스 플러그인을 만드는 방법을 배우려면 젠킨스 프로젝트 생명주기를 완전히 이해하는 것이 중요하다. 생명주기는 작업 실행 단계에서 거치는 단계를 말한다. 프로젝트의 생명주기를 이해함으로써 플러그인이 올바른 단계에서 실행되도록 하는 확장 포인트를 잘 식별할 수 있다. 젠킨스 작업이 실행되면 다음과 같은 단계를 순차적으로 수행한다.

1. 폴링Polling
2. 사전 소스코드 관리pre SCM
3. 소스코드 관리SCM
4. 빌드 이전 단계pre Build
5. 빌드 단계Build (Builder 확장 포인트)
6. 빌드 이후 단계Post Build (RecorderNotifier 확장 포인트)

위 생명주기의 각 단계는 논리적 확장 포인트를 나타내며 젠킨스 플러그인을 통한 기능 확장 및 추가 기능 제공을 위해 수정될 수도 있다.

생명주기에 대해 전반적으로 알아봤으므로 생명주기에서 다양한 확장 포인트를 구현하는 코드를 살펴보자. 젠킨스 플러그인을 통해 확장된 클래스에는 클래스 정의, 확장 포인트 내부 클래스 지시자 및 오버라이드가 포함된다. 좀 더 확실하게 이해하기 위해 다음 코드를 살펴보자.

```
public class HelloWorldBuilder extends Builder {
    @Extension //  여기가 확장 포인트의 구현부라는 것을 젠킨스에게 알려준다(내부 클래스 지시자).

    public static final class DescriptorImpl extends
BuildStepDescriptor<Builder> {
    }
}
```

위 예제에서 Jenkins Builder 클래스를 확장한 HelloWorldBuilder 클래스가 있음을 알 수 있다. 젠킨스가 제공하는 Builder 클래스 소스코드를 다음 주소에서 살펴보자.

https://github.com/kohsuke/hudson/blob/7a64e030a38561c98954c4c51c4438c97469dfd6/
core/src/main/java/hudson/tasks/Builder.java

소스코드에 다음과 같은 클래스 정의가 포함돼 있다는 것을 알 수 있다.

```
public abstract class Builder extends BuildStepCompatibilityLayer
implements
Describable<Builder>, ExtensionPoint {
}
```

이 코드는 우리가 만든 플러그인의 확장 클래스와 논리적인 부모 클래스 사이에 연결점을 보여준다. 주목해야 할 점은 클래스 정의에 있는 ExtensionPoint 애노테이션이다. 앞에 예제를 바탕으로 플러그인 내에서 확장 포인트를 쉽게 만들 수 있다. 이렇게 하면 다른 플러그인 개발자가 우리가 만든 플러그인을 확장하는 플러그인을 만들 수 있다. 이것은 아래에 표시된 대로 @Extension 포인트를 클래스 정의 위에 적어두기만 하면 된다.

```
@Extension
public class foo extends Bar { ... }
```

위 클래스 정의는 Bar 클래스를 확장한 foo 클래스를 확장 포인트로 지정한다는 것이다. 이는 하나의 확장 포인트를 다른 확장 포인트로 삼는 것과 매우 흡사하다.

오버라이드 사용하기

앞에서 간략하게 언급했듯이 오버라이드는 대체 메소드를 정의한다. 오버라이드의 개념은 매우 간단한데, 클래스 내에서 원래 정의된 메소드의 기능을 덮어 쓰는 것이다. 젠킨스 내에서 오버라이드를 이용하면 플러그인 개발자가 젠킨스의 원래 메소드를 완전히 대체할 수 있다. 다음 코드를 살펴보자.

```
@Override
  public boolean perform(AbstractBuild build, Launcher launcher,
  BuildListener listener) {
        // 여기부터 프로젝트 생성을 시작하는 부분이다.
        // 설명을 위한 코드 부분이므로, 간단히 'hello world'를 출력하고, 빌드를 호출한다.

        // 또한 여기에서는 빌더의 전역 설정 방법도 알 수 있다.
        if (getDescriptor().getUseFrench())
            listener.getLogger().println(""Bonjour, ""+name+""!"");
        else
            listener.getLogger().println(""Hello, ""+name+""!"");
        return true;
}
```

describables와 지시자로 작업하기

젠킨스 플러그인에서 지속적으로 정보를 유지해야 하는 유저 인터페이스 요소를 구현할 때(예, 작업 구성 또는 양식 입력)는 UI나 캡처를 화면에 보여준 후 입력된 값을 저장하는 방법이 필요하다. 이런 동작 유형을 용이하게 하는 개발 패턴은 데이터 바운드 객체와 함께 describable 및 지시자 애노테이션을 사용하는 것이다.

이 패턴을 총체적으로 이해하려면 우선 이것이 정보의 순환 전파와 유사하다는 것을 아는 것이 좋다. 데이터가 구성 양식을 통해 입력되면, 인스턴스화된 지시자 객체로 유지된다. 이 객체는 플러그인의 정의 클래스에 속하면, 결과적으로는 디스크 내에 XML 파일로 저장된다. 이 구현은 본질적으로 클래스 및 객체 인스턴스 관계와 매우 유사하다. 여기서 기억해야 할 것은 클래스는 Describable이고, 지시자가 persisted Data의 인스턴스라는 것이다.

이에 대한 이해를 돕고자 몇 가지 예제 코드를 살펴보자.

```java
@Extension   // 여기가 확장 포인트의 구현부라는 것을 젠킨스에게 알려준다.
    public static final class DescriptorImpl extends
BuildStepDescriptor<Builder> {

        public DescriptorImpl() {
            load();
        }
    }
```

위 코드에서 알 수 있듯이 플러그인에서 지시자Descriptor를 구현한다는 것은 단순히 BuildStepDescriptor 클래스를 확장한 것이다.

다음의 클래스 선언을 보고 어떻게 생성된 것인지 살펴보자.

```java
public abstract class BuildStepDescriptor<T extends BuildStep &
Describable<T>> extends Descriptor<T> {
    protected BuildStepDescriptor(Class<? extends T> clazz) {
        super(clazz);
    }
```

위 코드 예제에서 젠킨스의 BuildStepDescriptor(최초 클래스) 클래스는 Describable이고 플러그인은 DescriptorImple 메소드를 사용해 인스턴스를 생성한다는 것을 명백히 알 수 있다. 이것은 UI 구성 지속성으로 사용되는 수많은 방법과 유사한 것으로 플러그인 아키텍처에도 매우 적합하다.

▌ 젤리 태그와 파일

젠킨스 개발 경험이 많아지다 보면 사용자 인터페이스 요소를 플러그인에 통합해야 할 필요가 생긴다. 젠킨스 플러그인에서의 사용자 인터페이스 인터랙션 구현은 젤리 파일을 통해 이뤄진다. 젤리는 아파치에서 만든 태그 기반의 UI 구현 솔루션으로 젠킨스 플러그인 개발자가 사용하도록 UI 데이터 바인딩 솔루션을 제공한다. 젤리 태그의 공식 문서는 다음 아파치 웹사이트에서 찾아볼 수 있다.

http://commons.apache.org/proper/commons-jelly/tags.html

젠킨스에서 젤리 솔루션을 구현할 때는 몇 가지 규칙이 추가된다. 첫 번째는 젤리 입력 필드로 이것은 인스턴스와의 자동 데이터 바인딩 연결을 제공한다. 두 번째는 생성자를 통한 데이터 바인딩 구현이다. 생성자가 호출되면 양식에서 제출된 데이터가 자동으로 채워진다. 이에 대한 이해를 돕기 위해 젠킨스 스켈레톤 예제에서 사용된 코드를 살펴보자.

```
Config.jelly
<?jelly escape-by-default='true'?>
<j:jelly xmlns:j="jelly:core" xmlns:st="jelly:stapler"
xmlns:d="jelly:define" xmlns:l="/lib/layout" xmlns:t="/lib/hudson"
xmlns:f="/lib/form">
  <!--
    This jelly script is used for per-project configuration.

    See global.jelly for a general discussion about jelly script.
  -->

  <!--
    Creates a text field that shows the value of the "name" property.
    When submitted, it will be passed to the corresponding constructor
parameter.
  -->
  <f:entry title="Name" field="name">
    <f:textbox />
```

```
    </f:entry>
</j:jelly>

HelloWorldBuilder.java
/ Fields in config.jelly must match the parameter names in the
"DataBoundConstructor"
    @DataBoundConstructor
    public HelloWorldBuilder(String name) {
      this.name = name;
    }
```

코드에서 알 수 있듯이 클래스에서 name 변수의 인스턴스는 databoundconstructor가 초기화 될 때 자동으로 채워진다.

이를 통해 알 수 있듯이, 젤리 파일 구현은 단순히 필드 기반의 웹 폼에만 국한되는 것은 아니며, 여러 개의 웹 기반 컨트롤도 가능하다. 젠킨스는 사용 가능한 컨트롤을 자세히 이해하는 데 도움이 되도록 오픈소스 프로젝트를 깃허브에 제공하며, 주소는 다음과 같다.

https://github.com/jenkinsci/jenkins/tree/master/core/src/main/resources/lib/form

▌ HPI 플러그인 컴파일 및 설치

지금까지 인텔리제이 IDE를 설치하고, 확장 포인트를 통해 기본 플러그인을 개발해 젠킨스를 확장했다. 또한 프로젝트 생명주기에 대해 다뤘고 젠킨스를 확장하는 새로운 방법을 찾아냈다. 이 절에서는 최종 .HPI를 빌드하고 이를 젠킨스 시스템에 설치하는 방법을 보여주려 한다.

최종 HPI 패키지 생성을 위해 명령행 창을 열고 플러그인 디렉토리로 이동한 후, 다음 명령을 터미널에 입력한다.

```
#> mvn package
```

플러그인을 컴파일하고 패키징하는 데 몇 분이 걸리기도 한다. 작업이 완료되면 터미널 창
에는 다음과 같은 내용이 출력된다.

```
[INFO] ------------------------------------------------------------
[INFO] BUILD SUCCESS
[INFO] ------------------------------------------------------------
[INFO] Total time: 04:28 min
[INFO] Finished at: 2015-09-28T12:02:49-05:00
[INFO] Final Memory: 52M/488M
[INFO] ------------------------------------------------------------
```

이제 POM.XML 파일과 함께 새로 생성된 폴더를 나타난다. 이 폴더에는 젠킨스 시스템에 설
치해야 하는 최종 .HPI 파일이 저장된다.

이 플러그인을 젠킨스 시스템에 설치하려면 젠킨스 시스템에 관리자로 로그인한 후, 다음
경로를 통해 플러그인 설치 페이지로 이동한다.

Manage Jenkins > Manage Plugins > Advanced (tab)

이 메뉴 화면에서 제공되는 Upload plugin form을 통해 플러그인을 젠킨스 시스템에 업
로드하고 설치할 수 있다. 플러그인이 업로드되어 설치가 완료되어 Installed 플러그인 탭
에 나타나면 정상이다.

▌ 요약

10장에서는 젠킨스 플러그인 개발의 세부 사항을 다뤘다. 플러그인 개발에 필요한 핵심 개념을 배웠고, 메이븐과 인텔리제이를 활용해 강력한 개발 환경을 구축하는 방법을 배웠다.

10장에 걸쳐 다룬 젠킨스의 다양한 정보가 유용하기를 바라고, 젠킨스를 활용한 지속적 관행을 수련하는 데 도움이 되길 바란다. 빌드 파이프라인을 구현할 때는 작게 시작해서 적절한 계획과 구현 전략을 통해 유기적으로 성장하도록 하고, 그런 다음에 혁신을 시도하는 게 좋다. 마지막으로 도움이 될만한 격언으로 마무리하고자 한다.

"진리로 가는 길에는 오직 두 가지의 실수가 있다. 끝까지 가보지 않는 것과 시작도 하지 않는 것이다."

– 부처

부록

젠킨스 업그레이드 가이드

 젠킨스 공식 사이트에서 제공하는 젠킨스 LTS 업그레이드 가이드(Jenkins LTS Upgrade Guide)를 번역한 것으로, 젠킨스 버전 1.651.3 이후 모든 LTS 업그레이드 정보를 담고 있다. https://jenkins.io/doc/upgrade-guide/

부록에서는 젠킨스 LTS를 업그레이드하는 관리자를 대상으로 중요한 변경 사항을 중점적으로 설명한다. 각 절은 이전 LTS 릴리스의 업그레이드를 다루고 버전 x.y.1 절에는 이전 LTS 라인의 마지막 릴리스의 업그레이드가 포함된다. 업그레이드할 때 LTS 릴리스를 건너뛰는 경우 중간에 있는 모든 릴리스의 절을 읽기를 권장한다. 목차는 다음과 같다.

- 젠킨스 LTS 2.150.x 로 업그레이드
  - 젠킨스 LTS 2.150.3으로 업그레이드
  - 젠킨스 LTS 2.150.2로 업그레이드
  - 젠킨스 LTS 2.150.1 로 업그레이드

- 젠킨스 LTS 2.138.x 로 업그레이드
  - 젠킨스 LTS 2.138.4 로 업그레이드
  - 젠킨스 LTS 2.138.3 으로 업그레이드
  - 젠킨스 LTS 2.138.2 로 업그레이드
  - 젠킨스 LTS 2.138.1 로 업그레이드

- 젠킨스 LTS 2.121.x 로 업그레이드
  - 젠킨스 LTS 2.121.3 으로 업그레이드
  - 젠킨스 LTS 2.121.2 로 업그레이드
  - 젠킨스 LTS 2.121.1 로 업그레이드

- 젠킨스 LTS 2.107.x 로 업그레이드
  - 젠킨스 LTS 2.107.3 으로 업그레이드
  - 젠킨스 LTS 2.107.2 로 업그레이드
  - 젠킨스 LTS 2.107.1 로 업그레이드

- 젠킨스 LTS 2.89.x 로 업그레이드
  - 젠킨스 LTS 2.89.3 으로 업그레이드
  - 젠킨스 LTS 2.89.2 로 업그레이드
  - 젠킨스 LTS 2.89.1 로 업그레이드

- 젠킨스 LTS 2.73.x 로 업그레이드
  - 젠킨스 LTS 2.73.3 으로 업그레이드
  - 젠킨스 LTS 2.73.2 로 업그레이드
  - 젠킨스 LTS 2.73.1 로 업그레이드

- 젠킨스 LTS 2.60.x 로 업그레이드
  - 젠킨스 LTS 2.60.3 으로 업그레이드
  - 젠킨스 LTS 2.60.2 로 업그레이드
  - 젠킨스 LTS 2.60.1 로 업그레이드

- 젠킨스 LTS 2.46.x 로 업그레이드
  - 젠킨스 LTS 2.46.3 으로 업그레이드
  - 젠킨스 LTS 2.46.2 로 업그레이드
  - 젠킨스 LTS 2.46.1 로 업그레이드

- 젠킨스 LTS 2.32.x 로 업그레이드
  - 젠킨스 LTS 2.32.3 으로 업그레이드
  - 젠킨스 LTS 2.32.2 로 업그레이드
  - 젠킨스 LTS 2.32.1 로 업그레이드

- 젠킨스 LTS 2.19.x 로 업그레이드
  - 젠킨스 LTS 2.19.4 로 업그레이드
  - 젠킨스 LTS 2.19.3 으로 업그레이드
  - 젠킨스 LTS 2.19.2 로 업그레이드
  - 젠킨스 LTS 2.19.1 로 업그레이드

- 젠킨스 LTS 2.7.x 로 업그레이드
  - 젠킨스 LTS 2.7.4 로 업그레이드
  - 젠킨스 LTS 2.7.3 으로 업그레이드
  - 젠킨스 LTS 2.7.2 로 업그레이드
  - 젠킨스 LTS 2.7.1 로 업그레이드

▌ 젠킨스 LTS 2.150.x로 업그레이드

각 절은 이전 LTS 릴리스의 업그레이드 정보를 다루며, 2.150.1절에서는 2.138.4의 업그레이드를 다룬다.

젠킨스 LTS 2.150.3으로 업그레이드

업그레이드 노트에 포함시킬 만한 주요 변경 사항이 없다.

젠킨스 LTS 2.150.2로 업그레이드

발생할 수 있는 인증 문제

SECURITY-901

2.150.2에서의 보안 수정은 인증이 성공한 후 SecurityListener#authenticated 또는 SecurityListener#loggedIn 보안 영역(realms) 호출을 요구한다. 보안 영역이 둘 중 하나를 호출하지 않으면, 세션은 즉시 무효화되고, 사용자는 다시 로그아웃된다.

SecurityListener를 호출하지 않는 보안 영역을 사용하는 경우, 이번 보안 수정을 비활성화하려면 자바 시스템 속성인 jenkins.security.seed.UserSeedProperty.disableUserSeed를 true로 설정한다.

영향을 받는 플러그인 목록은 다음 링크를 참조하라.

---

https://wiki.jenkins.io/display/JENKINS/Plugins+affected+by+the+SECURITY-901+fix

---

젠킨스 LTS 2.150.1로 업그레이드

 2.150.1과 2.138.4는 같은 날에 발표됐다. 이 업그레이드 가이드는 2.138.4의 업그레이드만 설명한다. 2.138.3에서의 업그레이드와 관련된 정보는 업그레이드 가이드를 참조한다.

업그레이드 노트에 포함시킬 만한 주요 변경 사항이 없다.

젠킨스 LTS 2.138.x로 업그레이드

각 절은 이전 LTS 릴리스의 업그레이드 정보를 다루며 2.138.1 절은 2.121.3의 업그레이드를 다룬다.

젠킨스 LTS 2.138.4로 업그레이드

사용자 레코드 마이그레이션

SECURITY-1072

이 업그레이드를 적용하면, 젠킨스에서는 중앙 인덱스로 사용자 ID를 디렉토리 이름에 매핑하는 저장 형식으로 사용자 레코드를 마이그레이션한다. 이 업그레이드는 이전 버전과 호환되지 않기 때문에 젠킨스의 이전 버전은 새로운 저장 형식을 처리할 수 없게 된다. 업그레이드하기 전에 반드시 \$JENKINS_HOME/users/ 디렉토리만이라도 전체 백업을 해 두는 것이 좋다.

젠킨스가 시작할 때 크래시가 발생하거나 종료되면 불완전한 마이그레이션으로 인해 사용자 레코드의 일부를 사용할 수 없는 경우가 생긴다. 불완전한 마이그레이션인지 확인하려면 \$JENKINS_HOME/users/users.xml 파일이 존재하는지 확인한다. 만약 파일이 없는데 디렉토리가 아래의 설명과 같이 이름이 바뀌었다면 불완전한 마이그레이션이 된 것이다. 백업하지 않았는데 이러한 경우가 발생한 경우, 젠킨스 시스템 로그를 확인해 보고 그 정보를 사용해 디렉토리를 이전 이름으로 복원한다. 로그는 다음과 같이 표기된다.

```
INFO: Migrating user 'admin' from 'users/admin/' to 'users/
admin_6635238516816951048
```

이 경우 젠킨스 실행을 중단하고, 디렉토리 $JENKINS_HOME/users/admin_6635238 516816951048/ 디렉토리명을 $JENKINS_HOME/users/admin/으로 변경한다. 로그에 나열된 다른 모든 사용자 디렉토리에 대해 이를 반복 수행한다. 모든 작업을 수행하면 부분 마이그레이션이 취소 전 상태로 복구된다. 그러면 젠킨스 마이그레이션은 다음 실행 시에 다시 실행된다.

만약 젠킨스 업데이트와 사용자 디렉토리 마이그레이션이 완료된 후 다시 다운그레이드를 해야 하는 상황이 생긴다면, 위의 과정을 모두 수행한 다음 $JENKINS_HOME/users/ users.xml 파일을 추가로 삭제한다. 이렇게 하면 마이그레이션이 취소되고 모든 사용자 레코드가 젠킨스 2.138.3 및 이전 버전과 호환되는 형식으로 복원된다.

 일반적으로 젠킨스의 다운그레이드는 지원되지 않으며 이 마이그레이션과 관련 없는 이유로 실패 할 수 있다.

HTTP 요청 라우팅에 대한 새로운 제한 사항

SECURITY-595

Stapler 웹 프레임워크의 설계 결함으로 인해 허용되지 않은 특정 URL을 호출하는 방식으로 필드 액세스 및 메소드 실행이 가능했었다(자세한 내용은 보안 권고를 참고하라).

이 보안 문제를 해결하는 패치로 인해 일부 HTTP 요청이 이전 방식과 다르게 동작한다. 이런 이유로 HTTP 요청 중 일부가 성공해도 HTTP 404 Not Found 결과 페이지가 나타나며, 응답도 패치 적용 전과 다르다. 이런 상황이 발행하면 젠킨스 시스템 로그에 다음 메시지가 추가된다.

```
WARNING: New Stapler routing rules result in the URL "/example" no longer being
allowed. If you consider it safe to use, add the following to the whitelist:
"method hudson.model.Hudson doExample". Learn more: https://jenkins.io/redirect/
stapler-routing
```

만약 젠킨스 UI를 정상적으로 사용하는데도 이런 일이 발생한다면 영향을 받는 서명을 승인 서명 목록에 추가하면 된다. 이렇게 하려면 관리자로 젠킨스 스크립트 콘솔에서 다음 명령어를 실행한다.

```
jenkins.security.stapler.StaticRoutingDecisionProvider.get().add('method hudson.
model.Hudson doExample')
```

이렇게 하면 젠킨스 홈 디렉토리에 stapler-whitelist.txt라는 파일이 생성되고 지정된 항목이 추가된다. 이 파일은 수동으로 수정할 수도 있지만 젠킨스가 이미 실행되고 있는 중이라면 변경 사항을 적용하기 위해서 다음 스크립트를 실행해야 한다.

```
jenkins.security.stapler.StaticRoutingDecisionProvider.get().reload()
```

다음 주소의 젠킨스 위키 사이트에서 영향을 받는 플러그인과 그 상태를 추적한다.

```
https://wiki.jenkins.io/display/JENKINS/Plugins+affected+by+the+SECURITY-595+fix
```

젠킨스 LTS 2.138.3으로 업그레이드

업그레이드 노트에 포함시킬 만한 주요 변경 사항이 없다.

젠킨스 LTS 2.138.2로 업그레이드

XSS 취약점을 방지하기 위한 보안 강화

젠킨스 뷰에 보안을 강화해 크로스 사이트 스크립팅 취약점을 악용할 수 없도록 했다. 그 결과, 드물지만 일부 내용이 두 번 이스케이프 되는 문제가 발생한다(일반적으로 HTML 항목이 표시됨).

이 문제는 기본 테스트 스위트를 사용하거나, 구식 툴체인을 사용하는 플러그인의 버그라고 생각되는데, 다음 주소의 젠킨스 위키 사이트에서 영향을 받는 플러그인과 그 상태를 추적한다.

```
https://wiki.jenkins.io/display/JENKINS/Plugins+affected+by+2018-10-
10+Stapler+security+hardening
```

임시 해결 방법으로는 시스템 속성 org.kohsuke.stapler.jelly.CustomJellyContext. escapeByDefault를 false로 설정해 이 기능을 비활성화 할 수 있다.

업그레이드 후 처음 시작할 때 경고 메시지를 로그에 기록함

JENKINS-53998

젠킨스 2.138.2를 처음 시작할 때 설치된 Job Config History 플러그인이 2.19 이전 버전이면 다음과 같은 경고가 기록될 수 있다.

```
Oct 10, 2018 2:27:17 PM hudson.ExtensionFinder$GuiceFinder$FaultTolerantScope$1
error
WARNING: Failed to instantiate Key[type=jenkins.telemetry.Correlator,
annotation=[none]]; skipping this component
com.google.inject.ProvisionException: Unable to provision, see the following
errors:
```

```
1) Tried proxying jenkins.telemetry.Correlator to support a circular dependency,
but it is not an interface.
```

추가적인 문제를 일으키지는 않는다. 젠킨스를 다시 시작하면 더 이상 경고가 기록되지 않는다.

보안 강화는 GitHub OAuth 플러그인 사용에 영향을 준다.

JENKINS-54031

2.138.2 및 2.146의 보안 강화는 GitHub OAuth 플러그인 내부의 버그로 인해 작업에 접근할 때 문제가 발생할 수 있다.

이 문제를 해결하기 위해 자바 시스템 속성 hudson.model.AbstractItem.skipPermission Check 와 hudson.model.Run.skipPermissionCheck를 true로 설정해 보안 강화의 일부를 일시적으로 비활성화할 수 있다.

 이 해결책에 대한 중요한 정보는 description of SECURITY-595 in the 2018-12-05 security advisory 에서 확인하라.

젠킨스 LTS 2.138.1로 업그레이드

새로운 로그인 및 사용자 등록 페이지

Announcement blog post , JENKINS-50447

로그인 및 사용자 등록 페이지의 디자인이 변경됐다. 그 결과, 지금의 PageDecorator 구현은 더 이상 사용되지 않는다.

자세한 내용은 다음 주소의 Announcement blog post 를 참고한다.

https://jenkins.io/blog/2018/06/27/new-login-page/

새로운 API 토큰 시스템

Announcement blog post, JENKINS-32442, JENKINS-32776

HTTP remote API에 대한 액세스를 허용하는 per-user API 토큰이 다시 설계되었다. 이제 API 토큰은 복구할 수 없는 형식으로 생성, 복구, 저장된다.

자세한 내용은 다음 주소의 Announcement blog post를 참고한다.

https://jenkins.io/blog/2018/07/02/new-api-token-system/

폐기된 agent protocols 비활성화

JENKINS-48480

폐기된 젠킨스 CLI Protocol 버전 1, 버전 2 그리고 Java Web Start Agent Protocol 1, 2 및 3이 비활성화됐다.

이러한 프로토콜(예 : remoting기반 CLI 또는 에이전트에서 기존 slave.jar 파일)을 계속 사용하는 경우, 클라이언트 업그레이드 후 이러한 프로토콜을 재활성화해야 한다. 2.121.x 업그레이드 가이드의 Remoting 업데이트 항목에서 언급한 권장 사항이 여기에도 동일하게 적용된다.

유닉스 시스템에서 GNU C 라이브러리 2.7 이상 필요

JENKINS-52771

이번 버전부터 젠킨스에서는 GNU C 라이브러리 버전 2.7 이상을 필요로 한다. 그 결과 일부 리눅스 배포판을 지원하지 않는다(특히 RHEL 5 및 CentOS 5). 자세한 정보는

JENKINS-53924 및 JENKINS-53832를 참조한다.

█ 젠킨스 LTS 2.121.x로 업그레이드

각 절은 이전 LTS 릴리스 업그레이드 정보를 다루며, 2.121.1절에서는 2.107.3의 업그레이드를 다룬다.

젠킨스 LTS 2.121.3으로 업그레이드

업그레이드 노트에 포함시킬 만한 주요 변경 사항이 없다.

젠킨스 LTS 2.121.2로 업그레이드

업그레이드 노트에 포함시킬 만한 주요 변경 사항이 없다.

젠킨스 LTS 2.121.1로 업그레이드

Remoting 업데이트

Remoting changelog, JENKINS-50237

Remoting 라이브러리가 업데이트돼 진단 기능과 안정성이 향상됐다. 일부 예외 필드가 JEP-200 클래스 필터 때문에 차단된 경우라도 문제없이 채널을 통한 직렬화가 수행되도록 했다.

이 수정 패치를 프로그램에 적용하려면 에이전트 측의 Remoting 라이브러리를 버전 3.13 이상으로 업데이트해야 한다. 업데이트를 하지 않으면, 예외가 처리되더라도 호출 결과에 예외가 발생한 경우, 에이전트의 일부 원격 작업이 실패할 수 있다.

SSH Slaves 플러그인 기반의 에이전트는 항상 최신 agent.jar를 사용하지만 다른 에이전트 유형이라면 agent.jar을 수동으로 업데이트해야 할 수도 있다. 에이전트 유형이 다음에 속한다면 수동으로 업데이트해야 한다.

- agent.jar / slave.jar을 사용하는 Java Web Start 에이전트: 디스크에 저장된 JAR을 버전 3.19 이상으로 업데이트해야 한다.
- Swarm Plugin: 클라이언트를 버전 3.11 이상으로 업데이트 해야 한다.
- 젠킨스 프로젝트(jenkins/slave 및 jenkins/jnlp-slave)에서 제공하는 Agent Docker 패키지: 버전 3.19-1 이상으로 업데이트 해야 한다.

작업/빌드 권한이 더 이상 작업/취소 권한을 갖지 않는다.

JENKINS-14713

권한 구성의 유연성을 높이기 위해 작업/빌드와 작업/취소 간의 '연관' 관계가 제거됐다. 이제 빌드를 취소하려면 사용자는 명시적으로 작업/취소 권한을 받아야 하며, 이는 사용자가 스스로 시작한 빌드도 포함된다.

작업명 변경을 위한 UI가 변경됐다.

JENKINS-22936

구성 페이지에서 작업명을 바꿀 수 없게 됐다. 이제는 작업 페이지의 사이드 패널에서 "Rename"이라는 링크를 누르면 작업명 변경을 위한 페이지로 이동한다.

관리자용 모니터에 미지정 루트 URL에 대한 경고를 표시한다.

JENKINS-31661

루트 URL을 정의하지 않은 경우, 젠킨스의 많은 기능이 제대로 작동하지 않는다. 루트 URL이 지정되지 않은 경우 관리자용 모니터에서 경고문을 표시한다.

젠킨스 코어에서 JDK Tool 플러그인이 분리됐다.

JENKINS-22367

JDK 자동 인스톨러가 플러그인으로 이동돼서 이제 젠킨스 코어와는 별도의 라이프 사이클을 갖는다.

마스터의 커스텀 빌드와 워크스페이스 디렉터리용 UI 옵션이 제거됐다.

JENKINS-50164

젠킨스 실행 시 빌드 레코드 루트 디렉토리와 워크스페이스 루트 디렉토리 구성 옵션이 변경되면 위험하기 때문에 이제는 UI 방식으로 구성할 수 없게 됐다. 대신 젠킨스 시작 시 시스템 속성으로 변경할 수 있게 됐다. 젠킨스를 재시작할 때까지는 기존 변경 사항이 유지된다.

파이프 라인 개선

JENKINS-46652, JENKINS-47142, JENKINS-26143

파이프라인의 사용성 개선을 위해 젠킨스 코어가 일부 변경됐다.

- 선택 매개변수 지정 시 줄 바꿈으로 구분된 옵션 문자열 대신 옵션 목록 사용도 가능하다.
- archiveArtifacts에서 일치하는 파일을 찾을 수 없을 때 일반 예외를 발생시킨다.
- 젠킨스에서는 더 이상 Authorize Project 플러그인이 설치된 마스터 노드의 작업/빌드 권한이 없는 사용자로 실행되는 파이프라인의 실행을 막지 않는다.

▌ 젠킨스 LTS 2.107.x로 업그레이드

각 절은 이전 LTS 릴리스의 업그레이드 정보를 다루며, 2.107.1절에서는 2.89.4의 업그레이드 정보를 다룬다.

젠킨스 LTS 2.107.3으로 업그레이드

젠킨스 사용자 데이터베이스가 더 이상 안전하지 않은 문자로 사용자 가입을 허용하지 않는다.

SECURITY-786

젠킨스 사용자 데이터베이스는 이제 사용자 등록을 위한 사용자 이름을 제한한다. 영숫자, 대시 및 밑줄 문자만 사용할 수 있다.

적법한 사용자 이름으로 변경하려면 시스템 속성

hudson.security.HudsonPrivateSecurityRealm.ID_REGEX에 정규 표현식을 설정해 적법한 사용자 이름과 일치하도록 한다.

젠킨스 LTS 2.107.2로 업그레이드

업그레이드 노트에 포함시킬 만한 주요 변경 사항이 없다.

젠킨스 LTS 2.107.1로 업그레이드

Remoting 및 XStream용 화이트 리스트 (JEP-200)

Announcement from Mar 15, JENKINS-47736, JEP-200 proposal and design

안전하지 않은 자바 객체의 역직렬화 관련 보안 문제를 예방하기 위해 Remoting(주로 에이전트와 마스터 사이에 사용되는 통신 라이브러리) 및 XStream(XML 직렬화 라이브러리)에 대한 화이트리스트 기능을 도입했다. 이번 변경으로 안전한 (역)직렬화 클래스만을 대상으로 (역)직렬화가 수행된다.

업데이트 지침은 블로그에 게재된 발표문을 참고한다. 새로운 제한 사항에 따른 호환성을 유지하려면 많은 플러그인이 업데이트돼야 한다. 가이드를 주의 깊게 읽도록 하자.[1]

XML 파일은 이제 XML 1.1로 저장된다.

JENKINS-48463, JENKINS-50126

젠킨스는 이제 XML 1.1 파일을 생성해 비정상적인 콘텐츠에 대한 수용성이 높아진다. XML 파일의 XML 처리 명령부는 1.0 대신 1.1 버전으로 변경된다.

```
<? xml version = "1.1"encoding = "UTF-8"  ?>
```

이 변경으로 인해 이전 릴리스와 달리 젠킨스에서 잘못된 형식의 파일을 읽거나 파싱하는 것이 거부될 수 있다. 예를 들어, XML 처리 명령부로 시작하지 않고, 라인 브레이크(빈 줄)로 시작하는 XML 파일은 읽지 못한다는 보고서(JENKINS-50126)를 받았다.

이전 버전의 젠킨스는 XML 1.1 파일을 읽을 수 없으므로 젠킨스를 이전 릴리스로 다운그레이드하면 오류가 발생할 것이다. 대부분의 경우 1.1을 1.0으로 바꾸면 이 문제가 해결되지만 일반적으로, 젠킨스 다운그레이드는 지원되지 않는다.

XML을 사용해 젠킨스 작업과 뷰를 업데이트하면
미지정 필드(unspecified fields)가 재설정된다.

JENKINS-21017

이전 릴리스까지는 XML로 작업 및 뷰를 업데이트할 때, 새 XML 파일에 정의되지 않은

---

1 영향을 받는 플러그인 목록은 다음 링크를 참조하라.
   https://wiki.jenkins.io/display/JENKINS/Plugins+affected+by+fix+for+JEP-200

필드가 있다면 기존 필드가 그대로 남았다. 꽤 오래된 이 버그는 이제 수정됐다. 젠킨스에서는 이전에 정의 된 값을 유지하는 대신 지정되지 않은 필드를 기본값으로 재설정한다. 이는 Remote API (POST config.xml)와 CLI (update-job 및 유사 명령)에 영향을 주며, 이들을 사용하는 플러그인에도 영향을 끼친다. (예. Job DSL 플러그인)

API 토큰을 사용한 인증 시 CSRF crumb가 필요하지 않다.

JENKINS-22474

암호 대신 사용자의 API 토큰으로 인증하는 Basic 인증 방식으로 HTTP 요청을 할 때, 더 이상 CSRF crumb를 제공하지 않아도 된다.

알려진 문제점

이번 릴리스에서는 다음과 같은 회귀 문제가 있다.

- JENKINS-49392[2]: Violations 플러그인[3]이 설치된 경우 일부 작업 구성 양식이 로드되지 않는다.
- JENKINS-47736[4]: JEP-200용 수정에 영향을 받는 일부 플러그인[5] 문제가 아직 수정되지 않았다.
- 주석의 페이지를 확인하면 최신 현황 및 해결 방법을 알 수 있다.

---

2 https://issues.jenkins-ci.org/browse/JENKINS-49392

3 https://plugins.jenkins.io/violations

4 https://issues.jenkins-ci.org/browse/JENKINS-47736

5 https://wiki.jenkins.io/display/JENKINS/Plugins+affected+by+fix+for+JEP-200

젠킨스 LTS 2.89.x로 업그레이드

각 절은 이전 LTS 릴리스의 업그레이드 정보를 다루며, 2.89.1 절에서는 2.73.3의 업그레이드 정보를 다룬다.

젠킨스 LTS 2.89.3으로 업그레이드

Command Launcher 플러그인

젠킨스 2.86 이전 버전에서 업그레이드할 때 Command Launcher 플러그인이 제대로 설치되지 않던 문제가 해결됐다.

젠킨스 LTS 2.89.2로 업그레이드

업그레이드 노트에 포함시킬 만한 주요 변경 사항이 없다.

젠킨스 LTS 2.89.1로 업그레이드

Command Launcher 플러그인

JENKINS-47393, JENKINS-48365, JENKINS-47593

실행 방식 중 'Launch agent via execution of command on the master'가 신규 Command Launcher 플러그인으로 이동됐고, Script Security 플러그인과 통합됐다.

이 변경으로 인해 두 가지 잠재적 문제가 확인됐다.

- 젠킨스 2.86 이전 버전에서 이후 버전으로 업그레이드할 때 젠킨스에서 플러그인이 자동으로 설치되지 않는다. 여기에는 이전 LTS 릴리스에서 2.89.1로의 업그레이드가 포함된다. 플러그인은 업데이트 후에 수동으로 설치해야 한다. 업데이트 센터에서 unavailable로 나타난다면, **Check Now**를 클릭하여 캐시된 메타데이터를 업데이트해야 한다.

- Script Security 플러그인과의 통합으로 Script Security의 보안 모델과 호환되지 않는 방식의 실행 방식을 사용하는 플러그인의 경우 문제가 발생할 수 있다. 현재까지 알려진 문제 사례는 EC2 플러그인이 있다. 이 문제는 JENKINS-47593에서 다루는 중이다.

▌ 젠킨스 LTS 2.73.x로 업그레이드

각 절은 이전 LTS 릴리스의 업그레이드 정보를 다루며, 2.73.1 절은 2.60.3의 업그레이드 정보를 다룬다.

젠킨스 LTS 2.73.3로 업그레이드

사용자 레코드용 on-disk storage 레이아웃 변경

SECURITY-499

SECURITY-499용 수정 사항에서는 JENKINS_HOME/users/ 내에 사용자 레코드가 있는 디렉토리명을 변경한다. 즉, NUL(윈도우용) 같은 예약어나 \와 같은 안전하지 않은 문자를 사용하는 디렉토리는 문제가 되는 문자를 제거함으로써 해당 사용자명을 대표하면서 문제를 일으키지 않는 이름으로 변경된다. 젠킨스를 2.73.3보다 이전 버전으로 다운그레이드하면, 젠킨스에서 사용자를 참조하는 데 널리 사용되는 이름(예. 할당 권한)과 사용자의 메타 데이터와 연결된 사용자 이름(젠킨스 사용자용 패스워드 레코드, SSH 공용키 및 다양한 환경 설정)과의 불일치가 발생할 수 있어 권장하지 않는다.

젠킨스 LTS 2.73.2로 업그레이드

권한이 낮은 사용자는 더 이상 일부 에이전트를 재구성하지 못할 수도 있다.

SECURITY-478

실행 방식 중 'Launch agent via execution of command on the master'가 사용자 구성 명령의 실행 권한을 바르게 확인하지 못했다. 이 문제는 수정됐고, 젠킨스 관리자(정확하게는 Run Scripts 권한이 있는 사용자)만이 이 실행 방식을 구성할 수 있다.

이 수정으로 인한 제한 사항은 Run Scripts 권한이 없는 사용자(일반적으로 관리자가 아닌 모든 계정이 해당)는 더 이상 이 실행 방법으로는 에이전트를 구성할 수 없다.

원격 API 출력 제한

SECURITY-514, SECURITY-611, SECURITY-617, SECURITY-618

여러 원격 API 엔드포인트에서 제공하는 콘텐츠를 제한했다. 좀 더 자세한 정보는 위 링크의 보안 권고 링크에서 확인할 수 있다.

- 모든 user properties는 /user/(username)/api/와 user를 반환하는 API에서 제거됐고, 해당 사용자나 관리자만 접근할 수 있다.
- 큐 아이템과 태스크(빌드)를 리턴하는 API는 읽기 권한이 있는 사용자가 요청하는 경우에만 리턴한다.
- /queue/item/(ID)/api/는 해당 아이템에 대한 읽기 권한이 있는 사용자만 접근할 수 있다.

2.73.1에서 회귀오류 수정

JENKINS-45755, JENKINS-46754

아래 2.73.1에 나열된 회귀 오류들이 2.73.2에서 수정됐다.

젠킨스 LTS 2.73.1로 업그레이드

알려진 문제점: 미정의 또는 쓰기금지된 홈디렉토리가 있는 젠킨스 마스터에 에이전트 연결 오류

JENKINS-45755

에이전트 연결과 관련된 회귀 이슈가 확인됐다. 젠킨스 마스터의 사용자 홈 디렉토리 (JENKINS_HOME이 아니라, HOME 디렉토리)가 정의되지 않았거나, 쓰기 불가능한 경우 원격 연결을 설정할 수 없다.

다음 기능이 영향을 받는 것으로 보고됐다.

1. 에이전트 연결
2. Remoting 기반의 CLI 연결(2.46.2 버전 이후 사용되지 않음)
3. 메이븐 프로젝트 빌드Maven Integration Plugin

에러가 출력될 때 홈 디렉토리 내에 .jenkins/cache/jars 디렉토리까지의 경로가 포함되며, 스택 추적 시 hudson.remoting.FileSystemJarCache를 참조한다.

젠킨스 도커 이미지는 젠킨스 사용자용 홈 디렉토리를 정의하고, 쓰기 가능하도록 변경됐다. 일반적인 웹 애플리케이션 컨테이너(예, 톰캣) 설정에는 쓰기 가능한 사용자용 홈 디렉토리가 없을 수 있으며, 다음과 같은 해결 방법을 적용할 필요가 있다.

1. 지정된 홈 디렉토리를 사용자가 쓸 수 있도록 만든다.
2. 젠킨스가 사용 중인 사용자가 쓸 수 있는 홈 디렉토리를 정의한다.
3. 젠킨스를 실행하는 프로세스를 오버라이드 한다. 예를 들면 자바 명령에 -Duser. home=/path/to/directory를 사용해 쓰기 가능한 디렉토리를 지정한다.

알려진 문제점: passphrase-protected ed2545 SSH key 사용 시 불규칙적 연결 실패 발생

JENKINS-46754

passphrase-protected ed25519 SSH 키 사용 시 인증에서 발생하는 회귀 이슈가 2.73 버전에서 발생했다. 이들 키를 사용하는 기능에서 불규칙적으로 실패가 발생한다. 예를 들면 다음과 같다.

1. SSH Slaves 플러그인 접속
2. JGit 구현 방식으로 깃 리포지토리에 접속
3. 서브버전 리포지토리에 접속(미확인)

이 문제의 해결 방법은 다음과 같다.

1. 젠킨스에서 ed25519 SSH 키를 사용하지 않는다.
2. 젠킨스에서 ed25519 SSH 키를 passphrase로 보호하지 않는다.
3. 깃 플러그인의 경우, 깃 CLI 구현 방식으로 전환한다.

아래 그루비Groovy 스크립트를 Script Console(/script에 위치)에서 실행하면, 젠킨스 업그레이드 전에 `passphrase-protected ed25519` SSH 키를 포함하고 있는지 확인할 수 있다.

* https://gist.github.com/rtyler/cd3a3f759c46f308bf7151819f5538a0

Groovy 2.4.11 업그레이드

JENKINS-43197

그루비는 2.4.8에서 2.4.11로 업데이트됐다. 2.4.9에 GROOVY-8067의 수정 사항이 포함돼 있기 때문에 기존의 그루비 관련 메모리 문제를 해결할 수 있다. 더 이상 `groovy.use.classvalue`를 이용한 우회 방법을 적용할 필요가 없다.

Winstone 4.1 업그레이드

JENKINS-43713, JENKINS-46968

임베디드 Jetty 컨테이너가 버전 9.2.15에서 버전 9.4.5로 업데이트됐다. 자세한 변경 사항 목록은 Jetty 변경 로그를 참조한다.

이 업데이트에서는 `--spdy` 파라미터의 지원이 중단됐다. `---spdy` 파라미터가 지정되면 젠킨스가 시작되지 않는다. 모든 젠킨스 init 스크립트에서 제거해야 한다.

또한 1.2 이전의 모든 TLS 버전의 지원이 중단됐다. 임베디드 Jetty 컨테이너의 HTTPS 기능을 사용하는 경우 더 이상 TLS 1.0 또는 1.1 연결을 허용하지 않는다.

빌드 권한 부여

JENKINS-22949, JENKINS-30574

이 변경은 Authorize Project Plugin 사용자에게만 영향을 준다.

이전 릴리스에서는 Authorize Project Plugin이 전역 기본 구성Global default configuration을 구성하지 않은 경우 특별 권한 폴백을 하도록 구현했다. Build other project나 Build after other projects are build 기능을 수행하는데, 만약 Authorize Project Plugin이 작업의 빌드 권한을 정하지 않은 경우, anomymous 사용자의 권한으로 수행하도록 넘어간다. 이는 기본 보안을 보장하면서, 특정 트리거 기반의 권한 검사에만 적용된다.

이 동작이 변경됐으며, 이제 젠킨스에서는 프로젝트 빌드 여부를 결정하기 위해 권한 검사를 SYSTEM(예, 전체 권한으로 수행)으로 수행한다.

이전 동작을 복원하려면 글로벌 프로젝트 기본 빌드 권한을 anonymous 사용자의 기본 권한으로 설정한다. 이 기능은 Authorize Project Plugin 버전 1.2.0에서 구현됐다.

Remoting 작업 디렉토리

JENKINS-44108, JENKINS-44112

임베디드 젠킨스 Remoting 버전이 3.7에서 3.10으로 업데이트됐다. 새 버전에서는 작업 디렉토리 지원 기능이 추가돼, 여기에 캐시와 로그, 메타 데이터를 저장할 수 있다.

작업 디렉토리 모드가 활성화되면 젠킨스 에이전트는 로그를 디스크에 기록하기 시작하고, JAR Cache 파일시스템의 기본 타겟 디렉토리를 변경한다. Remoting에서의 이 기능은 명령행 옵션인 -workDir=${ROOT_DIR}로 활성화할 수 있지만, 젠킨스는 일부 에이전트 런처용으로 사용자 지정 동작을 정의할 수 있다.

- 자바 웹 스타트 런처(즉 JNLP 에이전트)
  - 이전 에이전트: 작업 디렉토리는 수동으로 활성화돼야 함
  - 웹 UI에서 생성한 신규 에이전트: 작업 디렉토리는 기본적으로 활성화돼 있으며, 작업 디렉토리는 에이전트의 원격 루트 디렉토리를 가리킨다.
  - CLI/API에서 생성한 신규 에이전트: 동작은 전달된 구성 파일에 따라 다르면, 작업 디렉토리는 기본적으로 비활성화돼 있다.
- 커멘드 런처Command Launcher
  - 변경이 없으면 필요에 따라 실행 디렉토리에서 작업 디렉토리를 수동으로 활성화해야 한다.
- 기타 런처 타입(예, SSH Launcher)
  - 이 동작은 독립적인 릴리스 주기를 갖는 플러그에서 정의된다.
  - JENKINS-44108에 링크된 티켓의 업데이트를 따른다.

다음 주소의 젠킨스 Remoting 문서에서 상세한 정보 및 실제 예제 업그레이드 가이드를 찾아볼 수 있다.

---

https://github.com/jenkinsci/remoting/blob/master/docs/workDir.md

---

▌ 젠킨스 LTS 2.60.x로 업그레이드

각 절은 이전 LTS 릴리스의 업그레이드 정보를 다루며, 2.60.1 절은 2.46.3의 업그레이드 정보를 다룬다.

젠킨스 LTS 2.60.3로 업그레이드

업그레이드 노트에 포함시킬 만한 주요 변경 사항이 없다.

젠킨스 LTS 2.60.2로 업그레이드

업그레이드 노트에 포함시킬만한 주요 변경 사항이 없다.

젠킨스 LTS 2.60.1로 업그레이드

Java 8 버전 필요

젠킨스 2.60.1은 자바 8 버전을 필요로 하는 첫 번째 LTS 릴리스다. 이는 마스터와 에이전트 모두에 적용된다.

메이븐 기반 빌드에 메이븐 플러그인을 사용하고 있는 경우에도, 이번 변경으로 인해 최소한 자바 8 버전을 필요하다는 것을 유의해야 한다. 이전 JDK가 구성된 경우 젠킨스는 최신 JDK를 자동으로 찾으려고 시도한다. 메이븐 프로젝트를 JDK 7로 빌드해야 한다면, 프리스타일 프로젝트로 변환하거나 메이븐 툴체인을 검토한다.

SSH Slaves 플러그인을 사용하고 있다면, 미지원 JRE의 에이전트 프로세스를 시작하려고 시도해 실행이 안 될 것이다. 이 경우 지원되는 JRE(8 또는 그 이후 버전)를 에이전트 시스템에 설치하고, PATH 설정을 제대로 해야 한다. SSH Slaves 플러그인을 사용해 에이전트에 자바 런타임을 자동으로 설치하는 경우 SSH Slaves 1.17 또는 그 이후 버전 (1.20 버전을 권장)으로 업그레이드한 후 에이전트 루트 디렉토리에서 기존 자바 런타임을 삭제한다.

그루비 2.4.8 업그레이드

JENKINS-33358, JENKINS-42189

그루비는 메모리 누수 문제를 해결하기 위해 2.4.8로 업그레이드됐다.

파이프라인을 사용하는 경우 Pipeline:Groovy 플러그인을 버전 2.28 이상으로 업데이트해야한다.

Trilead SSH 라이브러리 업그레이드

JENKINS-42959

젠킨스와 번들로 제공되는 Trilead SSH 라이브러리가 업그레이드됐다. SSH로 에이전트에 연결하는데 SSH slave 플러그인을 사용하는 경우 업그레이드로 인한 알려진 문제점으로 인해 연결이 실패할 수 있다.

SSH Slaves 플러그인은 버전 1.20 이상으로 업그레이드해야 한다.

반복적인 chown을 수행하지 않는 RPM 패키징

JENKINS-23273

RPM 패키징 포스트 인스톨 스텝은 올바른 소유권을 보장하기 위해 JENKINS_HOME 및 기타 디렉토리에서 재귀적 chown을 수행하는 데 사용된다. 특히 JENKINS_HOME의 경우 설치나 업데이트 시에 실행 시간이 매우 오래 걸린다.

이 현상은 젠킨스 홈 디렉토리가 서비스가 실행될 사용자와 다른 사용자에 의해 소유된 경우에만 재귀적 chown을 수행하는 방식으로 최적화됐다.

JENKINS_HOME 내부의 모든 파일은 젠킨스 사용자가 소유하고 읽고 쓸 수 있어야 한다.

윈도우 서비스 업그레이드

JENKINS-39231, JENKINS-39237

젠킨스 2.60.1에는 젠킨스 2.50에서 2.60으로 바뀔 때 도입된 윈도우 서비스 관리 분야 주요 개선 사항이 포함되어 있다. 특히 윈도우 서비스 래퍼(WinSW)가 2.x 기준으로 업데 이트됐다.

새로 설치된 에이전트 및 마스터 인스턴스는 기능을 자동으로 가져오지만, 기존 인스턴스 는 추가 구성이 필요하다.

자세한 내용은 다음 링크의 윈도우 마스터 및 에이전트 업그레이드를 참조한다.

https://jenkins.io/doc/upgrade-guide/2.60/windows

젠킨스 LTS 2.46.x로 업그레이드

각 절은 이전 LTS 릴리스의 업그레이드 정보를 다루며, 2.46.1 절은 2.32.3의 업그레이 드 정보를 다룬다.

젠킨스 LTS 2.46.3로 업그레이드

업그레이드 노트에 포함시킬 만한 주요 변경 사항이 없다.

젠킨스 LTS 2.46.2로 업그레이드

새로운 non-remoting CLI

remoting 기반 CLI 사용 시 보안 문제를 해결하기 위해, 젠킨스 2.54에 도입된 새로운 non-remoting 구현이 이번 릴리스에도 포팅됐으므로, remoting CLI 모드는 더 이상 사 용하지 않는다.

이전 릴리스 젠킨스에서 업그레이드하는 사용자는 활성화된 remoting 모드를 사용할 수 있다. 젠킨스 CLI의 모든 사용자가 non-remoting 프로토콜에서 작동하도록 조정한 후에는 remoting 모드를 비활성화하는 것을 권장한다.

이전에 다운로드한 jenkins-cli.jar는 CLI의 remoting 모드가 비활성화돼 있지 않으면 계속 동작한다. 새로 다운로드한 jenkins-cli.jar는 이제 기존 SSH와 CLI의 신규 HTTP 모드를 지원하며, remoting 모드를 사용하려면 호출할 때 새로운 인수인 -remoting을 전달해야 한다. 이는 파일에서 동작하거나 current build를 수정하는 등 일부 명령에 필요하다.

새로운 CLI 구현에 대한 추가 정보

- 블로그 공지글

  `https://jenkins.io/blog/2017/04/11/new-cli/`
- 젠킨스 핸드북: CLI 클라이언트 사용

  `https://jenkins.io/doc/book/managing/cli#using-the-cli-client`
- 새로운 CLI 구현 설명 프레젠테이션 (1:27부터 18:20까지)

  `https://www.youtube.com/watch?v=rfscxse74fw#t=87`

캐시된 CLI 인증 무효화

CLI 인증 캐시에서 발견된 취약성으로 인해, 이 릴리스 이전에 생성된 기존의 캐시 인증은 더 이상 작동하지 않으며, 사용자는 `login` CLI 명령을 다시 실행해야 한다.

`login` CLI 명령은 CLI의 remoting 모드에만 적용된다.

더 이상 GET을 통해 여러 URL에 액세스할 수 없다

여러 가지 CSRF 취약점을 수정하기 위해, POST를 통해 요청을 수신할 때만 작동하도록 여러 작업의 URL이 변경돼 CSRF crumb을 요구할 수 있다. 이들 중 대부분은 GET을 통해 접속되지는 않지만, 일부는 그럴 가능성이 있다. 예를 들어 웹 브라우저에서 이전에 /quietDown URL에 직접 액세스한 경우 이제는 더 이상 작동하지 않는다.

젠킨스 LTS 2.46.1로 업그레이드

JNLP4 remoting 프로토콜 활성화를 기본값으로 설정

이제 JNLP 에이전트 연결을 위한 JNLP 프로토콜 활성화가 기본값이 된다. JNLP3보다 신뢰성이 높으며 암호화돼 있어 에이전트 연결에 가장 적합하다. 이 프로토콜을 사용하려면 에이전트에서 slave.jar 파일을 업그레이드해야 할 수도 있다.

SSHD에서 폐기된 암호 제거

젠킨스는 SSH를 통해 CLI 명령을 사용할 수 있는 SSH 서버를 노출시킨다. 이 SSH 서버에서는 폐기된 암호인 AES128CBC, TripleDESCBC, BlowfishCBC 지원이 제거됐다.

▌ 젠킨스 LTS 2.32.x로 업그레이드

각 절은 이전 LTS 릴리스의 업그레이드 정보를 다루며, 2.32.1 절은 2.19.4의 업그레이드 정보를 다룬다.

젠킨스 LTS 2.32.3로 업그레이드

Permission denied 페이지에서 X-You-Are-In-Group 헤더 제거

JENKINS-39402

다수의 헤더는 리버스 프록시 에러를 초래할 수가 있어, Permission denied 페이지에 현재 사용자가 속한 모든 그룹을 나열하는 HTTP 헤더는 더 이상 포함되지 않는다.

/whoAmI와 같은 URL에 접속해 현재 로그인한 사용자 및 그룹 구성원의 정보를 얻도록

한다. 이전 동작을 복원하려면 시스템 속성 hudson.security.AccessDenied Exception2.
REPORT_GROUP_HEADERS를 true로 설정한다. 하지만 이 방법은 일반적으로 권장하지 않는다.

젠킨스 LTS 2.32.2로 업그레이드

콘솔 노트Console notes 보안 수정

SECURITY-382

콘솔 노트는 Timestamper나 AnsiColor 같은 플러그인들을 이용해서 빌드 로그를 굵
게 표시하거나 색을 넣어주는 기능이었으나, 보안 문제로 인해 젠킨스 2.43 또는 2.32.2
로 업그레이드하기 전에 만들어진 콘솔 노트는 로드되지 않는다. 이전 동작(안전하지 않음)
을 복원하려면 위키 페이지(아래 주소)에서 설명한 대로 시스템 속성인 hudson.console.
ConsoleNote.INSECURE를 true로 설정한다.

---

https://wiki.jenkins-ci.org/display/JENKINS/Features+controlled+by+system+proper
ties

빌드에 메이븐 3.0.x를 사용하는 Maven Integration Plugin 2.14나 그 이전 버전을 사
용하는 메이븐 프로젝트는 젠킨스가 더 이상 읽을 수 없는 콘솔 노트를 생성하므로, 빌드
출력의 일부에 색 표시나 굵은 표시가 나타나지 않는다. 이것은 프리스타일 프로젝트에
는 영향을 끼치지 않는다.

새로운 암호화 시크릿 형식

SECURITY-304

암호화된 시크릿은 AES-128 CBC with random IV가 아니라 AES-128 ECB without
IV가 됐다. 따라서 암호화된 시크릿의 형식이 변경됐다. 기존 시크릿은 계속 읽을 수 있
지만 구성 파일을 저장하면 저장된 시크릿은 새로운 형식으로 다시 암호화된다. 시크릿
으로 젠킨스에 저장된 비밀번호를 변경한 후 **Apply**를 클릭해 동일 양식으로 반복 제출하

면 구성 파일이 변경된다.

Re-keying 백업 파일 제거

SECURITY-376

Re-keying은 젠킨스 1.480.2 보안 업데이트에서 구현된 프로세스로써 1.480.1이나 1.497, 또는 그 이전 버전에서 업그레이드하는 경우에만 실행되는데, 접근 권한에 제한이 없는 백업 파일을 생성했다. 이제 2.32.2 업데이트를 적용한 후, 처음 실행할 때 이 백업 파일들이 있다면 제거된다.

젠킨스에 저장된 시크릿을 보호하기 위해 파일시스템 퍼미션을 사용하고, 젠킨스 1.480.1 이나 1.497(또는 그 이전 버전)을 원래 실행 중인 인스턴스로 운영하는 경우, 젠킨스에 저장된 시크릿을 변경해야 한다.

젠킨스 홈 디렉토리 백업에 저장된 시크릿을 보호하기 위해 파일시스템 퍼미션을 사용한다면, 모든 백업에서 `JENKINS_HOME/jenkins.security.RekeySecretAdminMonitor/` `backups` 디렉토리를 제거할 것을 권장한다.

Remoting 블랙리스트 추가

SECURITY-383

XStream 및 자바 객체 직렬화에서 사용이 금지된 클래스의 원격 블랙리스트가 확장됐다. 다음 항목이 추가됐다.

```
^ javax [.] imageio [.]. *
^ java [.] util [.] ServiceLoader $
^ java [.] net [.] URLClassLoader $
```

실제로 이러한 유형을 사용할 것 같지는 않지만, 사용하는 데는 문제가 없다. 이에 대해서 언급한 젠킨스 업그레이드 가이드 젠킨스 2.19.3 내의 조언을 참조한다.

GET을 통한 사용자 생성 기능 제거

SECURITY-406

젠킨스 관리자는 URL/user/example에 접근해 사용자 생성을 할 수 있었다. 이를 통해 이전에 example이라는 ID가 없었다면 신규로 생성됐다. 이 기능은 편리한 반면 cross-site request forgery 취약성이 노출되어 관리자가 의도치 않게 수백 명의 사용자를 생성할 수도 있다. 따라서 이 기능은 제거됐다.

대신 젠킨스의 내부 사용자 데이터베이스를 사용한다면 Manage Jenkins > Manage Users에서 신규 사용자를 추가할 수 있다.

(안전하지 않지만) 이전 동작을 복원하려면 시스템 속성 hudson.model.User.allowUserCreationViaUrl을 true로 변경하면 된다. 자세한 내용은 다음 주소에 위키페이지를 참고한다.

https://wiki.jenkins-ci.org/display/JENKINS/Features+controlled+by+system+properties

보안 경고 관리 모니터

JENKINS-40494

젠킨스는 설치된 구성 요소(플러그인 또는 코어)에 보안 문제가 있는 경우 경고를 표시한다. 이런 경고는 플러그인 관리자의 Available 및 Updates 탭에도 표시돼 취약한 플러그인을 설치하거나 취약한 버전으로 업데이트하기 전에 경고한다. 이들 경고는 사용자가 설정해 둔 업데이트 사이트에서 발행되므로 일반적으로 하루에 한 번 주기로 업데이트된다. 서드파티 업데이트 사이트는 (아직) 이 기능을 지원하지 않을 수 있다.

Java 8의 ad-hoc 인증서 생성을 위한 Winstone-Jetty 지원

JENKINS-25333

내장 Winstone-Jetty 컨테이너는 이제 자바 8에서 실행할 때 ad-hoc SSL 인증서 생성을 지원한다.

그러나 이 기능은 내부 오라클 JRE API를 사용하므로 향후 언제든지 중단될 수 있다. 따라서 관리자가 직접 자체 서명한 인증서를 만들어 대신 사용하는 것을 권장한다.

젠킨스 LTS 2.32.1로 업그레이드

Remoting 3 업그레이드

젠킨스 마스터와 에이전트 간의 통신을 처리하는 라이브러리인 Remoting이 업그레이드되면서, 새로운 통신 프로토콜(JNLP4)을 도입했다.

이 업그레이드를 통해 Launcher 구현 시 연결할 수 있는 제한이 있다. 일부 플러그인(대부분 클라우드 구현)은 연결에 실패할 수 있다. 이런 경우 시스템 속성 `jenkins.slaves.DefaultJnlpSlaveReceiver.disableStrictVerification`을 설정해 해결할 수 있다.

```
java -Djenkins.slaves.DefaultJnlpSlaveReceiver.disableStrictVerification = true
... -jar jenkins.war
```

젠킨스의 시스템 속성을 자세히 알려면 다음 링크를 참고한다.

```
https://wiki.jenkins-ci.org/display/JENKINS/Features+controlled+by+system+proper
ties
```

또한 이 버전은 자바 7을 필요로하는 최초의 원격 릴리스다. 에이전트가 자바 7을 필요로하는 반면, Remoting은 Maven Integration 플러그인의 메이븐 프로젝트 유형으로 메이븐 프로세스와 통신하는 데도 사용된다. 이 빌드를 실행하려면 이제 JDK 7 또는 그 이상

버전이 필요하다. 구버전의 자바와 컴파일하려면 툴체인을 사용한다.

관리 모니터가 대부분의 페이지에 표시되도록 변경

관리 모니터Administrative monitors는 지금까지 **Manage Jenkins** 페이지에서만 표시되는 알림 기능이었다. 이제는 중요한 알림의 가시성을 높이기 위해 다른 페이지의 관리자에게도 표시된다.

관리 모니터를 어디에 표시할지 세밀하게 제어할 수 있도록, 젠킨스 구성 메뉴에서 활성화/비활성화를 정할 수 있다.

이 기능이 구현됨에 따라 모든 화면에서 Reverse Proxy Setup 모니터는 표시되지 않는다.

▌ 젠킨스 LTS 2.19.x로 업그레이드

각 절은 이전 LTS 릴리스의 업그레이드 정보를 다루며, 2.19.1 절은 2.7.4의 업그레이드 정보를 다룬다.

젠킨스 LTS 2.19.4로 업그레이드

JNLP 에이전트 프로토콜 옵션이 저장되지 않음

JENKINS-39465

젠킨스를 다시 시작한 후 JNLP 에이전트 프로토콜 구성을 디스크에서 로드할 수 없다. 2.19.1 버전 이후에 이 설정을 사용자가 변경한 경우라면, 의도한 구성대로 동작하는 확인할 필요가 있다.

Jenkins.model.Jenkins.slaveAgentPort 시스템 속성 동작 복구

JENKINS-38187

젠킨스 2.0에서 시스템 속성인 jenkins.model.Jenkins.slaveAgentPort가 무시되는 회귀 이슈가 있었다. 이전의 동작으로 복원됐고 새로운 시스템 속성인 jenkins.model. Jenkins.slaveAgentPort가 추가돼, 설정 시 젠킨스를 시작할 때마다 JNLP 에이전트 포트를 적용하고, UI를 통해서는 값을 변경할 수 없도록 바뀌었다.

문제 해결 목적으로 Groovy 스크립팅을 통한 값 변경은 여전히 가능하나, 시스템 재시작할 때 초기화된다.

구성 화면의 텍스트 상자가 긴 선을 표시하기 위해 늘어나지 않도록 함

JENKINS-27367

사용자가 긴 줄을 넘기기 위한 추가 줄바꿈line break을 하지 않는 한, 작업 구성 화면 레이아웃이 중단되지 않는다. 대신 텍스트 상자에 가로 스크롤이 표시된다.

에이전트 빌드 내역 페이지의 수많은 스레드를 생성하지 않음

JENKINS-23244

특정 에이전트에 대한 빌드 내역은 스레드 생성에 오랜 시간이 걸리는 문제로 지적됐으며, 이 문제가 수정됐다.

대시보드의 메모리 누수 문제 수정

JENKINS-10912

대시보드(뷰 페이지)의 메모리 누수 문제가 수정돼 브라우저 메모리 사용 제한이 없어졌다.

젠킨스 LTS 2.19.3으로 업그레이드

직렬화 블랙리스트 확장

Security Advisory 2016-11-16

---

https://wiki.jenkins-ci.org/display/SECURITY/Jenkins+Security+Advisory+2016-11-16

보안 수정의 주요 부분은 remoting(젠킨스 CLI 및 마스터/에이전트 통신) 및 SXtream(XML 구성 및 데이터 파일)에 사용되는 직렬화 블랙리스트의 확장이다.

이는 블랙리스트 패키지의 클래스를 합법적으로 사용할 수 없게 될 가능성이 있다. 로그에는 예외 메시지로 기록되며 다음 중 하나로 표시된다.

```
Rejected: com.sun.jndi.rmi.EvilClass
Refusing to unmarshal com.sun.jndi.rmi.EvilClass for security reasons
Refusing to marshal com.sun.jndi.rmi.EvilClass for security reasons
```

이 예제에서 com.sun.jndi.rmi.EvilClass는 실제 클래스명이 들어가는 자리다.

젠킨스 마스터 자바 호출용 hudson.remoting.ClassFilter.DEFAULTS_OVERRIDE_LOCATION 시스템 속성을 설정하여 사용되는 블랙리스트를 사용자가 정의할 수 있다. 이는 기본 경로를 대체하는 완전한, 사용자 정의 블랙리스트가 포함된 파일의 경로로 설정돼야 한다.

기본 블랙리스트는 remoting 컴포넌트의 ClassFilter.java에 정의되어 있다. hudson.remoting.ClassFilter.DEFAULTS_OVERRIDE_LOCATION에 사용된 구성 파일에서 기본 블랙리스트는 다음과 같다.

```
^bsh[.].*
^com[.]google[.]inject[.].*
^com[.]mchange[.]v2[.]c3p0[.].*
```

```
^com[.]sun[.]jndi[.].*
^com[.]sun[.]corba[.].*
^com[.]sun[.]javafx[.].*
^com[.]sun[.]org[.]apache[.]regex[.]internal[.].*
^java[.]awt[.].*
^java[.]rmi[.].*
^javax[.]management[.].*
^javax[.]naming[.].*
^javax[.]script[.].*
^javax[.]swing[.].*
^org[.]apache[.]commons[.]beanutils[.].*
^org[.]apache[.]commons[.]collections[.]functors[.].*
^org[.]apache[.]myfaces[.].*
^org[.]apache[.]wicket[.].*
.*org[.]apache[.]xalan.*
^org[.]codehaus[.]groovy[.]runtime[.].*
^org[.]hibernate[.].*
^org[.]python[.].*
^org[.]springframework[.](?!(\p{Alnum}+[.])*\p{Alnum}*Exception$).*
^sun[.]rmi[.].*
```

클래스 이름이 블랙리스트에 있는지 확인하려면 Manage Jenkins ➤ Script Console로 이동한 후 com.sun.jndi.rmi.EvilClass를 검사할 클래스 이름으로 바꾸고 다음 명령을 실행한다.

```
hudson.remoting.ClassFilter.DEFAULT.isBlacklisted('com.sun.jndi.rmi.EvilClass')
```

이 블랙리스트의 항목을 제거하거나 완화할 때는 주의깊게 수행해야 하며 알려진 해킹 공격에 노출되지 않도록 해야 한다. 이를 해결하는 방법 중 하나는 비인증 사용을 방지하기 위해 CLI vas HTTP나 JNLP 에이전트 포트(아래 참고)를 비활성화하는 것이다.

CLI 비활성화

젠킨스 2.19.3의 또 다른 변경 사항은 시스템 속성인 `jenkins.CLI.disabled`를 true 로 설정해 CLI over HTTP 및 JNLP를 비활성화하는 새로운 기능이다. 이는 보안 픽 스를 사용하는 경우에도 젠킨스 CLI에 비인증 접속 허용을 원하지 않는 사용자를 위해 SECURITY-218 및 SECURITY-360의 해결책으로 제공된 Groovy 스크립트를 실행하 는 것보다 더 편리한 대안이다.

젠킨스 통합 SSH 데몬을 사용해 CLI를 사용할 수는 있지만, 이는 인증을 요구하기 때문 에 비인증 공격의 경로가 아니다. 이 기능도 비활성화하려면 Manage Jenkins ➤ Configure Jenkins ➤ SSH Server로 이동해 SSH server port를 비활성화한다.

젠킨스 LTS 2.19.2로 업그레이드

CLI over HTTP 문제 해결

CLI over HTTP(JNLP 포트가 비활성화된 경우)는 이제 CSRF 보호 활성화돼 작동되며, 명시 적으로 `hudson.diyChunking`을 설정할 필요가 없다. 따라서 이전 버전에서 CLI 동작 문제 를 해결하기 위해 취한 조치들은 원상복구해도 된다.

젠킨스 LTS 2.19.1로 업그레이드

플러그인 종속성 문제 수정

JENKINS-21486

이전 버전에서는 젠킨스에서는 잘못된 플러그인 구성으로도 실행이 가능했다. 예를 들어, 다른 플러그인에 종속성인 있는 플러그인은 해당 플러그인이 구버전이거나 비활성화된 경 우에도 이상없이 로드됐다. 이는 실행 시 에러 디버깅에 어려움을 겪게 하는 원인이 됐다.

이제는 불완전성 종속성을 갖는 플러그인은 젠킨스에 로드되지 않는다. 이런 경우가 발생 하면 젠킨스가 시작될 때 진단 메시지가 로그에 기록된다. 업그레이드를 완료한 후에는 반드시 이를 모니터링해야 한다.

양식 자동 완성 비활성화

JENKINS-18435

오랜 동안 발생해 온 문제 중 하나로써 자바스크립트가 많이 사용된 구성 양식의 경우, 양식을 제출한 후 웹 브라우저의 뒤로 가기 버튼을 사용해 양식으로 돌아가면 잘못된 내용이 들어가는 경우가 있다. 즉 양식을 다시 제출하면 예기치 않게 구성이 손상될 수 있는 것이다. 이 문제를 해결하기 위해 거의 모든 양식 필드의 자동 완성 기능을 비활성화했다.

보안 구성에서 에이전트 프로토콜 선택

JENKINS-37032

전역 보안 구성 양식에 각 프로토콜의 간단한 설명과 함께 특정 에이전트 프로토콜 버전을 활성화/비활성화하는 옵션이 포함된다. 특정 프로토콜의 상태를 언제 사용자가 변경할지에 대한 일반적인 지침은 현재 없으며, 추후에 필요하게 될 수도 있다.

자바 웹 스타트 런처 숨기기

JENKINS-36996

젠킨스 2에서는 JNLP 에이전트 포트가 기본적으로 비활성화된다. 이 옵션은 빌드 에이전트를 동작시키기 위한 JNLP 웹 스타트 런처 방식에 필요하므로 만약 포트가 비활성화되어 있으면, 이 양식 옵션도 숨겨진다. 이 옵션이 표시되도록 하려면 전역 보안 구성Global Security Configuration에서 JNLP 에이전트 포트를 활성해야 한다.

젠킨스 LTS 2.7.x로 업그레이드

각 절은 이전 LTS 릴리스의 업그레이드 정보를 다루며, 2.7.1 절은 1.651.3의 업그레이드 정보를 다룬다.

젠킨스 LTS 2.7.4로 업그레이드

이 릴리스는 2.7.3에서 발생한 회귀 이슈만 수정됐다. 이 릴리스에 대한 업그레이드 참고 사항은 없다.

젠킨스 LTS 2.7.3로 업그레이드

분리 플러그인(detached plugins)의 강제 업그레이드

JENKINS-37041

한 때는 젠킨스 코어의 기능이었으나, 플러그인으로 그 기능이 옮겨진 분리 플러그인 detached plugins이 앞으로는 항상 번들 버전에 포함될 예정이다. 강제 업그레이드 수행시 관리자에게 이를 알려주는 다음과 같은 로그가 출력된다.

Upgraded detached plugins (and dependencies)

젠킨스 LTS 2.7.2로 업그레이드

원격 컴포넌트에서 HTTP_PROXY 환경 변수 지원

JENKINS-32326

빌드 에이전트 런처build agent launcher에서 HTTP 프록시 제외에 대한 지원이 추가됐다.

이 변수를 정의했더라도, 젠킨스 마스터로의 연결이 활성화되지 않는 빌드 에이전트는 젠킨스로의 연결을 못하게 한다. 해결 방법은 에이전트 프로세스에 전달된 대로 프록시를 구성하도록 수정한 것이다.

젠킨스 LTS 2.7.1로 업그레이드

설정 마법사(Setup Wizard)

젠킨스 2의 새로운 사용자 경험이 개선됐고, 신규 설치 시 설정 마법사가 매우 보수적인 보안 구성을 설정하며, 추천 플러그인의 설치도 안내한다.

init.groovy나 init.groovy.d/ 등 사전 구성된 환경을 설정하는 자동 배포의 경우, 시스템 등록 정보인 jenkins.install.runSetupWizard를 통해 설정 마법사를 건너뛸 수 있다.

```
java -Djenkins.install.runSetupWizard=false -jar jenkins.war
```

서블릿 3.1 필요

젠킨스는 이제 Servlet API 3.1이 필요하다.

톰캣 또는 웹스피어^{Websphere}와 같이 기본이 아닌 서블릿 컨테이너에서 젠킨스를 실행하는 관리자는 컨테이너가 서블릿^{Servlet} 3.1을 지원하는지 확인해야 한다.

임베디드 Winstone-Jetty 컨테이너가 서블릿 3.1을 지원하도록 업그레이드됐다.

Winstone-Jetty에서 AJP 지원 제거

임베디드 Winstone-Jetty 컨테이너가 업그레이드돼 AJP 프로토콜 지원이 중단됐다. 젠킨스와 리버스 프록시와의 통신에 이 프로토콜을 사용하는 경우, HTTP로 바꾸거나 다른 서블릿 컨테이너를 사용해야 한다.

네이티브 패키지 중 하나를 사용해 젠킨스를 설치한 경우, 비록 이 기능을 사용하지 않았더라도 기본적으로 AJP 지원이 활성화될 수 있다. java -jar jenkins.war 실행 시 이와 관련된 명령행 인수가 없어져서, 젠킨스 업그레이드 이후 실행할 경우 알 수 없는 인수^{unexpected argument}라는 오류가 나며 젠킨스 실행이 안 될 수도 있다. 이 경우 해당 인수를 제거하려면 서비스 구성 파일(예, /etc/default/jenkins 또는 /etc/sysconfig/jenkins)을 편집해야 한다.

번들 플러그인의 동작 방식의 변경

젠킨스 2에서는 번들 플러그인^{bundled plugins} 개념을 없앴다. 젠킨스는 이제 설치된 플러그인없이도 사용할 수 있고, 설치된 플러그인을 모두 제거하는 것도 가능하다. 새로이 제공되는 설정 마법사를 사용하면 가장 많이 사용되는 플러그인 중에서 원하는 것을 골라 빠르게 설치할 수 있다.

분리 플러그인^{detached plugins}, 즉 기존에는 젠킨스 코어에 있던 기능을 수행하게 된 플러그인은 이제 플러그인이 분리되기 전에 젠킨스가 버전 업그레이드를 감지했을 경우에만 설치된다. 젠킨스를 업그레이드할 때도 구성 수준^{configuration-level}의 호환성을 유지해야 한다. 젠킨스를 오프라인으로 운영하는 경우, 기본으로 설치되는 플러그인이 없다는 점과 앞에서 언급한 호환성 동작 방식으로 인해 많은 플러그인이 이전에는 번들로 제공됐던 플러그인에 묵시적으로 종속된다는 점에 유의해야 한다.

- 해결 방법: 아래의 플러그인들(이들의 종속성 정보는 각 플러그인의 위키페이지를 참조)은 항상 기본적으로 설치돼야 한다. 신규 플러그인을 업로드해 설치하는 것은 실패할 수도 있다.
  - 젠킨스 2.7.x에 적용되는 플러그인 목록: maven-plugin, subversion, cvs, ant, javadoc, external-monitor-job, ldap, pam-auth, mailer, matrix-auth, windows-slaves, antisamy-markup-formatter, matrix-project, junit.
- 해결 방법: juseppe와 같은 비공개 업데이트 사이트를 설정한다.

그루비 2.4.7 업그레이드

JENKINS-21249, JENKINS-33358

그루비는 1.8.9에서 2.4.7로 업그레이드됐다.

업그레이드로 인해 JENKINS-33358 및 GROOVY-7591에 설명된 메모리 누수가 생길 수 있다. 이 문제가 발생할 때 시스템 프로퍼티의 groovy.use.classvalue를 true로 설정 하면 이전 동작으로 복귀할 수 있다. 실행 예는 다음과 같다.

```
java -Dgroovy.use.classvalue=true -jar jenkins.war
```

UI 테마 변경

젠킨스 2의 신규 아이템 페이지와 여러 구성 페이지에서 유저 인터페이스 변경으로 인해 젠킨스 UI의 DOM이나 이를 기능에 의존하는 커스텀 CSS/JS(예, Simple Theme 플러그인을 사용한 코드)에 영향을 줄 수 있다.

이번 업그레이드에서는 커스텀 테마의 하위 호환성은 보장하지 않는다.

찾아보기

에이콘출판의 기틀을 마련하신 故 정완재 선생님 (1935-2004)

젠킨스 마스터

기초부터 빌드 파이프라인 구축까지 효율적인 자동 배포 환경 만들기

발 행 | 2018년 5월 14일

지은이 | 조나단 맥앨리스터
옮긴이 | 이 정 표

펴낸이 | 권 성 준
편집장 | 황 영 주
편 집 | 배 혜 진
디자인 | 박 주 란

에이콘출판주식회사
서울특별시 양천구 국회대로 287 (목동)
전화 02-2653-7600, 팩스 02-2653-0433
www.acornpub.co.kr / editor@acornpub.co.kr

한국어판 ⓒ 에이콘출판주식회사, 2018, Printed in Korea.
ISBN 979-11-6175-146-7
ISBN 978-89-6077-210-6 (세트)
http://www.acornpub.co.kr/book/mastering-jenkins

이 도서의 국립중앙도서관 출판시도서목록(CIP)은 서지정보유통지원시스템 홈페이지(http://seoji.nl.go.kr)와
국가자료공동목록시스템(http://www.nl.go.kr/kolisnet)에서 이용하실 수 있습니다.(CIP제어번호: CIP2018013805)

책값은 뒤표지에 있습니다.